新零售

吹响第四次零售革命的号角

范鹏　著

電子工業出版社
Publishing House of Electronics Industry
北京•BEIJING

内 容 简 介

随着电子商务和传统零售的融合发展，新零售应运而生。《新零售：吹响第四次零售革命的号角》系统性地解读了新零售的概念、特征和形态，详细介绍了在新零售时代零售企业如何重构商业模式。本书还创新性地提出了新零售的女性主义特征、升维打击的思想，为零售企业打造出一个"新零售之锥"的商业模式，并通过丰富的案例介绍了新零售时代升维体验的四种玩法。作者预言未来的新零售终极形态是"云零售"，供应链和零售渠道将会实现云转型，未来零售企业的商业模式将是S2b。

本书适合的阅读对象是零售企业的管理者及员工，电子商务的从业者及网商人士，超市、百货、便利店等零售行业的老板及相关从业者，以及对新零售感兴趣的读者。

图书在版编目（CIP）数据

新零售：吹响第四次零售革命的号角 / 范鹏著. —北京：电子工业出版社，2018.1

ISBN 978-7-121-32845-9

Ⅰ. ①新… Ⅱ. ①范… Ⅲ. ①零售商业－商业模式－研究 Ⅳ. ①F713.32

中国版本图书馆 CIP 数据核字(2017)第 247868 号

策划编辑：陈　林

责任编辑：张彦红

印　　刷：北京盛通商印快线网络科技有限公司

装　　订：北京盛通商印快线网络科技有限公司

出版发行：电子工业出版社

北京市海淀区万寿路 173 信箱　　邮编：100036

开　　本：720×1000　1/16　印张：22.25　字数：317 千字

版　　次：2018 年 1 月第 1 版

印　　次：2020 年 10月第 11 次印刷

定　　价：59.00 元

凡所购买电子工业出版社图书有缺损问题，请向购买书店调换。若书店售缺，请与本社发行部联系，联系及邮购电话：（010）88254888，88258888。

质量投诉请发邮件至 zlts@phei.com.cn，盗版侵权举报请发邮件至 dbqq@phei.com.cn。

本书咨询联系方式：010-51260888-819，faq@phei.com.cn。

推荐语

诚如范鹏所言，“对于零售企业来说，这是一个最好的时代，也是一个最坏的时代。”因为，新零售的兴起，已经是正在发生的未来。但是，“新零售”绝对不仅仅是零售领域的变化，而是又一次大变革的序章。这本书从时下大热的“新零售”的视角切入，有相对完整的逻辑体系，有让人瞩目的新鲜概念，有比较落地的方法论，的确可以算得上是当下鲜有的诚意之作。

——Thinkers50 思想实验室（中国）秘书长　穆胜

新零售是什么？在全球商业变革的背景下，中国零售从业者进行了一场观点不一的思考。我很认同本书作者范鹏的几个观点：新零售就是一场供给侧改革，是一场升维体验，是一场数字化革命。用户体验是零售业革新的核心，正因如此，本书值得一读。

——步步高集团董事长　王填

吹响第四次零售革命的号角

“新零售”的概念自从被提出以来，就受到学界和媒体的追捧，并进行着五花八门的解读。范鹏在书中不仅厘清了新零售的定义，诠释了新零售的内涵，并大胆地提出新零售的性别是“女性”，具有典型的“女性主义特征”；而且还从商业模式的角度，给出了传统零售企业在新消费时代的“新玩法”。既有理论的“高度”，又有实践的“深度”，值得一读！

——科地资本集团董事长　陈刚

正如范鹏书中的观点，技术变革是催生新零售的重要力量。新零售在物联网、数字化革命、大数据等技术不断进化的背景下孕育而成，为服务客户提供了更多可能：更多消费场景、更多客户触点、更多销售渠道。全方位、多渠道的用户触点造就了纷繁复杂的新零售场景，先进的数据技术方案帮助零售商化繁为简，在用户获取与成长的道路上拨云见日，大幅提升运营效益和投资回报。如此看来，新零售的确吹响了第四次零售革命的号角！

——科码先锋CEO　赵博

无论水果专营店还是其他零售业态，都开始进入一个全新的时代，曾经引以为傲的独有优势正在消失，消费者也变得难以捉摸，面对变化的商业逻辑，传统零售企业该如何转型？范鹏在书中给出了一种颇有新意的答案，就是要围绕用户体验，从终端、算法、社群三个维度发力，打造一种新的零售场景。

——果多美总经理　张云根

商道本真，守正出奇。《超市周刊》主办的第十五届全国连锁商业发展战略研讨会“金写手奖”获得者范鹏，对新零售有独到的见解，在书中也进行了全方位的解读和诠释。更重要的是，为传统零售企业转型指出了清晰的道路，也设计了一种可落地的商业模式。

——《超市周刊》主编　高建成

实体店在中国一直被当作“零售革命”的对象，也是中国独特的电商环境决定的，我一直强调所谓商业革命是不存在的，有的只是商业共生。范鹏在书中给出了实体店与电商共生的一种商业模式，从消费场景、数据赋能和会员营销三个维度打造叠加的极致用户体验，这既是回归经营本质的升维思考，也是零售转型的升维打法。

——郑州大学副教授，《销售与市场》杂志社原副总编　刘春雄

一直关注范鹏对行业的分析，零售确实到了一个行业变革的关键时期。零售的创新主要朝向两个方向：一是更加关注消费者的需求，新零售更是以人为中心的零售变革；二是智能化、大数据等技术将大幅提升零售行业效率，借助互联网环境下的新技术手段，会使行业效率发生根本的改变。十分期待范鹏的新作对当下的行业变革产生价值和推动作用。

——国家商务部“万村千乡市场工程”专家　鲍跃忠

推荐序一

“新零售”是大变革的序章

穆　胜

北京大学光华管理学院工商管理博士后

Thinkers50 思想实验室（中国）秘书长

穆胜企业管理咨询事务所创始人

诚如范鹏所言，“对于零售企业来说，这是一个最好的时代，也是一个最坏的时代。”因为，新零售的兴起，已经是正在发生的未来。但是，“新零售”绝对不仅仅是零售领域的变化，而是又一次大变革的序章。

其实，在马云提出“新零售”的概念之前，to C 市场的万千变化已经呼之欲出。原来胸有成竹的流量电商惊讶地发现，他们的“带头大哥”已经吹响了自我革命的号角。难道，又一轮的商业逻辑迭代已经不期而至？

在我的研究体系中，互联网商业世界分为需求侧的“商业互联网”和供给侧的“产业互联网”。前者是从零售终端向上游延伸的若干环节，负责挖掘用户需求“形成订单”，最典型的就是 B2C、C2C 电子商务、O2O 服务、在线消费金融等 to C 业态；后者是从研发、设计、采购、生产向下游延伸的若干环节，负责组织资源“实现订单”，最典型的就是B2B大宗电商、工业互联网（工业4.0）等to B业态。当然，两者之间并不是泾渭分明的，反而有千丝万缕的联系，互相影响。甚至，也有一个在线平台打穿两段的C2B、C2M业态。

所以，如果从这个结构去看互联网商业世界，就会发现很多事情是如此有趣。2015年，不少人大呼产业互联网的风口即将来临，后来看到的却是无数倒下的B2B和C2M。大量事实证明，一来产业链“水太深，做不透”，二来有的商业逻辑根本就是错误的。2016年，正当大多数人高呼消费互联网的“格局已定”，大流量入口之外再无风口（除了摩拜这类“现象级”商业模式）时，却发现IP电商、社群电商、新场景电商悄然兴起，马云也高呼“新零售时代来临”。

大家的判断都没有错，因为大家的商业逻辑清晰，当变量有限时，答案一定是正确的。但错就错在互联网时代的变量太多了，而且不断冒出新的变量，此时，你的商业逻辑必须不断迭代，否则就不能包容那些变量，更无法预判未来。试问，当VR、AR技术兴起，难道交互用户的场景不会发生变化？当作为互联网原住民的“90后”“00后”一代成为主力消费群体时，难道用户购买的行为模式不会发生变化？当价值观多元，细分族群无处不在时，难道用户购买的偏好不会发生变化？

在经济学领域，是“需求引致供给”还是“供给引致需求”，一直都存在争议。但我坚信，在互联网时代，“需求引致供给”是必然的真理。道理很简单，消费端用户的力量崛起了，他们手握财富、信息对称，面对丰饶的产品，他们已经成为真正的“上帝”。正因为如此，不少投资机构才“死赌消费升级”。

于是，一连串的连锁反应开始发生，从“商业互联网”蔓延到了“产业互联网”。“消费变革”导致了“渠道变革”，去中心化、去中介化成了大趋势，一两个平台充当流通环节，原来的深度分销模式已经一去不复返。“渠道变革”又导致了“生产变革”，大规模定制成了先锋企业的进化方向，当用户需求直连供应链，“0 成品库存”成了可能。一切都在变，从用户手握鼠标开始，整个供应链条就必须重组，才能跟得上用户点击鼠标的速度。

如果说，用户是那个解互联网商业逻辑难题的“题眼”，那么，用户究竟怎么了？毫无疑问，必须要窥视零售端才能发现其中玄机，而范鹏这本书就是要给出这个答案。

在我看来，这本书有若干精彩的地方都切中了时代的节奏，值得细细品读。这里列举三点：

其一，范鹏提出，“新零售是围绕着消费体验的零售革命，具有典型的女性主义特征”。这个定义我很赞同，在我 2014 年出版的《叠加体验：用互联网思维设计商业模式》一书中，就提出“体验感”是互联网时代所有商业模式的终极目的。而范鹏更详细陈述了这种体验感，将用户的诉求定义为一种“女性主义特征”，这是非常准确的。其实，在这之前也有人提出“湿营销”“右脑时代”等概念，无非是说明感性的要素在消费环节会越来越突出。但范鹏用“女性主义”来隐喻变化，认为新零售是“玩场景、玩数据、玩情怀，打造有趣、有心、有爱的零售体验”，从概念上无疑更有穿透力。

其二，范鹏认为，“用升维打击的思想，为零售企业给出一个‘新零售之锥’的升维体验商业模式，即通过消费场景、数据赋能和会员营销三个维度的叠加组合打造极致的用户体验”。这个解释也很贴切，互联网连接万端，让企业能够由“卖产品”升级到“卖解决方案”，升维攻击是必然的，而用户需要的也正是“解决方案”。这里，范鹏实际上将新零售解释为“温度+理性”的混合体，温度是消费场景和会员营销，而理性则是数据赋能。当然了，三个路径之间也有交融，共同支撑了一种立体的解决方案。

其三，范鹏没有仅仅就新零售而谈新零售，而是看到了后端供应链对于消费场景的支撑，探讨了时下热门的 S2b 模式（实际上完整的应该是 S2b2c）。零售不仅仅是场景，更是后端柔性供应链的强力支撑。只有这条柔性供应链才能“赋能”于 c，为 c 提供极致体验。我将新零售说成“大变革的序章”，正是基于这个原因——产业互联网和商业互联网是浑然一体的。当然，范鹏在这里将后端的柔性供应链总结为“超级数据中心和资源平台”，也是可圈可点的。我在 2016 年的《云组织》一书中，就提出资源的在线“云化”是必然趋势，只有这样，组织才能延展到整个供应链范畴，供应链才可能柔性。

总之，范鹏这本书从时下大热的“新零售”的视角切入，有相对完整的逻辑体系，有让人瞩目的新鲜概念，有比较落地的方法论，的确可以算得上是当下鲜有的诚意之作。具体还有哪些精彩，这里就不一一赘述，留给读者们去发现了。

但是，我依然要提醒范鹏的是，互联网的商业逻辑是一个漫无边际的海洋，仅仅从一个海域切入，的确能够看到精彩，但却不能够洞悉全局，掌控未来。正如，不少的企业家看得见商业模式的迭代方向，但自己的命令却“出不了办公室”，组织犹如一个体态笨重的胖子，看得见栏，跨不过去。要解决这个问题，就必须要进入组织模式的研究，这又是一个新的海域。说到底，这个时代要求观察者们在海洋里“跨界”，要跨越不同的海域（专业）去思考解决方案。当然，这就对范鹏提出了更大的挑战，要求他不断“升维”。

回想起来，范鹏是我最先“手把手指导”的两名学生之一。几年光景过来，同期与他进入咨询行业的年轻人，多数已经离开了这个“挑战极限”的行业，开始寻求安逸与稳定，而他却一直坚持，从未动摇，不忘初心，俯首前行。他的努力，我看得到；他的成绩，我由衷高兴。他对于知识的渴望，从他闪光的眼睛中就可以看出。我想，一个人如果不热爱一个事物，不可能做到这样的持之以恒。

不久前，范鹏鼓起勇气告诉我：“穆老师，您知道吗？我写文章的启蒙就是从拆您的文章开始的，您的文章我都基本都能背下来了。”

我笑着问：“哪些文章？”

他认真地说：“所有。”

我一个月要写若干专栏和深度长文，大约在 3 万字以上，他居然能够把每篇都“拆”下来，还几乎能背下来。我一时无语，仿佛看到了凌晨 4 点在洛杉矶球场苦练的科比。

他又说：“知道您很忙，但能帮我的新书写篇序吗？”

我笑了：“为什么不呢？”

请记住这个叫范鹏的年轻人，他配得上所有人的尊重。

推荐序二

适应力和创新力是零售企业的生命力

张一夫
资深零售业专家、知名财经专栏作者

每一家企业，就像每一个人，都应该有思想。有思想力的企业才有活力。

很长时间以来，很多传统实体零售企业丢失了思想——不，是思想停止了更新和行进的步伐。

新技术浪潮的力量是不可估量的，任何人在它面前都显得不堪一击。于是我们束手无策了，在恐惧和弱小状态里开始有色厉内荏的傲慢了。

这是一种心魔，它给我们的思想力加上桎梏，控制我们的思想向着相反的极端前进。

于是，我们在焦虑之余，狂躁地对已经呈现在我们面前的变革选择了排斥。

马云先生解释这种现象时说，这是技术的进化革新，但“他们就像躲在茧里，依然喜欢旧经济模式”。

当范鹏先生把这本《新零售：吹响第四次零售革命的号角》的书稿传给我后，我花了很长时间静静地读完，心中有一种感慨，因为我不知道这位年轻的新零售学者费尽心血奉献给大家的这本颇具价值的关于新零售的专著，会为我们仍旧在蹒跚忧虑的企业带来多少警醒。也许，限于成本，我们的企业对这种融合了科技和管理层面的技术变革采取敬而远之的态度，但是，你是否想到，所谓“新零售”，关键字就是一个“新”字，这是一场新技术浪潮推动的新的变革转型，更是一场企业管理者思想的革新，脱胎换骨的革新。

陈春花教授早在2008年就提出了“价值型企业模型”这种说法。最近她又指出，价值型企业的核心能力第一是价值观和企业精神力，这是一种既抽象又具体的核心差距。她认为，企业跟企业的差距，不是技术，不是资金，不是市场，最终的核心是你的企业价值和精神追求。第二是战略洞察力，这是企业对未来的预判。第三是计划控制力，长期保证企业目标实现的可控，让目标和资源很好地结合。第四是组织适应力和创新力能不能与时俱进。

所以，企业的转变和发展首先是思想的变革。做一个价值型企业，首先是企业家要树立与时俱进的、适应时代变革的能力和创新力，也就是说，企业有没有价值，决定于企业家和管理者有没有相应的价值观。

零售企业的价值观，体现在企业为顾客和社会所提供的服务的价值之上。“顾客是上帝”这句话我们喊了几十年，但骨子里的自我才真实地映照出我们其实对顾客和社会充满了傲慢——因为我们还在排斥进步、墨守成规；因为我们面对变更与转型的浪潮一筹莫展，进而逃避和怨怼。而这种“新零售”转型，正是基于顾客体验和服务价值的提升，换句话说，这种变革促使零售服务业更贴近顾客，使企业的一切行为真正以顾客为核心，那么我们为什么要排斥呢?

非常可怕，那种号称“以不变应万变”真的是一种荒唐的误导，这种无知的自信比叶公好龙还要可笑可悲。

马云先生提出“新零售”概念已经有些时间了，我们看到很多冷嘲热讽，质疑排斥。

这让我想起阿Q说别人的话:“我们先前——比你阔的多啦！你算是什么东西!”

所以我更加坚信，当下传统企业的“新零售”转型，更迫切、更要紧的倒不是企业，而是企业家们，管理者太缺新零售的新思想了。

怀旧不是一种病，可是要使自己明白什么该留下，什么该放弃。

刘慈欣在《三体》中说:“弱小和无知不是生存的障碍，而傲慢才是。”

所谓“新零售”，就是以消费者为核心，对要素资源进行重新配置的过程，通过资源整合重构，实现线上销售与线下销售的有机结合。新零售既推动线上线下全渠道融合、多种技术的融合，又实现了多种服务功能的市场融合，使实体零售企业和线上平台互为延伸，完成双线融合。新零售涉及对产业链和价值链重构、要素重构的过程，这个过程极大地推动零售业升级转型。

从这个意义上讲，范鹏先生的这本书，是对行业转型“新零售”的专业指导。

首先，读完范鹏的这本书，你就了解了鼓噪一时的“新零售”的前世今生了。本书不仅帮你厘清概念，更全方位揭示新消费时代商业转型的路径。范鹏对新零售的定义和解读并没有哗众取宠，而是主张要回归商业的本质，这才是新零售所需要的。去伪存真，用户体验才是零售企业要真正关心的，可以说“没有体验，就没有新零售”。正如书中提到，新零售是一场围绕着用户体验的零售革命，要从多个维度打造出无缝衔接的极致体验，让消费者在购物的过程中感到幸福，才能真正赢得他们的心。

其次，读了这本书，你不仅知道了什么才是“新零售”，还对今天和未来的商业、未来的经济、未来的社会、未来包括今天的年轻一族渐渐有了感觉，你会知道为什么有这些，他们在想些什么，他们会做些什么。因为未来的企业是他们的。毫不夸张地说，几乎关于新零售的所有方面，在这本书中都能找到答案。

第三，书中新颖的观点带你从不同的视角看到零售业的变革，范鹏在书中大胆地提出新零售的性别是“女性”，具有典型的“女性主义特征”，准确地将新零售“具象化”。同时，预言未来的零售形态将是“云零售”，资源都“云化”至云端，形成 S2b 的赋能式商业模式。这不仅为我们思考和研究新零售打开一扇洞见未来的窗，更为零售企业的转型指出了一条未来之路。

《新零售：吹响第四次零售革命的号角》，值得一读！

前 言

对于零售企业来说，这是一个最好的时代，也是一个最坏的时代。

这是商业新物种大爆发的时代，以移动互联网为代表的新技术发展为商业创造了无限的可能，我们几乎每天都在经历不可思议的改变。几年前，人们不会相信能够走进一个无人的便利店，不用排队，也不用买单，更不用看任何人的脸色，拿着自己心仪的商品直接走出门口。几年前，人们不会相信逛超市看到自己需要的生活用品后，只要用手机扫码，就可以让商品比自己还先一步到家。几年前，人们不会相信在家里带上一个 VR 眼镜就能逛遍南京路，在家里就能完成衣服试穿。几年前，人们不会相信一向冷淡风格的无印良品竟卖起了蔬菜水果，阿里巴巴也开始做餐饮超市，一向严肃的王府井也玩起了“二次元”，逛国美电器门店最大的乐趣居然是玩游戏。

这是中国传统商业史上波澜壮阔的大洗牌的时代，我们正在目睹曾经辉煌的零售巨头，如今却步履维艰，如履薄冰，甚至九死一生。不可一世的沃尔玛曾经每开一家店就会形成“五公里死亡圈”，即有沃尔玛门店存在的方圆 5 公里内其他零售业卖场都无法生存，现在这“死亡圈神话”也有了“裂痕”，沃尔玛也开始迎来史上最严重的关店潮，单 2017 年上半年就累计关店 17 家，创六年来新高。乐天玛特五年亏损 30 亿元，目前在华 90% 的门店处于停业状态；卜蜂莲花入华 20 周年，由曾经最高净利润 5.37 亿元到连续五年亏损累计超 11 亿元；年销售一度达 180 亿元的零售巨头新一佳以负债 10.8 亿元宣布破产。

转型找死，不转型等死，毫无疑问，零售行业面临着冰火两重天的境况。

2016 年中国电子商务交易额 22.97 万亿元，同比增长 25.5%，网购用户数量达到 4.67 亿人，网购渗透率达到 63.9%；单天猫“双 11”全球狂欢节当天交易额就突破千亿元，达到 1207 亿元，覆盖 235 个国家和地区，一举创下全球零售史上的奇迹！预计 2017 年中国电子商务整体交易规模仍将达 24 万亿元，增长 16.7%。电子商务猛于虎，一步步蚕食着线下零售的市场份额。

万物皆有裂痕，那是光照进来的地方。

商业逻辑的改变，消费升级的拉动，场景革命的推动，新技术的横空出世，催生了新零售。新零售呈现出典型的“女性主义”特征，消费者追求产品、服务和消费的叠加体验，重视情感链接，具有偶像情结。为了迎合女性经济的崛起，虏获“女性主义”的消费者，零售企业要学会玩场景、玩数据、玩情怀，打造有趣、有心、有爱的升维零售体验。在新消费时代，要有一种“升维打击”的思维模式，通过打造消费场景，利用数据赋能，强化会员营销，打造一种三位一体的升维体验商业模式，大量零售企业围绕着这样的商业逻辑重构自己的商业模式，大刀阔斧地开启了转型之路。于是，永辉超市通过超级物种的优质生鲜加工来强化场景体验，宜家家居开始用美食俘获忠实的会员。于是，素型生活馆用阿里巴巴的大数据来选址、装修、布局和进行商品的品类管理，优衣库通过 APP 来触达消费者和提升购物效率。

未来的零售都会是云零售，都是 S2b 的商业模式。

新零售未来的进化方向就是“云化”，一方面，前端的零售终端演变为体验中心和数据采集的触点，也就是 b，在这里实现与消费者的互动和“嬉戏”，也在这里实现消费数据的采集和交易的触动。另一方面，后端的供应链成为一个超级数据中心和资源平台，也就是 S。首先数据在这里集合并运算，计算的结果再传送到前端；其次，资源在这里调配，基于对消费者画像和需求挖掘，高效地整合资源满足多样化的需求。后端对前端是一种赋能关系，通过后端 S 的数据赋能和资源调配，让前端 b 成为一个有趣、有心、有爱的完美终端，让消费者乐不思蜀、爱不释手、欲罢不能。零售大咖也开始用行动来定义未来，阿里巴巴推出零售通赋能百万“夫妻店”，京东集团也构建京东新通路升级小终端，国美 Plus 发起“美店计划”以“社交+商务+利益分享”的模式赋能中小店。

本书将围绕着以上匪夷所思的现象进行系统化的解读和剖析，通过严谨的理论、翔实的数据、丰富的案例，展示零售企业如何运用升维打击方法，设计升维体验的商业模式，并尝试告诉读者，“升维体验”就是新零售的商业模式。具体来说，本书沿着以下的逻辑展开：第一章介绍在消费变革、渠道变革和技术变革的背景下，催生了新零售，造就了零售新物种的大爆发，并给出了新零售的定义及内涵。第二章通过探索日本零售的精髓，回归零售的本质，用一种新的视角解读新零售的新特征，并分析了新零售未来的发展格局。第三章聚焦于零售企业的转型，提出了转型的道、法和术，并分析了传统企业的转型路径，并全面解读了阿里巴巴、京东、万达三巨头的新零售战略布局。第四章创造性提出了新零售升维体验的商业模式，介绍了四种升维体验的玩法，并分别通过丰富的案例，理论联系实际进行模式全方位解读。第五章诠释了新零售将吹响第四次零售革命的号角，并大胆地预测了新零售未来的形态就是云零售，商业模式就是 S2b。

目　录

零售到底是男的，还是女的？这个问题从来没有人问过，其实，它确实是个问题。至少，笔者认为，新零售一定是女的。新零售具有追求体验式消费、强调高性价比、注重社交情感交流等特征，而这些都是“女性主义特征”。回溯零售发展的历程，可以发现零售确有“女性化”的趋势，而互联网等新技术就是驱动这种改变的底层力量。

“To be or not to be”，对传统零售企业而言，却真的成了一个问题。中国有句古话“穷则变，变则通，通则久”，说明在面临难以发展的困局时，就必须改变现状，进行转型。多数企业却在“不转型是等死，转型可能是找死”的“魔咒”中患得患失，踌躇不前，也有勇敢者用自己的身躯趟出来一条光明之路。转型，首先要“转心”，新零售亦是“心零售”。

战略是权变的，商业模式却是恒定的盈利逻辑，零售企业之间的竞争，不是产品之间的竞争，而是商业模式之间的竞争。在新零售时代，企业更要以升维思考的方式，提高认知力，形成对竞争对手的降维打击。升维体验的商业模式会告诉你，新零售的正确打开方式是什么。

翻云覆雨，未来可期。马化腾认为，“互联网+”基础设施的第一要素就是云，并提出“云+未来”的愿景。“云”是一种分享经济，把社会中的服务能力分享出去，把每个企业、每个人拥有的生产力放到云端，实现“生产力的云化”。新零售吹响了第四次零售革命的号角，伴随着零售渠道“云转型”，供应链“云化”，未来的终极演化形态也将是“云零售”。

读者服务

轻松注册成为博文视点社区用户（www.broadview.com.cn），扫码直达本书页面。

- **提交勘误**：您对书中内容的修改意见可在 提交勘误 处提交，若被采纳，将获赠博文视点社区积分（在您购买电子书时，积分可用来抵扣相应金额）。
- **交流互动**：在页面下方 读者评论 处留下您的疑问或观点，与我们和其他读者一同学习交流。

页面入口：http://www.broadview.com.cn/32845

第1章

三大变革催生新零售

电子商务从诞生以来就经历了一个被实体零售业“看不见、看不懂、看不起、来不及”的过程，马云却给正如火如荼的电子商务浇了一瓢冷水，提出了“新零售”。新零售让电子商务与实体零售从水火不容、有你没我的“相杀”，到主动拥抱对方、互相融合的“相爱”，带来的既不是电子商务的灭亡，也不是传统零售的终结，它是两者媾和在新消费刺激下进化的新物种。它究竟有什么魔力？又将引发怎样的蝴蝶效应？

自从马云提出新零售的概念以来，对它的争论就从来没有消停过。资本市场上新零售概念股如三江购物、华联股份、天虹商场、百大集团等成为资本争相追逐的风口。阿里研究院在“2017 中国电商与零售创新国际峰会”上，高调发布了《新零售研究报告》正式为新零售正名，并给出“新零售就是以消费者体验为中心的数据驱动的泛零售形态”的定义，支持者奉为圭臬。

也有人不以为然，商界大佬娃哈哈集团董事长兼总经理宗庆后直接表示马云提出的新零售是胡说八道。格力电器董事长董明珠认为这是文字游戏，马云的“五个新”，去掉“新”字都是以前存在的。昔日的百货女王厉玲也在接受采访中表示不认同“新零售”这三个字，并认为零售没有新旧之分。批判的文章《屁的新零售》等也在网上流传甚广。

不少媒体和机构也在尝试为新零售下定义，甚至找出一些实体的案例：盒马鲜生就是新零售的样板，良品铺子如何践行新零售，Amazon Go 智能购物诠释了新零售，等等。总之，大家都在试着给它下定义，并努力寻找与之匹配的模型。抛开争议，我们仍然忍不住要问：新零售是“新瓶装旧酒”，还是引领未来商业模式的潮流？究竟什么是新零售？又是什么变革催生了新零售？

1.1 什么是新零售

1.1.1 电子商务将死吗

2016 年 10 月 13 日，杭州云栖大会的开幕式上，马云在演讲中首次提出“新零售”的概念，并宣称“电子商务这个词可能很快就被淘汰，从明年开始，阿里巴巴将不再提电子商务，纯电商时代很快会结束，未来的十年、二十年，没有电子商务这一说，只有新零售这一说”。会后不久，阿里巴巴宣布入股三江购物，打造线上线下融合的“新零售”业态，引起了华联股份、三联商社、快乐购、百大集团、天虹商场等新零售概念股的集体“起飞”，三江购物的股价更是在短短一个月内上涨了 165%！

5 年前，马云还信誓旦旦地说“要么电子商务，要么无商可务”，现在却高调宣称电子商务将死，并表示阿里巴巴明年将不再提电子商务一说。改口来得太突然，舆论一时齐呼“马爸爸自己打自己的脸”。我们不禁会问：2016 年天猫淘宝“双 11”总交易额（GMV）达到 1207 亿元的壮举还历历在目，电子商务是否真的濒临死亡？

马云的话也不完全是危言耸听，从一连串触目惊心的电子商务“死亡”名单中可见一斑，如表 1.1-1 所示。

表 1.1-1 电子商务“死亡”名单

名　称	业务领域	“死亡”时间	融资纪录
绿盒子	童装电商	2017 年 1 月	曾连续 3 年位居淘宝网童装类销量第一，2010 年 9 月获得来自挚信资本 2000 万元首轮融资；同年 12 月获得第二轮来自 DCM 的 1 亿元融资。
蜜淘	跨境电商	2016 年 1 月	2014 年 7 月，获得了经纬创投的 500 万美元 A 轮投资，同年 11 月获得祥峰投资、经纬创投等 3000 万美元投资，曾经估值 1 亿美元。
美味七七	生鲜电商	2016 年 4 月	2014 年 5 月获得亚马逊中国 2000 万美元入股，这也是亚马逊中国自成立以来在中国内地的首笔投资，曾经估值 1 亿美元。
神奇百货	零食、饰品、书包文具	2016 年 7 月	2016 年年初获得来自经纬中国领投、真格基金、创新谷跟投的 2000 万元 A 轮投资。

续表

名　　称	业务领域	“死亡”时间	融资纪录
品一照明	照明电商	2016 年 7 月	年销售额 2014 年 6000 万元，2015 年超过 1 亿元，并且 2015 年“双 11”当天销售额 1217 万元，成为照明行业的电商黑马。

“死亡”名单上远远不止以上几家，电商靠着“价格搅局者”“成本搅局者（轻资产）”“资本搅局者”和“舆论搅局者”的身份，在“互联网+”的大背景下曾经吹起了一阵狂风，也酿造了许多泡沫。抗风险能力低，烧钱速度快，客流不稳定等因素，导致了大量以所谓“创新模式”和“投机性经营”为名的电商企业走上了死亡之路。

从外部环境来看，互联网人口红利逐渐消失，主要体现在互联网人口数量从过去的增量市场到现在的存量市场的变化，以及互联网公司从过去争夺用户到如今争夺用户的时间的变化。中国的网民目前已经超过了 9 亿人，向上继续增长的速度已经非常缓慢，各大互联网公司都将目标定位在增加用户黏性，抢夺用户时间上面。而今，电子商务已成为传统产业，在经历了疯狂的增长之后也开始遇到天花板了，增速已经大大放慢，去年增长率已经下降到 29.6%，用户增长速度也正在逐步下降，移动购物人口的红利也基本耗尽。

在格局上，电商市场正逐步进入发展成熟期，处于第一梯队的电商平台优势明显，各主流电商市场份额基本维持稳定，新进入者门槛将非常高。电子商务战场似乎已经进入尾声阶段，各种品类的垂直电商、跨境电商、农村电商、社交电商、微商、网红电商、直播电商等也只能查漏补缺。亚马逊、阿里巴巴、京东等电子商务巨头在全球的电商市场同样也遇到了增长瓶颈。是不是真会如马云所说：电子商务将成为过去时?

1.1.2 旧零售丧钟为谁而鸣

其实，面临危机的又何止是电子商务，线下零售的日子更不好过。根据联商网不完全统计，2016 年全年中国在百货、购物中心以及大型超市业态中，46 家公司共关闭了 185 家门店，其中百货与购物中心业态关闭 56 家门店，大型超市业态关闭 129 家门店，并且实际关店数量可能还远远不止这些。从全球来看，2016 年沃尔玛关闭了 269 家门店，乐购在英国关闭了 43 家门店，家乐福在中国关店超过 15 家。2017 年以来，情况更加严峻，根据瑞士信贷集团分析师 Christian Buss 分析：2017 年以来美国关闭的店铺数量，已经超过 2008 年受美国经济衰退影响而关闭的店铺数量。2017 年以来，美国已经有 2880 家零售商铺关闭，而在 2016 年同一时段有 1153 家商店关闭。预计 2017 全年美国大约将有 8640 家店铺关闭，这将比 2008 年的峰值 6200 家还要多。

相关统计数据显示，包括超市、百货店、专业店等在内的传统零售业态零售额比上年增长 7.8%，增速虽比上年高 2.3 个百分点，但比同期社会消费品零售总额增速低 2.6 个百分点，比网上零售增速低 18.4 个百分点。据中国连锁经营协会统计，2016 年连锁百强销售规模 2.1 万亿元，同比仅增长 3.5%，是有统计以来最低的一年！

在互联网大潮的冲击下，各行各业都已产生不同程度的变化，而零售行业是受其影响最大的行业。尤其是近两年来，实体零售行业的低迷已经成为趋势，在互联网平台的挑战下暴露了诸多问题，例如高库存、反应慢以及落后的供应链系统，在各类问题堆积下，店铺关店潮、死亡潮此起彼伏。曾经门店数达到 112 家，营业额达到 174 亿元的广东省第一大、全国十大连锁零售企业的“新一佳”也宣布破产清算，负债 10.8 亿元！在过去，新一佳超市的火爆程度不亚于如今的沃尔玛，中国连锁经营协会历年连锁百强统计显示，新一佳在 2005—2012 年的 8 年时间里，销售规模从 110 亿元逐步攀升到 180 亿元，排名最高时位于连锁百强第 14 名。新一佳的倒下，又响起了一拨唱衰传统零售的声音。

这些数据的背后，代表了一个旧零售时代的结束。如今，无论是实体店还是电商企业都面临寒冬：价格战争、关店潮、倒闭潮、裁员潮、资金链断裂、股价暴跌甚至破产等故事正在全球零售业的舞台上不断上演。实体零售企业经营困难，且经营每况愈下，前景不容乐观。我们不禁会问，旧零售究竟是怎么了？归纳起来，主要由以下几大因素导致了线下实体零售陷入困境。

（1）缺少商业规划，导致同业竞争加剧

由于城市加快扩张，尤其是房地产业的迅猛发展，城市商业设施增长过快，且存在着“千店一面”的问题：品牌同质化非常严重，重复率在60%以上，在同一商圈内甚至高达 90%。加之商业网点的发展缺少有效规划，甚至无规划，盲目发展，相同或类似业态的网点布局失衡，扎堆经营，造成资源浪费、恶性竞争、利润下滑。而且一些大型超市向供应商收取诸如进场费、店庆费、开业赞助费、物损费等名目繁多的费用，这不仅破坏了公平竞争的环境，扰乱了正常的市场秩序，还将一些不必要的费用强加到了消费者的身上，有的甚至影响到了商品的质量。过高的商品价格，抑制了销售额度的增长。

（2）成本持续走高，运营负担过重

零售企业的人工、房租、水电、刷卡费等成本占总成本的比例在 70%以上，有的百货集团人力成本占到企业运营成本的 40%以上。尽管“营改增”减轻了企业负担，但近年来劳动力薪酬普遍提高，加大了劳动密集型的实体零售企业的成本压力，存在“招工难”等问题。一方面行业工资水平普遍较低（平均 3000 元/人），“90 后”从事服务业意愿不足；另一方面用工规模大，人力成本持续攀升，薪资成本压力使企业留不住优秀的一线员工，制约了企业的长远发展。人口老龄化严重，员工流失率高，甚至在广西东兴这样的西南边陲城市，超市都招不到人，都不得不用越南籍的员工。所以，传统零售业都以增加员工工资来应对企业招工难。同时，租金不断上涨，大部分零售业是租赁物业经营的，近年来房地产价格不断攀升，零售业租金也水涨船高。

（3）落后的消费体验和电商的强烈冲击

随着互联网的飞速发展，以及网络技术的不断完善和更新，电子商务引领了新的销售浪潮。网络购物已经成为消费者热衷的购物渠道之一，并且年龄在 35 岁以下的社会主力军，大多会选择进行网络购物。对比传统的消费者购物流程，互联网经济背景下的网络购物缩短了空间与时间上的距离，为消费者带来了更方便快捷的消费体验。而传统零售企业的实体店铺，一方面局限了时间性与空间性，另一方面在保证企业可持续性发展的情况下，导致消费者的购物体验越来越差。

（4）传统盈利模式的短板

目前传统百货店的盈利模式大多是建场收租的“二房东”模式，在收取租金的同时以联营分成的方式，从厂商销售额中抽成。大部分百货企业的自营商品比例为 10%，一线百货企业毛利率也仅为 20%，这比国外同行低出近 50%。有的实体店的自营比重几乎为零，主要是以提成返利为主。联营扣点的经营模式占到 95%左右。面对外部租金上涨等各种压力，零售业通过提高扣点率和进场费等转嫁压力，这种压力最终传导到终端消费价格上，提高了商品价格。另外，由于自营比例低，难以发挥连锁经营和统一配送优势，达不到规模经济，这也使得成本居高不下。联营的品牌和渠道控制力弱，没有商品定价权，也制约了零售的发展。

电子商务发展放缓，线下实体零售遭遇困境，新零售似乎成了救命的稻草。于是，电商巨头纷纷砸钱布局新零售，线下零售企业也主动投怀送抱。新零售真的是破局的“利剑”么？首先，我们得厘清新零售的概念。

1.1.3 新零售不是什么

很多大咖对新零售都有不同的见解，雷军说新零售是一场适者生存的游戏，本质就是效率的竞争。红杉刘星认为新零售新的新是新业态、新人群、新品牌、新技术。阿里研究院的报告说新零售以消费者体验为中心的数据驱动的泛零售形态。潘一清所谓新零售就是用互联网的思想和技术来改造我们的零售，核心是互联网开放的思想和零售技术。苏宁孙为民说新零售就是互联网时代的零售。大商集团刘思军认为新零售要重塑消费者心智。真可谓是百家争鸣，百花齐放，俨然一派“诸子百家”的态势。

网上流行的说法也各有不同，有人说新零售就是“心零售”；也有人说新零售就是“互联网+零售”；也有人强调零售没有新旧之分，新零售本质就是一种全新的业态。诸多对于新零售概念的跟进让人眼花缭乱，市面上也有很多对新零售不恰当的认知，去伪存真，这里，我们首先要搞清楚，新零售不是什么。

（1）新零售不是 O2O

马云曾简单地描绘“线上线下和物流结合在一起，才会产生新零售”，因此不少人认定新零售就是 O2O。O2O 即 Online To Offline，是指将线下的商务机会与互联网结合，让互联网成为线下交易的前台。O2O 曾是资本追逐的风口，百度 CEO 李彦宏曾在一次媒体沟通会上宣布“我昨天看了一下，百度账上还有 500 多亿元现金，我们先拿 200 亿元投资 O2O”。知名经济学家许小年却曾痛斥这种模式，“我认为很多 O2O 不创造价值，什么叫 O2O？就是两边都是零，中间一个 2 货”。何为 O2O？一段时间之后，诸多分析文章开始思考，两个 O 哪个在先，哪个在后，谁为谁服务，到底是从线下到线上，还是从线上到线下？由于当时主要是传统企业转型，所以很多人理解的 O2O 是指从线下到线上：传统零售企业将线下的产品转移到线上去销售，在网络平台进行产品图片展示、顾客选择、交易支付、卖方送货、最后用户评价。线下企业为线上提供发货、售后、仓储、实地体验等支持，线上作为线下销售的辅助渠道，O2O 是一种松散的线下线上融合。

从线下往线上转移的过程，有一个问题无法得到解决和满足，就是体验。第一，顾客购物的过程不仅是为了得到商品，逛街、逛商店，一个“逛”字本身就包含顾客对场景的需求，有娱乐放松休闲的消费性质。买东西仅仅是一方面，甚至根本没有商品的消费需求，纯粹就是去逛逛。这是网络消费所不具备的。第二，并不是所有的商品都适合在网上销售。体验性强，需要进行实地查考，甚至尝试性消费的商品，不适合在网上购买。第三，顾客本身具有强烈的个人倾向，更注重商品风格，注重商品细节以及商品质地，即使能在网上选择比较，顾客也会到实体店实地查看，甚至在实体店成交。线上线下融合早就是大势所趋了，线下零售企业触网，线上电商巨头开实体店，在新零售腾空出世之前就不是新鲜事了。电子商务效率高体验差，线下零售体验好却成本高，两种渠道相互结合是应有之意。当然，O2O 是新零售的必要条件之一，新零售需要的不只是线上线下两种渠道的融合，而是全渠道融通，即商品通、会员通、服务通。认为新零售就是 O2O，这是断章取义。

（2）新零售不是 C2B

消费升级让用户更加注重商品的个性化、情感化和社交化，私人定制的需求越来越多。阿里认为“未来的生意将是 C2B 而不是 B2C 模式，用户改变企业，而不是企业向用户出售”。C2B 是以消费者为中心，提供定制化内容，先有消费者需求产生而后有企业生产，即先有消费者提出需求，后有生产企业按需求组织生产。然而，由于技术、成本等因素的限制，目前很难实现按需求组织货源和大规模定制。真正实现 C2B 的只有服饰、小商品、汉堡包等领域，实现的模式也还比较低级，例如在水杯上标准化地刻字、印图，购买电脑可以自主选择配置，等等。

当然，无可否认，随着柔性生产、智能制造、3D 打印等新技术的发展，未来将会让私人定制的成本越来越低，效率越来越高，按需生产将成为可能。只是，零售环节的 C2B 却只能是望洋兴叹，终端渠道的商品陈列和购物体验等就算可以精准满足某类消费群体，却难以基于个体按需匹配，难以实现千人千店；就算可以实现，也难以实时满足快速变化、反复迭代的消费需求；就算可以满足，成本也难以降低。想想看，你去逛商场，可以随着你的构想实时或定时变化场景，按照个人喜好选择商品，要么你要高价买单，要么就是正在做梦。新零售就是 C2B，这是痴人说梦。

（3）新零售不是新业态

马云坚信新零售将通过数据与商业逻辑的深度结合，为传统零售业态插上数据的翅膀，催生新型服务商并形成零售新业态。事实上，随着商业的发展，新业态的进化和新生从未停止过，从最早的“夫妻店”的单一业态，到目前根据其经营方式、商品结构、服务功能、选址、商圈、规模、店堂设施、目标顾客和有无固定经营场所等因素，零售业分为 17 种业态。近年来，永辉超级物种、盒马鲜生、三只松鼠投食店等新型终端的诞生让人耳目一新，看似诞生了新业态，其实不然。

业态是满足消费者需求的渠道形式，满足便捷性需求诞生了便利店业态，满足品质性需求诞生了专卖店业态，满足价格需求便诞生了大卖场业态。在需求极致多元、无限迭代的新零售时代，任何单一类型的业态都是难以让人满足的，因此阿里巴巴预言新业态将会迎来“物种大爆发”。只是，无论如何爆发，业态只是零售渠道表现形式的创新，说新零售就是新业态，这是盲人摸象。

1.1.4 新零售是什么

阿里研究院认为新零售是以消费者体验为中心的数据驱动的泛零售形态，它的三大特征是“以心为本、零售二重性、零售物种大爆发”，笔者认为新零售有四大内涵。

（1）新零售就是消费者赋能

在买方市场的丰饶经济时代，消费者才真正成为“上帝”，他们的需求真正被重视甚至成为圣旨。新零售时代消费者被赋能体现在两个方面，一是以用户为中心，一切以消费者的需求为出发点。零售要考虑的核心问题不再是我有什么、我要卖什么、在哪里卖，而是顾客需要什么、什么时候需要、需要多少。同样是 7-11 便利店卖的宫爆鸡丁，天津店的宫爆鸡丁用的是黄瓜丁，而北京店用的是芹菜丁。这是因为 7-11 会根据不同地区分店的销售情况，按消费者需要来调整自己的产品。刚开始的时候，可能天津既有芹菜丁也有黄瓜丁，但是发现天津人的口味普遍喜欢吃黄瓜丁，商品的组织就会随着需求持续调整、反复迭代。

二是选择成本更低、效率更高。过去想货比三家就要跑至少三个地方，时间成本很高。新零售通过全渠道让用户接触商品更加便捷和高效，几乎触手可得，只要挑选一个商品品类，那么全世界几乎所有的品牌都会呈现在眼前，可以直接比对它们的品质和价格，快速锁定性价比最高的商品，做出最优选择，实现个人的“帕累托最优①”。消费者就像皇帝一样，面对各式各样信息透明的商品，根据自己的心情随时进行“翻牌”。

---

① 帕累托最优是指资源分配的一种理想化状态，即在不使任何人境况变坏的情况下，就不可能再使某些人的处境变好的状态。

很多电商平台把中国的实体消费者集体“阉掉了”，本来消费是非常开心的一件事情，线下去体验，摸一摸，试一试，结果因为价格太贵，服务太差，所以大家必须在家里面摸键盘，没感觉也没有体验了。未来流量入口将没有线上与线下之分，而终端则是重要的体验场景，消费者不管你是线上还是线下，他只想能够高效愉悦地买到所需要的优质产品。消费体验和定制化服务将成为终端最主要的两大功能，甚至，终端也是粉丝们聚会交流的“社区”。技术的进步也能够确保支持环节能够像 Amazon Go 一样无须排队无须结账，通过技术与硬件还能重构零售卖场空间，可实现门店数字化与智能化改造终端，智能终端将取代旧式的货架、货柜，延展店铺时空，构建丰富多样的全新消费场景，以新型门店与卖场来全面升级顾客体验，这样的终端将成为一种新业态。如此一来，消费者才能真正成为“上帝”，真正拥有消费主权。

（2）新零售就是供给侧改革

消费升级既促进了需求的结构升级，也同样带来了供给的结构升级，而新零售必然带来供给侧改革。供给侧改革就是从提高供给质量出发，用改革的办法推进结构调整，矫正要素配置扭曲，扩大有效供给，提高供给结构对需求变化的适应性和灵活性，更好满足消费者的需要。新零售的供给侧结构升级体现在三个方面。

首先是全渠道，真正的新零售应是 PC 网店、移动 APP、微信商城、直营门店、加盟门店等多种线上线下渠道的全面打通与深度融合，商品、库存、会员、服务等环节皆贯穿为一个整体。全渠道具有三大特征：即全程、全面、全线。全程，一个消费者从接触一个品牌到最后购买的过程中，全程会有五个关键环节：搜寻、比较、下单、体验、分享，企业必须在这些关键节点保持与消费者的全程、零距离接触。全面，企业可以跟踪和积累消费者的购物全过程的数据，在这个过程中与消费者及时互动，掌握消费者在购买过程中的决策变化，给消费者个性化建议，提升购物体验。全线，渠道的发展经历了单一渠道时代即单渠道、分散渠道时代即多渠道的发展阶段，到达了渠道全线覆盖即线上线下全渠道阶段。这个全渠道覆盖就包括了实体渠道、电子商务渠道、移动商务渠道的线上与线下的融合。传统零售面临着渠道分散、客户体验不一、成本上升、利润空间压缩等多个困局。新零售将从单向为销售转向双向互动，从线上或线下转向线上线下融合。因此新零售要建立“全渠道”的联合方式，以实体门店、电子商务、大数据云平台、移动互联网为核心，通过融合线上线下，实现商品、会员、交易、营销等数据的共融互通，向顾客提供跨渠道、无缝化体验。阿里巴巴则将其总结为“三通”，即“商品通”“会员通”“服务通”，如表 1.1-2 所示。

表 1.1-2　新零售的三通

三　通	分　类	作　用
商品通	价格打通	同款同价
	库存打通	实库虚库一盘货
	大促打通	终端可调拨发货
会员通	账号通用	方便线上线下采集数据
	积分通用	利益捆绑客户
	行为记录	方便数据挖掘和精准营销
服务通	售前服务	门店与线上导购融合
	售中服务	锁定消费者，方便社群服务
	售后服务	退换货服务，线上线下皆可受理

其次是去库存，未来的零售一个方向是通过系统、物流将各地仓库，包括保税区甚至海外仓连接起来，完成库存共享，改变传统门店大量铺陈与囤积商品的现状，引导顾客线下体验，线上购买，实现门店去库存；另一个方向是消费从消费需求出发，倒推至商品生产，零售企业按需备货，供应链按需生产，真正实现零售去库存。

第三是智能门店，企业与商家应通过技术与硬件重构零售卖场空间，进行门店智能化改造，一方面依托 IT 技术，顾客、商品、营销、交易 4 个环节完成运营数字化。另一方面店铺以物联网进行智能化改造，应用智能货架与智能硬件（POS、触屏、3D 试衣镜等）延展店铺时空，构建丰富多样的全新零售场景。

简而言之，从供给侧结构的角度来看，“新零售=线上（云平台）+线下（门店或制造商）+智能物流（高效供应链体系）”，越来越多的企业有开始从市场侧进一步走向供给侧的变化，这是在未来一个阶段走向新零售的关键，走向新零售非常重要的一个标志，就是要完成对消费者的可识别、可触达、可洞察、可服务，最终每个企业都要变成一个大数据支撑的公司，每个企业都要变成一个数据公司（如图 1.1-1 所示）。做完这些之后最终才能走向真正对供给侧的改革。

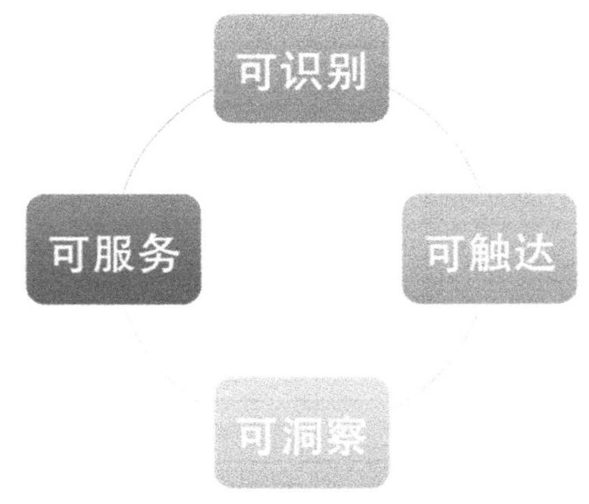

图 1.1-1　企业的四个“可”

（3）新零售就是升维体验

新零售带来的将不再是单一的购物体验，而是提供产品、服务和体验的综合零售模式，三层叠加拉动产品销售。比如大量线下书店在电子商务冲击下不断亏损倒闭，但是亚马逊重新开起来的实体书店，和之前的书店却完全不一样。亚马逊重新定义了实体店，它不仅提供产品，还提供服务和体验。比如说提供社区氛围，喜欢读书的人在线上交流之后，就要到线下来聚会，那么聚会的地点就选在了实体书店。再比如说它提供跟书籍相关性很强的产品，喜欢读书的人，往往还会买书店里的各种小玩意儿。甚至用户可以在网上下单后再到实体店取货，书店可以成为物流中心，这就是升维体验。

此外，新零售时代消费者可以买到高性价比的产品，真正是“物美价廉”。最开始选择电商消费的主要原因，不外乎零售店的体验不好，且价格昂贵。现在很多商业中心餐饮业异常火爆，门口排队者络绎不绝，而服装等零售店却是门可罗雀，主要是因为跟其他零售相比，餐饮客单价低，人均 40~50 元，而且味道也不错。而其他线下零售因为租金、物流、人工等成本压力，价格都会比线上高出一大截，我们经常看到很多人在线下逛街试一下衣服是否合身，然后在线上寻找同款购买。笔者有一个女性同事曾分享一次购物体验：在线下同品牌同款式的商品比线上卖得贵了 200 元，贵了整整一倍。线下零售在电商冲击下的节节败退可见一斑。随着线上线下及物流的融合，未来零售体或将统一价格、质量、体验等标准，提供专业的服务、同质同价的产品给消费者，实现线上线下同款同价。

新零售还可以让消费者享受到“记名消费”的会员体验，这是一种有踪迹、有档案的消费。以前消费者去商场里买东西，买 20 次商家只会说这人很面熟，但不知道其他信息，这是无记名消费。新零售时代，消费者就算是买一包烟，都会有数据记载，都是记名消费的。甚至有的零售店是必须成为会员才能购买，例如，盒马鲜生必须下载 APP 注册会员才能购买，从而形成消费闭环。数据后台不仅会记录消费者的姓名、身份、具体地址等信息，还会形成一个长期消费的消费档案。这就意味着，买家和卖家会建立起一种新的关系，也就是买家在买东西的时候，实际上是在向卖家提供自己各方面的信息，包括自己没有意识到的信息，比如消费偏好、购买习惯等。基于这些数据，零售又可以反过来促进和叠加新的消费体验，形成一个良性循环，打造基于用户的升维体验。

（4）新零售就是数字化革命

数字化是零售业最重要的转型和创新的突破口，也是新零售的核心，未来新零售会实现“消费者数字化、终端渠道数字化、营销数字化”。未来零售企业的竞争力不再是价格、商品、营销，而是对客户的洞察以及分析数据的能力。

- 消费者全息画像

消费者数字化是通过采集用户的属性数据和行为数据，对其进行全息的消费画像，对购买产品和服务的客户有一个 360 度的全方位了解，从而无限逼近消费者内心的真实需求。为了获得客户的完整信息而不仅仅是一些简单的“快照”，需要一个中央数据仓库，用来储存消费者与具体品牌接触的全部相关信息：消费者基本数据及交易信息、浏览历史记录、客户服务互动，等等。用户画像是根据用户社会属性、生活习惯和消费行为等信息而抽象出的一个标签化的用户模型，具体包含以下几个维度。

用户固定特征：性别，年龄，地域，教育水平，生辰八字，职业，星座。

用户兴趣特征：兴趣爱好，使用的 APP 或网站，浏览/收藏/评论内容，品牌偏好，产品偏好。

用户社会特征：生活习惯，婚恋，社交/信息渠道偏好，宗教信仰，家庭成分。

用户消费特征：收入状况，购买力水平，商品种类，购买渠道喜好，购买频次。

用户动态特征：当下的需求，正在前往的地方，周边的商户，周围人群，新闻事件等。

这些数据会转换为影响指数，进而可以做“一对一”的精准营销。举个例子，一个“90 后”客户喜欢早上 9 点在本来生活网站上下单买菜和水果等生鲜，晚上 6 点回家做饭，周末喜欢去附近吃韩国料理，经过数据搜集与转换，就会产生一些标签，包括“90 后”“生鲜”“做饭”“韩国料理”等贴在消费者身上。

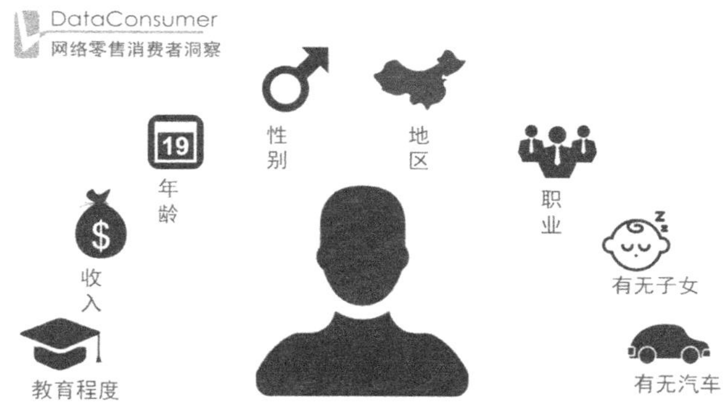

图 1.1-2　消费者的标签

- 零售云端

未来将没有终端，只有“云端”。终端不再是商品的销售渠道，而是消费体验和数据上传的端口。零售门店将是遍布传感器与交互设施的端口，端口都是线上线下一体化，即线下端和线上端有机融合的“双端”经营模式，商家可将线上消费者引导至线下消费，也可将线下的消费者吸引至线上消费，从而实现线上线下资源互通、信息互联、相互增值的目的。在形态上，无论是百货公司、购物中心、大卖场、便利店，还是线上的网店、各种文娱活动、网络直播，以及各种移动设备、智能终端、VR 设备等都是数据导入的链接。消费者实时“在线”，端口将消费者全方位的数据上传至云端，通过数字化技术打通线上与线下，虚拟与现实的各个碎片化端口和各个消费环节，实现深度融合。消费者将不受区域、时段、店面的限制，商品不受内容形式、种类和数量的限制，消费者体验和商品交付形式不受物理形态的制约，零售渠道真正变得无孔不入和无所不能。万达网络科技副总裁徐辉曾表示："未来最贵的一定是连接，连接本身，物与物的连接，人与人的连接，人与物的连接，有了这些连接再配上必要的数据分析和流程的决策，这样单一交易的本身不再是一个瞬间的结束，而是一个新的交易和一个更长久关系的开始。"

- 精准营销

有了用户画像之后，便能清楚了解消费者的潜在需求，在实际操作上，也能深度经营与顾客的关系，甚至找到扩散口碑的机会。例如超市若有生鲜的打折券，系统就会把适合产品的相关信息，精准推送到消费者的手机中，实现精准推荐。针对不同产品发送推荐信息，同时也不断通过满意度调查，跟踪码确认等方式，掌握顾客各方面的行为与偏好；也在不同时间阶段观察成长率和成功率，前后期对照，确认整体经营策略与方向是否正确；若效果不佳，又该用什么策略应对。反复试错并调整模型，做到循环优化，做到精准反馈。更重要的是，在掌握数据之后，商家可以真正做好精细服务，例如在没有情人的情人节送上一封热情洋溢的情书和一束红玫瑰，在独自加班的晚上献上一首她经常单曲循环的歌，在生理期的时候送上温暖的提醒和祝福，就好像她身边总有一个看不见却又无处不在的"男友"，如此贴心的服务肯定让消费者欲罢不能，也会对你"忠贞不渝"，成为商家粉丝和义务宣传员也只是时间问题。数据整合改变了企业的营销方式，现在经验已经不是累积在人的身上，而是完全依赖消费者的行为数据去做推荐。未来，销售人员不再只是销售人员，而是能以专业的数据预测，搭配人性的亲切互动来推荐商品，即升级成为顾问型销售。有人形象地比喻，精准营销就像是谈恋爱，在对的时间，对的地方，遇到对的人，采取对的措施，达成对的结果，而这一切"精准"的背后，都离不开大数据技术的成熟。

消费者赋能，供给侧改革，升维体验，消费者全息画像、零售云端、竞争营销的数字化革命，以上所有的关键词都离不开一个出发点，就是满足消费者需求的实时变化、升级与分化，换句话说就是更好的消费体验，更方便的购物触达，更周到体贴的个性化服务，更值得信赖的品牌口碑等。所以要想打赢新零售这场新战役，是否能够让消费者满意、感动与分享，始终是胜负的关键点。

总之，新零售就是以用户为中心，数据赋能下为消费者提供升维体验的实时“在线”的全渠道场景。未来，新零售能实现的消费愿景就是“所想即所得，所得即所爱”。同时，新零售带来的不是电子商务的灭亡，也不是传统零售的终结，它是在新消费刺激下两者媾和而进化的新物种，就像罗振宇所说的“何须转型，只需生长”。

只是，为什么是现在？是哪些因素催生了新零售？马云在这样一个时刻提出新零售的概念显然不是一个巧合，总结起来有三大变革催生了新零售：消费变革、渠道变革、技术变革。

1.2 消费变革

探索新零售的由来，必须要回归零售的本质，解构消费的初衷。正如社会生产力决定了社会关系一样，消费的变化决定了零售的发展。

1.2.1 消费 4.0 时代到来

随着科学技术的发展，生产效率和交易效率不断提高，中国的消费形式持续变迁，消费从 1.0 时代进化到 4.0 时代，消费驱动也经历了从“价格”

到“品格”，再到“格调”的变化。

（1）消费 1.0 时代——计划消费

新中国成立初期，各方面物资都比较匮乏，在计划经济体制下，市场供需都严格把控，大量生活用品采取配额制，通过粮票、布票、煤油票等媒介进行交换。消费者处于被动式的计划消费，商品种类稀少，选择范围狭窄，需求难以得到满足，零售渠道主要是供销社的形式，以柜台销售为主。消费 1.0 时代还不是市场经济，在计划经济体制下，商品通常有价值而没有市场价格，产品大多数基于分配而不是基于交易。

（2）消费 2.0 时代——自由选购

伴随着经济体制的改革和生产力的不断发展，人民可支配收入持续增长，产能不断提高。供销社形式的消费模式已经越来越不能满足人们的日常消费生活，中国学习西方发达国家，兴建起了百货商场、超市、便利店等零售业态。商品的销售与购买渠道开始多元化，供给与需求逐渐平衡，基本消费需求得到了满足，消费者基本可以自由选购，购物方式也便捷多了。消费 2.0 时代“价格”成为购买决策最重要的考量因素，市场完全符合西方经济学里面的供求曲线，需求随价格上升而减少，供给随价格提高而增加，价廉物美的商品备受青睐，价廉优先。

（3）消费 3.0 时代——品质消费

社会进入了丰饶经济时代，产能开始过剩，商品不断丰富，供给开始大于需求。物质文明生活的极大丰富，使人们消费观念发生改变，更加追求消费的品质，注重服务与体验。专卖店、会员店、购物中心等零售业态大量出现，满足多样化的品质消费诉求。消费 3.0 时代“品格”成为关键的决策因素，物质文明生活的提升催生消费升级，过硬的品质和服务的格调成为商品的卖点，用户不再盲目追求低价，对“物美”的考虑开始优先于“价廉”。

（4）消费 4.0 时代——定制消费

随着“80 后”“90 后”甚至“00 后”成为主要消费群体，互联网时代个体开始崛起，用户需求变得多元，呈现出长尾趋势，消费升级促使更多的消费者开始追求商品的附加值。品质、审美，甚至是人格认同，都已成为消费的动因，越来越多的人购买一种商品或服务，是出于喜爱而并非需要。消费更加注重个性化、情感化和社交化，随着消费动机的改变，“冷冰冰”的标准化的产品将逐步被“有温度”的定制化的“非准”产品所替代。《华丽志》对“80 后”“90 后”时尚消费行为及趋势进行调研，随后发布的《中国时尚消费人群调查报告》显示，“80 后”“90 后”人群中 90.3%的人对定制消费感兴趣，如图 1.2-1 所示。

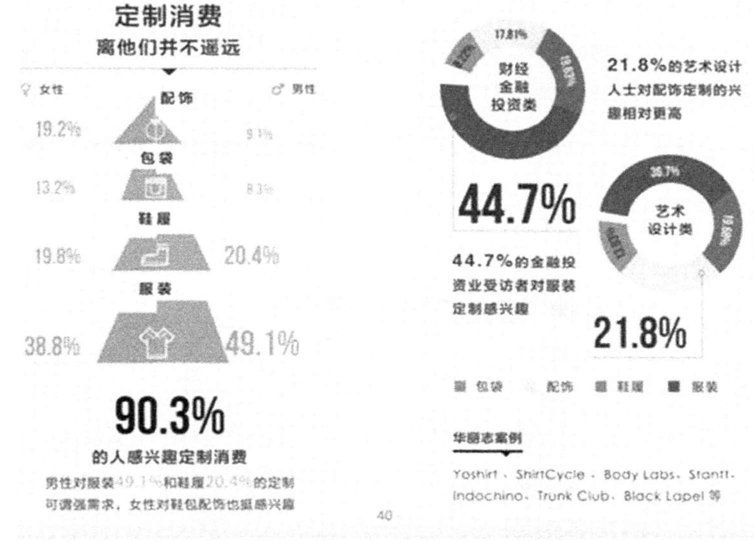

图 1.2-1　中国时尚消费人群调查报告

消费 4.0 时代大众消费市场愈趋个性化，在工业化时代“只要生产一辆黑色福特汽车”的做法已经行不通了。消费者需要个性化的产品，不仅仅要在功能上满足他们的某个痛点需求，还要在情感上，让他们对该产品产生一种“连接感”，消费就是要有“格调”。产品打造需要从三个层面来实现：物理层面要求“有用”，至少要有 3 个功能差异点；化学层面要求“有趣”，能够与用户愉悦地交互；社会层面要求“有爱”，即有情怀，打造文化与情感的共鸣点，形成共同的价值群落。

消费的变化深深地倒逼着业态的变革，以购物中心为例，如果将单纯的购物场所打造为能引起我们心灵共鸣的生活化场景，它就更加具备了情感的温度。在购物中心 1.0 时代，消费者需求比较简单，目的性比较强，购物中心的业态基本上是以零售为主的，只是解决生活的基本需求。在购物中心 2.0 时代，消费者开始出现多样化的诉求，购物中心开始细化市场需求，明确定位，配上主题，引进新品牌，打上差异化标签，打造一站式购物中心。购物中心 3.0 时代电商突起，消费模式不断变化，购物中心也大幅度增加了体验式业态，纷纷打出体验牌。而当购物中心已经远远不能满足消费升级的迭代，不能让消费者消费心理达成某一种心灵共鸣，或者没有某一种情感需求联系在一起的时候，从场所到场景的购物中心 4.0 时代就已经来临了。

1.2.2 从“二八定律”到“新长尾效应”

在短缺经济社会，商品销售的分布满足“二八定律”，即 80%的市场份额来自 20%的商品，口碑好质量好的标准化商品可以高度支配市场。例如曾经的科龙空调、海尔冰箱、桑塔纳轿车都占据了该细分市场的半壁江山，几乎成了该品类的代名词。

在丰饶经济社会，商品销售则是呈现“长尾效应（Long Tail Effect）[①]”，如图 1.2-2 所示，既有集中于头部的部分热销商品，也有分割出不同利基市场的海量长尾商品，市场“头部”和“尾部”几乎占据对等市场份额，甚至尾部更大。例如目前的智能手机市场就是一个典型的长尾市场，2016 年中国大陆线下渠道走量的 74 款手机机型，iPhone 7、Mate 8 等畅销款名列前茅成为“头部”，金立、乐视、酷派、中兴、朵唯等手机品牌推出的款式组成“尾部”，形成典型的“长尾形状”。不可一世的海尔冰箱市场份额虽然仍然保持第一，比重却逐年下滑至 2016 年的 16.9%，“二八定律”俨然开始不适用了。

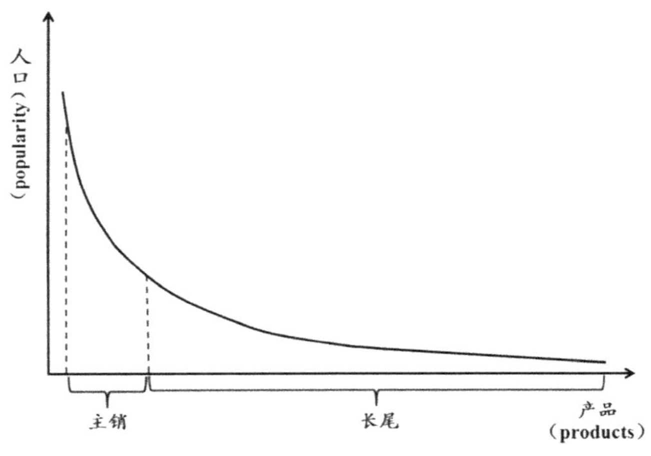

图 1.2-2　长尾模型示意图

经济学上说消费者有两种倾向，一种叫做“巡游花车（bandwagon）”，就是大众需求；另一种叫做“自命不凡（snob）”，就是小众需求。学者在工

① 长尾效应的概念是由《连线》杂志主编 Chris Anderson 在 2004 年十月的“长尾”一文中最早提出，是指从人们需求的角度来看，大多数的需求会集中在头部，而这部分我们可以称之为流行，而分布在尾部的需求是个性化的，零散的小量的需求。而这部分差异化的，少量的需求会在需求曲线上面形成一条长长的“尾巴”，而所谓长尾效应就在于它的数量上，将所有非流行的市场累加起来就会形成一个比流行市场还大的市场。

业经济时代提出这个理论，这两类需求的总量是一大一小的。但是，在互联网时代，自命不凡的需求一下就被放大了。从消费的角度来看，大众需求会集中在头部，而分布在尾部的是个性化的小众需求。这部分差异化的、少量的需求会在需求曲线上面形成一条长长的“尾巴”，将所有利基市场累加起来就会形成一个比流行市场还大的市场，这就是所谓的“长尾效应”。长尾效应是丰饶世界的一种现象，只有头部，则无法满足用户的更多需求；只有尾部，用户则完全进入一个陌生的世界，无从下手。

表 1.2-1　不同消费时代的特征

商品特征	二八定律	长尾效应
发展时期	消费 1.0、2.0 时代	消费 3.0、4.0 时代
经济背景	资源稀缺	丰饶经济
市场导向	卖方市场	买方市场
客户服务	大众化需求	个性化需求

新零售时代会怎样呢？零售和电商巨头们都有自己的想象，抛开臆断的因素，还是得从决定零售的消费出发。未来的消费需求将是无限多元、极致个性、迅速迭代的，会衍生出海量小众的利基市场，传统的长尾模型开始发生变化，需求的“长尾”无限拉长，形成“新长尾形态”。新长尾模型是一种“反二八定律”，即 80%的商品占据 80%的市场份额。如图 1.2-3 所示，传统长尾模型中，能够吸引大众消费的“巨头产品”数量不多，却也不少；新长尾模型中，中间的一块三角区域消失了，“巨头产品”数量减少，仅存一些“爆款”，“长尾”变得更长，消费变得冰火两重天：爆款+定制化。这样一来，零售一方面要销售“爆款”产品，引爆用户需求；另一方面，要适应消费的复杂需求，基于大数据挖掘出“用户欲望”，并进行精准定制。

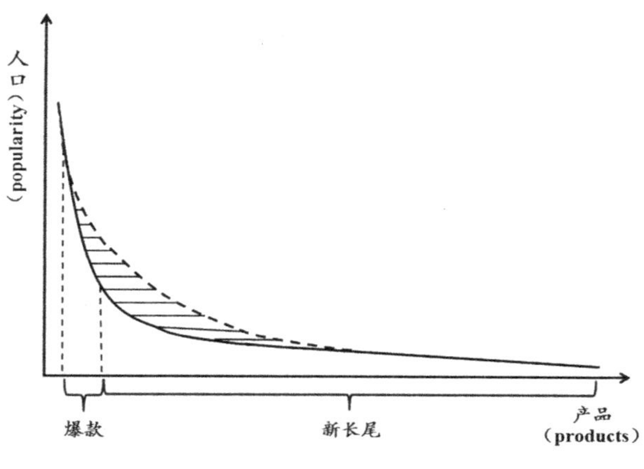

图 1.2-3　新长尾模型示意图

1.2.3　“新世代”消费群体的崛起

新一代消费者已经崛起，他们的消费观念和消费逻辑是完全不一样的。这代人对“端着”无感，产品和零售必须要会玩。这一代消费者被称为“新世代”，主要是指“95 后”这一类消费者，这类消费群体将成为未来消费市场的主导力量。来自阿里巴巴研究院的测算表明，“新世代”消费者的消费力正以年均 14%的速度增长，这一速度是 35 岁以上消费者消费力增速的两倍，预计将贡献 65%的消费增量。

（1）“新世代”消费的崛起

年轻一代的中国消费者比上一代的消费能力更强，消费的“好奇心”更大。首先，消费者的教育水平更高，在年轻一代中，拥有本科以上学历的人群占总体的 25%，而在上一代消费者中这一比例仅为 3%。其次，年轻一代消费者的品牌意识更强，他们对品牌的平均认知数量为 20 个，远超过上一代的 7 个品牌。再者，“新世代”喜欢的贴标签，就是在以最直观、最简短、最快速的方式，传递出他们最关注的信息的工具。亚马逊华东区负责人师利宾说。“新的消费者需要我们提供更安全更有品质的商品；他们更要节省时间，无论多远距离都希望以最快速度拿到商品；他们更多地被社交广告激发购物需求。面对这种全新的环境和需求，零售商需要不断创新，为客户提供超出预期的服务。”

“新世代”消费者的崛起正在倒逼零售业不断升级转型，不知何时开始，一些新兴体验业态悄然出现在各大购物中心。南京的水游城和河西金奥购物中心，不约而同走起了“田园风”，在商场里建起了“农场”；在水游城1000平方米的屋顶农场，你可以看到挂在枝头的果蔬。金奥国际购物中心的五楼中庭，是近100平方米的室内生态互动体验种植区，玻璃屋顶下种满花草，吸引了不少热爱植物的父母和孩子。VR主题体验馆、新密室逃脱、跨境电商体验店等新业态也纷纷在商场内跑马圈地。京东全球购、中粮我买网、苏宁海外购、聚优澳品等多家跨境电商企业分别进驻了国内多家大型商场，成为跨境电商O2O门店，消费者络绎不绝。

（2）“95后”消费者的标签：多、深、专、钱

无独有偶，腾讯也在全国6个城市组织了新青年交流营，与50多个“95后”深入交流，得出了一份“95后”兴趣研究报告。报告显示，“95后”兴趣的关键词是：多、深、专、钱。

多，是指圈子多，身份多。一是兴趣圈子多，圈子“鄙视链”无处不在。越是细分的兴趣圈子就越容易找到共同话题，也越有认同感，各个圈子里的人都愿意保持自己的个性而不愿被扩大化、广泛化，变成自己鄙视的人群。这样越来越细分的兴趣，就产生了越来越多的兴趣圈子。二是身份多，接触早，玩得起。“95后”能形成很多身份，兴趣起步早是很关键的因素，他们很早就接触到了各种各样好玩的事情，比如日本动漫、角色扮演、手办、PS主机游戏等有趣的东西。玩得起是“95后”身份多的另一个重要原因，“95后”赶上了中国经济腾飞的契机，比起“80后”家庭经济

情况都好不少，很多“80 后”玩不起的东西“95 后”也能尝试了。此外，互联网快速发展信息越来越多元化与网络社交的普及，兴趣会变得越来越细分，每一个细分兴趣领域都能在社交网络的作用下将有共同爱好的人聚集成一个圈子。随着经济水平的继续提升和消费持续升级，未来的年轻人会更早地接触到不同的兴趣，也有经济能力参与到不同的兴趣当中去。

深是指投入深、感情深。不少“95 后”的想法是“买房是不想了，反正也买不起。但是日常的消费是不用担心的，反正能消费得起”。也许是这种社会的大趋势，让“95 后”愿意为喜欢自己的兴趣投入时间和金钱。兴趣对他们而言，不仅是陪伴，是激励，更是一种情感的投入与依托。一是体现在时间投入深，喜欢看日本动漫的从初二开始“追”，一直到大学，每天花大量的时间“追番”，最多的时候一天能看 20 个小时的“番”。“95 后”圈子里流行词里的爆肝、修仙也无不是“95 后”舍得为兴趣投入时间的另一种表述。二是体现在感情投入深，据报道，沈阳的佳琦喜欢《LoveLive!学园偶像祭》，他只玩这款游戏，收藏它的手办和其周边产品，比如人物模型、衣服、玩具等，如此的案例屡见不鲜。专，是指专业水准，专业产出。很多“95 后”在一些细分领域已经做得很前沿、很专业了。比如北京的小柔，虽然是个女孩子，但是在军服界有着相当的影响力，她设计修改的军服被很多军迷、甚至国外军迷朋友们所追捧，她把军服放到淘宝上销售，很轻松就赚到了 5 位数以上的钱。深和专是相辅相成的，因为投入深，所以有专业的水准，能有专业的产出。

钱，是指舍得花钱、能赚到钱。不少的“95 后”都是为兴趣舍得花钱的，这不只是他们家庭经济情况好的原因。更重要的是他们也能通过各种渠道赚到钱，正如某富二代所说“家里有钱是家里的，自己赚的钱花起来更自由”。或许自己能赚到钱才是他们舍得为兴趣花钱的根本原因。“95 后”为了自己的兴趣舍得花钱，也能赚到钱，但是不同赚钱的方式对他们兴趣的延续、加深与扩张有不同的影响。

连马化腾都担忧："年轻人在互联网上喜欢的东西我越来越看不懂，这是我最大的担忧。美国阅后即焚 Snapchat 非常火，我自己用起来觉得没什么意思，但发现 12~18 岁的小女生特别喜欢玩。我每天早上醒来最大的担心是，不知道现在的年轻人喜欢什么，不理解以后互联网主流用户使用习惯是什么。"新世代消费群体不同的消费逻辑，让产品一向受年轻人喜欢的马化腾都深感忧虑，这群主导着未来消费主流的年轻人，必然会深深地改变消费的方向。

1.2.4 消费者主权时代，用户为体验买单

消费者主权理论又称顾客主导型经济模式，所谓"消费者主权"是诠释市场上消费者与生产者/零售商关系的一个概念，即消费者根据自己的意愿和偏好到市场上选购所需的商品，这样就把消费者的意愿和偏好通过市场传达给生产者/零售商，于是所有的产品都由提供者听从消费者的意见安排生产，从而提供消费者所需的商品。企业、市场和消费者这三者间的关系是：消费者借助于消费品市场上生产者/零售商之间的竞争，行使主权，向生产者/零售商"发布命令"。以前是从商家（B）到消费者（C），即 B2C，现在是从消费者（C）到商家（B），即 C2B，这种情况的出现主要有几个原因。

（1）"丰饶经济"让消费选择多样化

丰饶经济学（The Economics of Abundance），或叫富足经济学，是《连线》主编克里斯·安德森挂在嘴边的词汇，自从他写了《长尾理论》之后，他更把丰饶经济学当作发现《长尾理论》的基础。在他看来，从传统意义上去理解经济，是对生产资料和稀缺资源的整合分配，谁能捕捉到匮乏资源便成为赢家。传统意义的经济主要考虑资源获取与配置，谁能获得稀缺资源并合理整合，就能成为市场的赢家，因为产品只要生产出来就不愁销，

可以轻易在市场上“出清”。丰饶经济时代的消费者选择面增加，消费逻辑是市场上堆积了各种产品等待消费者的选择，是完全的买方市场，此时的消费者，俨然成了一个挑剔的鉴赏家，用近乎苛刻的眼观审视诸多选择。

（2）“信息经济”消除了信息不对称

从前，卖方在交易关系中具有信息优势，他们清楚成本，掌握价格，甚至行业内还可以通过“价格卡特尔”的方式设置一个竞争的底线，各自守住一块市场，其乐融融。然而，互联网时代让商家走向一个平台，而且是一个红海竞争的市场，商家开始内讧，不断暴露成本信息。更重要的是，消费者通过 Web3.0 的网络传播方式，开始眼观六路耳听八方，仿佛拥有了千里眼、顺风耳，变得更加明智，开始知道商品成本、知道质量。信息不对称的现象逐步消失，消费者在消费过程中越来拥有主导权。

（3）“注意力经济”让商家难以控制舆论

注意力经济是指企业最大限度地吸引用户或消费者的注意力，通过培养潜在的消费群体，以期获得最大未来商业利益的一种特殊的经济模式，对于解放创意产业生产力，增进消费者选择权力，具有积极的现实意义。Web1.0 和 Web2.0 的技术可以让商家用上“高音喇叭”，只要愿意付钱，就可以实现信息的定向推送，就可以买到眼球，买到注意力。过去“今年过年不收礼，收礼就收脑白金”的狂轰滥炸式的广告让全国人民都知道了脑白金，当然也成就了它的销售传奇。然而，Web3.0 是双向甚至多向的互动社交，再也没有门户网站或者电视广告可以拥有如此垄断的话语权了。消费者可以选择自己是否相信，甚至一个差评也可能毁掉一个品牌，无论你是谁，只要没有赢得信任，走进消费者的内心，用户就不会考虑你。如果你反复推送信息，引起消费者反感，他们就取消对你的关注，屏蔽你的信息。更狠的，把你放到网上去评论一番，再加上吐槽，让你的美誉降到“冰点”。可见，注意力经济让消费者掌握了话语权，可以对商家指点江山，激扬文字。

消费主权时代，消费者追求的其实是体验：产品的体验，服务的体验，并为体验买单。消费者似乎真正成了“上帝”，好的体验会在群体中迅速“引爆”，口碑营销让传播像病毒一般迅猛。当然，糟糕的体验，也会不胫而走，引起众怒。由此可见，从消费变革的角度，新零售是一场围绕着“体验”的革命，谁能在消费主权时代获得信任，就占据了竞争的主导权，就能成为领导者。围绕着这次体验革命，零售的渠道也持续变化着形态，以适应消费的更迭。

1.3 渠道变革

终端渠道是销售的“最后一公里（Last kilometer）”，将消费者与商品连接起来，零售的变革很大程度体现在终端渠道的变革上。

1.3.1 零售渠道的五次演化

经济的发展、生产力的进步、科技的创新、消费的升级，不断推动着零售业的改革，促进零售渠道的变革，从演化历程来看，总体可以分为五个阶段。

（1）百货商场阶段

社会化大生产使商品由短缺走向丰富，城市化造就了大量城市人口和中产阶级，商业活动也极大地繁荣起来，催生了百货商场的产生。它的出现标志着零售渠道从过去分散的、单一经营的“夫妻店”小商店，发展为综合经营各类商品的百货商场。与传统的小型店铺相比，百货商场拥有大面积营业场地，营业设施比较完善，经营种类比较齐全，满足了顾客多样化的需求，也为厂商提供了展示自己产品的固定场所。消费者可以在百货商场买到各式各样品质可靠的商品，同时享受到逛商场的乐趣。

（2）连锁商店阶段

随着消费能力、消费水平、消费观念上升到追求服务的品质、企业的品牌、生活方式的快捷和便利阶段，连锁经营应运而生。连锁商店在总公司的领导下由分店经营同类商品、使用统一的商号、采取统一采购配送，实现了规模经营的零售企业。它适应了社会大生产的需要，把现代化的大生产与流通的规模经营，以及消费者的自由购买和个性化消费有机地结合起来。既改变了零售业的经营方式，又充分发挥了规模效应。便利店、专卖店、零售超市等典型的连锁经营商店大量涌现，一方面提升消费者购物的便捷性；另一方面让商品和服务更加标准化，满足了消费者对品质品牌的要求。

（3）超级市场阶段

随着城市化进程的加速，生活物质日益丰富，交通更加快捷。同时，社会分工越来越细致，工作种类越来越多样化，工薪阶层大量产生，人们的时间也变得越来越局促。1930 年迈克尔·库连（Michael Kullen）在纽约创办了世界上第一家超级市场（Supermarket），超级市场主要经营食品和生活日常用品，倡导“一站式购齐”的经营思路以及“无人售货，自主服务”的消费方式。业务流程可概括为“开架售货、自助服务、小车携带、出门结算”16 个字。它的出现继承了百货商店和连锁经营的优点，并采取大量进货、批量销售的经销策略，尽可能降低商品价格，让利消费者，实现了商品的“物美价廉”，同时为消费者节省了时间。超市的出现适应了人们快节奏的生活，满足了城市居民每周一次的购物需求。这极大地影响和推动了整个零售业的发展。

（4）购物中心阶段

一方面，随着物质文明日渐丰富和居民经济收入的持续增加，人们对精神文明的追求更加强烈，消费者的需求更加差异化、多样化和个性化。另一方面，物流、管理和科技的进步，提供了零售业发展所需要的流通手段、管理手段和物质技术设备，使商品的规模化、标准化生产和销售成为现实。购物中心是一种营业面积更大，集购物、餐饮、娱乐、休闲于一体的场所，全方面满足了消费者对娱乐、餐饮和购物的综合性需求。奥特莱斯、万达广场、万象城等大量购物中心涌现，成了消费者重要的消费和活动场所，也是家庭娱乐和亲子活动的重要地方。此外，它还解决了城市中心百货商场和超级市场停车难的问题。

（5）无店铺经营阶段

随着大型以及超大型城市的产生，工作和生活变得越来越拥挤，时间变得越来越稀缺，消费者对购物便利性和快捷性要求更高了。同时，随着通讯技术和物流管理的快速进步，尤其是互联网和移动互联网的迅速发展，催生了电子商务等销售方式的产生。无店铺业态开始涌现并爆发式增长，颠覆式地改变了人们的消费习惯。无店铺经营主要是指电视购物、邮购、网上商店、自动售货亭、电话购物等几种主要形态，随着信息技术的应用，以网上商店为主的电子商务成为最具增长潜力，发展空间最大的一种业态。其特点主要表现在：对经营者来说，无库存和场地限制，经营成本低，可以全天候经营，不受营业地点限制；对于消费者来讲，商品价格低廉，选择余地较大，并能节省大量时间；具有准确性高、顾客信息反馈快等优点，同时由于是双向交流，可以及时了解顾客要求，充分地满足现代消费者的个性化需要。发展到现阶段，自动化销售和电子商务已经非常普遍，并开始蚕食其他实体零售渠道的市场份额。2016 年中国网络购物市场交易规模近 5 万亿元，在社会消费品零售总额中占比超过 14%。

1.3.2 零售渠道呼唤“云转型”

国民经济快速发展，人们生活水平提高，用户更加注重商品品质，各方面消费力量兴起，“80 后”“90 后”甚至“00 后”开始升级为零售业的主流消费群体。不同性别、年龄、家庭角色的用户需求不尽相同，购物渠道及消费习惯将发生较大变化，以前消费者购物注重商品价格和一站式购买，如今更加注重特色化、个性化需求和购物体验感。消费需求极致多元，迅速迭代，持续不断挑战传统的零售渠道。同时，零售回归产品与服务本质，需要生产出更符合消费需求的产品、提供更加精细化的运营和包括内容在内的个性化的服务。从 AR、VR 等技术走进消费场景，以及各式各样消费场景的搭建来看，都是为了满足消费者个性化的购物需求。无论是从消费升级的需求侧，还是从结构升级的供给侧，都需要资源在云端进行有效整合，并通过科学的“计算”方式分配到各个碎片场景，可见，零售渠道都在呼唤“云转型”。

（1）需求侧拉动

第一，马云说“打败实体的不是我们，而是新的技术、新的年轻人、新的消费习惯”。在新消费时代，用户为服务买单、为认知买单、为体验买单，这些消费习惯的变化必将推动零售渠道的变革。首先，新生代常自诩“宅腐基”，越来越懒惰体现在只愿意为自己感兴趣的事物花费时间，平常的生活保障用品只希望可以伸手即来，挥之则去。逛商场，出门购物，甚至做购买决策等都是“奢侈”的事情，“鼠标一点，可乐到手”这是最理想的状态。这要求商家能够提供为用户省时间的服务，零售渠道要遍布每个消费者周围。

第二，在互联网时代，共同的认知成为越来越稀缺的资源，2016 年“双 11”天猫淘宝利用大量“网红”现场直播销售的方式，造就了 1207 亿元的奇迹。为偶像、为情怀等共同的认知达成交易越来越多，鹿晗、吴亦凡、李易峰、王俊凯等“小鲜肉”参加综艺节目的出场费已到达几千万元的天价；淘宝网红“delicious 大金”的品牌衣服一上市，一天就卖了 1000 万元，一年收入 1 亿元；罗永浩的锤子手机也被调侃为“情怀值 1000 元，手机值 500 元”。这些都要求零售渠道可以有多样化的购物场景，建立商品与认知之间的链接。

第三，消费者对消费体验有更高的要求，渴望能够满足个性化的需求。消费者期待产品是有温度的，甚至是仅为自己而生产的定制化商品。衣服能够量体裁衣且缝上自己的名字，电脑可以按照自己的需要配置各种设备，冰激凌按照自己的口味搭配材料，吃饭可以享受指定厨师和女仆式的服务，等等。这是要求商家能够帮用户把省下来的时间，花费在自己认为美好的事物上，也要求零售渠道可以有各式各样的体验化功能。

（2）供给侧推动

柔性生产能力提高，物流配送效率提升，大数据、VR/AR 等科学技术进步也不断提升着商家的供给能力，推动着零售渠道的变革。

一方面，实体零售渠道纷纷“触网”，实现线下商务电子化。商务电子化就是借助网络、尤其是借助移动互联网的各种技术手段，提升经营效率、提高零售终端的经营效益，这必将成为一种不可阻挡的趋势。零售商致力于产品多元化，将互联网的销售渠道引入实体店铺，扩大自身的销售渠道的同时，获取年轻族群的重视和青睐。同时，利用大数据云计算，让数据说话，深挖客户需要什么东西，什么时候需要，需要多少。苏宁电器是转型变革的先驱者，改名苏宁云商，打造苏宁易购，现在通过移动端 APP 不断推陈出新，实施了线上线下同价的重磅举措。

另一方面，线上零售渠道纷纷“下地”，实现线上商务实体化。为了构建更多消费体验场景，丰富刺激消费的触角，线上零售巨头花巨资整合线下。京东与北京、上海、广州、哈尔滨等 15 座城市的数万家便利店进行战略合作，包括好邻居、快客、每日每夜、美宜佳、今日便利等连锁便利店，并入股永辉超市，与沃尔玛建立战略合作。阿里巴巴以 53.7 亿港元对银泰商业进行战略投资，称将打通线上线下未来商业的基础设施体系，并推出了以银泰等为依托的商业 O2O 项目喵街等合作；以 283 亿元人民币战略投资苏宁成为第二大股东，称将打通线上线下，全面提升效率；入股浙江连锁超市三江购物，出资设立合资公司作为合作平台，负责鲜生店的建店服务和日常线上运营；日前，正式牵手百联集团，其旗下资产有上海第一百货商店、东方商厦、永安百货、世纪联华、上海第一医药商店等。从购物中心、奥特莱斯、大型卖场，到标准超市、便利店、专卖店等，几乎囊括了一个全业态的商业体系，这是阿里巴巴，也是电商平台第一次拥有如此齐全的线下合作样本。

1.3.3 零售渠道“云转型”的三种可能

“云计算”正在改变互联网，“云计算”必将改变世界。Google 首席执行官埃里克·施密特首次提出“云计算”（Cloud Computing）的概念。“云计算”是一种基于互联网的计算方式，通过这种方式分配资源，计算机可以按需在“云”（互联网及其连接的服务器）上快速高效地获得共享的软硬件的信息。它的实质是对于资源的一种灵活快捷的整合方式，而资源的整合方式往往决定了生产的效率，从而促进各行各业的变革和转型。在零售业，渠道“云转型”趋势已经暗流涌动。

零售业最大的趋势是线上线下相结合，电商与线下实体商业，由原先的独立、冲突，走向混合、融合。在新消费的背景下，未来零售渠道转型会有三种形态：要么下地，要么上天，要么融合。

（1）无处不在的自助智能零售终端

零售渠道的“下地”，体现为销售终端无处不在。小区里、公园内、地铁口、厕所外，甚至交通工具上，只要有人流，只要是消费场景，就有销售渠道，且大量都是“无人看店、自选自付”，消费者购物唾手可得的形式。当然，自助终端的布局和铺货都需要强大的后台云端“处理器”，基于大数据进行精准测算。比如某小区该布置多少终端，如何布局，需要什么种类的产品，需要多少，各是什么时间需要，等等。基于销售数据迭代和需求调研，可以不断地调整和优化配货策略，以最大的概率充分满足随机性的消费需求。每个自助终端都是一个消费触点，实质上渠道变为云端的专业处理中心（SDC，即 Specialized Disposal Center），好比一颗智能大脑，通过云计算有序地控制每一个神经末梢。通过资源整合、集成为后台大数据，能轻松分析掌握用户的消费习惯，整合成为营销创新手段和渠道策略。

日本街头无处不在的自动贩卖机绝对是一道独特的风景线。自动贩卖机销售的商品种类的多样性也令人惊讶，包括各种类型的软饮料、酒类、香烟、糖果、大米、熟食品，甚至还有眼镜、SIM 卡和名片。自动贩卖机制造商协会的数据显示，约每 23 人就有 1 台自动贩卖机，这些自动贩卖机的年销售总额超过 600 亿美元。

真正代表未来的，是亚马逊的 Amazon Go，它的线下购物方式刷新了人们的认知。不用排队，不用结账，直接拿东西走人。根据亚马逊官网介绍，免结账购物体验这项线下购物系统融入了机器学习、计算机视觉、传感器技术、人工智能等多个领域的前沿技术。Just Walk Our 技术能自动监测商品从货架上取下或放回，并在虚拟购物车中进行追踪，在消费者完成购物时，直接离开商店即可。随后，通过亚马逊账号与用户结账，并提供发票。除了日用杂货，还有厨师现场制作快餐和面包店烘焙的零食、点心，奶酪和巧克力。烹饪原料套餐“Amazon Meal Kit”里包含的食材和原料，只需要 30 分钟就可以做一顿两人份美食。忙碌的上班族和学生族，直接到店里选购食物，不用排队结账和等待，大大节省时间。亚马逊深刻地认识到实体商业能给用户最大的满足感，就是线下实体店的体验感，这正是电商最大的短板。在这一短板领域最大程度地满足用户，给用户最需要的，剔除用户不需要的，实体商业一定会有自己的发挥空间。

国内企业也紧随其后，2017 年 2 月 22 日，蚂蚁金服旗下芝麻信用在北京召开“共见开放，携手未来”发布会，会上展现了中国版无人商店和信用结算系统——take go。快猫智能零售系统和 take go 系统得到了芝麻信用、支付宝、花呗的系统支持，只要符合信用标准，用户在 quiXmart 系统运行下的任何智能门店购物时，即可享受“拿货就走，无需现场结算”的 VIP 式待遇。专家预测，无人值守智能门店和信用结算会逐步被消费者接受，会有大量优质商家加入快猫的新零售系统平台，快猫系统极有可能成为和线上天猫对应的线下用户数据、商品数据、消费数据、信用数据的运营平台。

空间上似乎无处不在，功能上好像无所不能，以此构建了一张巨大的网络，渗透于生活的方方面面。然而，这张网络既不完整也不完美。一方面无法涵盖所有的消费场景，例如在家上网的时候，用手机玩微信的时候，单位工作的时候，等等。另一方面难以提供足够人性化的服务，重复面对冷冰冰的机器少了感情温度；也无法提供定制化的服务，全方位的消费体验难以满足。可见，这样无所不在的线下网络还有完善的空间。

（2）无孔不入的超级电子商务平台

零售渠道的“上天”，体现为销售渠道和客户服务集中于“线上”，线下只有消费碎片化体验场景。例如你在玩游戏的时候渴了要喝饮料，只要拿出手机语音下单，通过强大的物流体系，5 分钟内就立即送到你手上。甚至你在野外锻炼或者郊游，只要下单且手机定位成功，马上无人机或者机器人就会送货过来。总的来说，你在任何时候、任何地方，一个联网的移动终端（如手机），能快速地满足你的任何需求。这样一来，实体终端都将“云化”到云端，通过强大的互联网和完善的物流体系，无孔不入地满足多样化需求。对于线下体验场景，没有烦琐的商品陈列，只有五星级的优质服务，只要你满意，购物流程将是从“仓门”到“家门”的 D2D（Door To Door）一条龙式服务。

同时，零售渠道将不再只是实体门店，可以是每一个人，也可以是一个虚拟的账号。随着互联网技术的广泛运用，品牌和消费者的距离越来越短，接触点越来越多元化，用户接受品牌及相关信息越来越偏平化，越来越碎片化，人人将成为零售终端。在消费端会形成“共享”，越来越多擅长买东西的消费者会对他的朋友或粉丝产生影响，他们熟悉品牌，熟悉用户，普通消费者的购物决策就会依赖于他们的推荐。“人人终端”的时代正在到来，他们正在成为连接器，成为零售渠道，连接门店和消费者，连接消费者和品牌，甚至连接消费者和设计师。例如连接“褚橙”与消费者的是褚时健，连接锤子手机与消费者的是罗永浩，连接天猫商品与消费者的是直播的网红。

门店由零售终端角色演变为体验店，并承担会员会所和落地分仓的角色。Yes 想要，是一款结合真人秀的时尚购物应用，也被用户称作是“可晒可买版的 Instagram”。它致力于通过技术解决个性化购物的问题，构建零售端的线上线下一体化交易场景，帮助零售门店互联网化，优化产业链效率，也让年轻人购物更简单，更有趣。此外，运用移动互联网、大数据、云计算、人工智能、电商等工具，零售渠道将全面数字化，借助数据分析等挖掘消费需求及趋势，可培养众多忠实的顾客，提高企业的竞争力。

未来，随着物联网以及无人驾驶、人工智能等科学技术的发展，零售渠道会像电影《超体》的主角一样，似乎无影无踪，却又无处不在，且随叫随到。

（3）零售渠道的 OAO 融合

新零售是零售渠道云转型的结果，就是“上天”“入地”的融合渠道，打造无处不在、无孔不入、无所不能的智能零售网络。本质是大数据驱动的线上线下一体化，无论你在网上还是在街上还是在购物中心里都可以用一套简单的系统，更加便捷放心地进行决策，购物，交易，消费场景无处不在，想要，就有。在商业模式上强调线上线下全渠道融合，消费场景上集购物、餐饮、娱乐等多元业态于一体，运营方式上通过互联网、通信技术重塑产业链结构，实现智慧零售。布局上利用互联网的技术，打造全时段、多场景、高效率的新消费体验，通过线上平台、线下实体门店、物流体系三方的深度融合，提升商品的供应链效率，消灭库存，最终实现消费者、渠道商、品牌商的多方共赢。

OAO（Online And Offline），即线下（实体店）和线上（网店）有机融合的一体化“双店”经营模式，可将线上消费者引导至线下实体店消费，也可将线下实体店的消费者吸引至线上消费，从而实现线上线下资源互通、信息互联、相互增值，是实体商业第四代交易模式和标准。

1.3.4 “场景革命”让零售更有温度

围绕着提升消费体验，适应消费变革，通过零售渠道的场景革命，重构消费者与商业的连接，让终端既是新的流量入口，也是新品牌的曝光窗口。众所周知，现在的“互联网+”正在变成“+互联网”，线上流量因为竞争的激烈，正在趋于饱和。很多互联网企业都在转向线下，去攫取线下流量红利。无论是小米之家这样的线下体验店，还是缤果盒子这样的无人便利店，无不如此。在这样一个移动互联网时代，我们正在进入一个新的场景时代，场景时代是对流量时代的一个革命，场景成为新的流量入口，成为一种新的商业生态。正如《场景革命》一书中的描述："找到你的场景，就能找到你的人群。找到你的拥护者，就能建设你的社群。拥有自己的社群主张，就有形成属于自己亚文化的可能。有独特的亚文化，就有互联网的内容能力，有互联网的内容能力，就有引爆的机会和资格，因为引爆的可能就意味着流量的获取开始进入我们的视野所及。我们需要的是系统的承接和沉淀。"总的来说，消费场景的构建，会让零售更加有温度。

（1）构建消费场景，让终端更人性化

终端场景的构造，需要通过互联网等技术打造一种新型体验业态，在实用价值的基础上赋予情感价值，即有情感代入的场所，至少需要具备四项要求。一是开放性（Open）。新的商业环境需要更多的开放，更多的留白和可变化的空间，可以更好地呈现更多的非商业化的创意元素。商品与商品之间的展示是彼此关联和整合的，形成的是立体的人性化的互动和叠加。二是跨界（Crossover）。商场可能不是商场，而是一座公园，一个休闲放松的场所，一座有自己审美趣味和主张的艺术殿堂。商业需要与更多的"无用（Useless）"进行跨界的整合，而这类无用的东西，才是真正打动人的东西，引起心灵共鸣的精神关怀，它是价值的主张和情感的体现，更是一种娱乐的偏好。三是亲和力（Affinity）。新零售时代要进行更加深入的消费者洞察，未来的商业入口无非两种：线上和线下。作为入口，首要考虑的是如何成为消费者的第一选择。对线下而言，亲和的场景更加柔性化和人性化，不是千篇一律的华丽和生硬，而是更加平等、自由和彼此尊重的沟通交流，亲和的场景让消费者更加放松，更能减少戒备的心理，也就更容易促成交易。其次要考虑互动，涂鸦、倾诉、DIY、亲子活动，发表自己的观点等都具有参与感，营造出与消费者互动的氛围，最终吸引消费者进入场

景。四是极简主义（Minimalism）。少即是多，太多的选择和比较会花费消费者太多的精力成本。精简的方式，把选择的成本转嫁给卖方，首先认真地替消费者精挑细选一遍，给予消费者最好的产品呈现。同时在场景构建上，精简的方式更容易唤起大多数人的共鸣，让人易于亲近。

这样的案例非常多，比如星巴克的第四空间消费场景实践；苹果零售店以其舒适感，甚至成为商圈里的地标性建筑；adidas 在纽约第五大道打造的体育场馆式的旗舰店；茑屋书店（Tsutaya Books）打造以书为核心的复合式文化生活空间，售卖的是一种以图书体验为核心、以“影音+咖啡+餐饮+文创”等为场景的生活方式，如图 1.3-1 所示。特别的，当中国区屈臣氏第 3000 家门店诞生时，新店部署了众多场景体验元素，不仅装潢上突破传统，以黑白色为主调，产品结构向潮流时尚化靠拢，而且还引入了诸多场景体验新玩法，比如皮肤测试、美妆互动区域、AR 自动试妆系统等，这样一类用技术与专门场所构建的体验，不仅出现在日化领域，而且在家居建材、家电、教育培训、金融等众多行业里渐成趋势，只不过体验的表现各有不同。

图 1.3-1　茑屋书店场景

以购物中心为例，作为线下产品交易场所，通过让产品与场所，产品与产品，产品与消费者，线上与线下形成连接，产生关联的场景，其核心是消费者在特定场景下产生情感共鸣而触发消费。脱离场景的产品缺少与顾客连接的力度，商业需要注入人性，也许我们在购物中心的某个场景，让你想起来与爱人的一次拥抱，与孩子的一次游戏，与父母的一次晚餐，或者与初恋的一次约会，从而让消费者来保持场景的黏性。场景式购物中心有哪些作用呢？第一，购物中心作为线下最大的流量入口，打造场景营销活动，能迅速凝聚相关的社群消费者，引爆更多的关注，使入口流量最大化，并且活跃粉丝，同时加强粉丝的黏性。第二，是流量的二次分发，购物中心的场景活动“圈粉”后，场景内容驱动购物中心其他门店，实现流量分发，品牌门店通过营销体验活动继续提高消费者的参与度，充分利用粉丝资源，导流到线下资源，实现流量二次分发。第三是收入多元化，通过场景使门店取得更多的收入来源，以及通过场景营造吸引更多广告、活动等场景式收入来源。场景革命时代购物中心不再是一个消费型的购物场所，而是一个关于人文科技的展示新空间，总有一天你会发现购物中心比你更懂你，比以前更有温度。

（2）实施场景营销，引起消费者共鸣

场景营销就是立足于终端构建的消费场景，围绕着用户来到商场进入一家商店，要购买什么，想得到什么样的商品的场景，进行的一种营销方式。这样的营销方式增强了交易的“画面感”，让商家能更好地和客户进行销售沟通，也让客户获得了更好的消费体验和服务体验，实现更多情感共鸣。例如洁丽雅从毛巾切入用户，为用户构建“毛巾就要洁丽雅”的生活场景。中国有成千上万家毛巾企业，但仅仅局限在毛巾的产品上，即使有高中低端，那也是通过价格进行区分。洁丽雅通过不同年龄层、不同场合等毛巾使用的场景，告知消费者毛巾的重要性，并在过程中，塑造使用毛巾的场景。在得到用户的认可和信任形成社群后，洁丽雅切换用户对它仅

仅是生产毛巾企业的认识，战略转变为“生活就要洁丽雅”，这是一个小的场景切换到大的场景的过程，但却将洁丽雅从一家年销售额仅几千万元的无牌公司转变成了年销售额近 30 多亿元的大品牌、大品类公司。

以“书+X”模式构建体验场景，并以此作为营销卖点的茑屋书店（Tsutaya Books），以“书”为核心，搭配“影音+咖啡+餐饮+文创”等配套服务，从细节入手为读者提供高品质、专业化、差异化服务，颠覆了传统书店单一卖书的经营理念，引领书店走入创新型、复合型和生活化的新时代。它在互联网围剿中突围，重构书店空间，融入咖啡、饮食、亲子、文体和慢生活，定位“生活方式提案者”，以丰富的线下体验和优质服务取胜。它卖的不只是书，更是一种生活方式，引起消费者的强烈共鸣，也取得了市场上的成功，茑屋书店在日本开设 1459 家门店，书籍和杂志销售额约 1300 亿日元（约合 79 亿元人民币），是日本最大的连锁书店，也是世界最美书店之一。但凡在场景营销上做得不错的零售企业，往往都收获了非常不错的业绩，场景体验的变革将不会停步，更多的移动互联、VR、3D 等技术将应用于体验塑造，最后一公里营销将无法离开场景体验的营造。

新零售的渠道变革与其说是一场“场景革命”，不如说是对人性更深入的洞察和展望。新生代的消费者渴望更加自由，更加具有人性关怀的生活方式。当然，渠道的变革依赖于各种新型技术的支持，同样，技术的进步也不断推动着零售的进化。

1.4 技术变革

新技术是马云提出的“新零售、新金融、新制造、新技术、新能源”的五新战略的主要内容之一。马云指出“过去的技术出现在移动互联网以后，原来以 PC 为主的芯片将会变成移动为主的芯片，原来的机械制造将会变为人工智能，原来的机器吃的是电，以后吃的会是数据。”新技术将基于移动互联网、基于大数据云计算，改变人类生产和生活的方方面面，也推动着零售的变革。

1.4.1 大数据、云计算技术让精准营销成为可能

新科技带来的最大变化是提升用户体验、运营效率，以及改变用户的消费场景。在消费者端，新科技可以大幅提升用户体验。例如亚马逊的无人超市，不用排队，也无须等待结账。更加便捷的支付方式，如二维码扫码支付，大大缩短了收银时间。传统的实体零售店最大的痛点是不能有效收集、监控消费者行为，无法精细化运营，但电商可以通过数据的收集分析，进行精准的商品推送、关联，通过大数据检测用户的购买行为，优化营销方案，建立精准的用户画像。新零售有一个非常典型的变化，就是充分重视数据的收集、挖掘与使用，此前主要是电商企业普遍运用数据驱动业务，现在的情况是，大量线下品牌也开始从数据中寻找驱动力了。

屈臣氏引入科技公司 Rubikloud，将大数据应用于零售业务，辅以机器学习及数据图像化，提升顾客体验及营运效率。这家公司可以在整合数据的基础上，为顾客量身打造推广策略，优化推广成效。早些年的时候，阿里系充分运用了自身的交易数据，提供多种分析工具，为商家赋能。这种数据可以发现新老客户的变迁情况，掌握具体品类与产品的销售情况，找出最有效果的营销方式与流量引导渠道。这种数据驱动策略，目前已经被大量零售企业应用。

大数据技术不仅要求通过数据掌握交易情况与制订精准营销策略，而且要前瞻到通过数据反馈，掌握用户的潜在需求，以用户为导向设计产品，研究市场怎么做。目前大量线下品牌依然忽略了数据的收集与使用，店面

并没有建立收集到店顾客、成交顾客信息的机制，即使有收集，也缺乏后期的价值挖掘与精准营销。以前，一个消费者，在同一个商家处可能多次买过东西，其中部分时间是线上购买，可能是移动端，可能是网店，部分是线下购买，但商家缺乏统一的数据库，“识别不出”这是同一个人，导致无法清晰地掌握顾客状态，这种问题，正是大数据可以实现的精准营销。例如卡西欧利用最新的移动互联网、大数据、云计算和物联网等技术，在智慧门店的部署中，为新零售注入强大动力。基于英特尔硬件基础架构和数据分析能力，实现了在吸引客流、提升消费体验的同时，提升对消费者洞察和精准营销的能力。

零售业的转型无论是理念的变革还是商业模式的创新，以消费者为中心的本质不会变。未来零售企业的竞争力不再是价格、商品、营销，而是对客户的洞察以及分析数据的能力，这也是未来零售企业的核心竞争力。

1.4.2 商业智能极致化消费体验

商业智能，是个很宽泛的概念，简要地说，就是人工智能在商业中的运用，商业智能目前主要的运作场景、应用的领域就是在零售业。零售行业是对技术触觉最为灵敏的行业之一，会根据市场的迭代做出快速反应。从采用 POS 机、条形码、嵌入 RFID 等技术到电商热、O2O 模式重构，再到如今 AI 助力的新零售，零售行业一直善于将新技术运用于各类需求中。不过无论零售业的概念如何改变，都离不开其实质：商家以更低成本获取更多的需求信息，更精确地分析需求信息，更快地反馈需求信息，从而降低时间和成本，提高效率；顾客消费需求更精准地被满足，买到性价比最高的东西，降低犯错可能。而人工智能（AI）也只有从零售行业本质入手，解决行业痛点，才能实现整个业态的变革。

（1）人工智能造就智慧门店。

AI 落地零售行业场景非常多，较为成熟的五大场景，包括智慧门店、智能买手、智能仓储与物流、智能营销与体验、智能客服这五部分。在这五大部分中，智慧门店是业内重点探索的领域，是技术综合应用的集成体现。无人值守便利店 Amazon Go，是对智慧零售门店管理的一种理想状态，消费者用手机扫码进入，并登录自己的 ID，就可以选择商品，实现线下选购、线上结账。智媒云图人工智能工作室经采访调研发现，目前 AI 实际落地门店主要是通过摄像头的图像识别、人脸识别辅助管理。例如在百货商场不同的门上装好摄像头后，能通过图像识别相关技术，对人流做评估，也可为安全疏散提供决策建议，为标准化作业提供监测，减少人力巡店成本。据了解，未来的智慧门店将结合摄像头的图像识别、情绪识别，与移动端的管理 APP 协作，实现远程店面管理。

（2）人工智能优化供应链管理

除智能门店外，AI 在优化后端的供应链有着广泛应用空间，核心为合理控制库存。通过智能买手，便可对接整个供应链。例如过去采购人员采购水果，需要先考察果农，了解产量，结合店内销售数据，下订单。如果能够利用 AI 相关技术，对接门店销售数据、天气数据、汽车交通数据、种植数据，系统实现产品组合优化，自动采购，采购后物流部门自动拉货、自动销售，在这个过程中，机器担任了买手的角色。据了解，以上这样的采购系统已经在国外一些大型线下超市发挥作用，中国的一些大型超市近年也已开始实施。射频识别（RFID）是产品电子代码（EPC）的物理载体，附着于可跟踪的物品上，可全球流通并被识别和读写。这个系统基本可以代替人工，可实现智能盘点货物。如今亚马逊、京东都已经建立了无人分拣系统，所有商品由机器分拣，分拣完后放在传送带上打包，最后发货。

人工智能还可以真正解决零售供应链中的“牛鞭效应”，实现所谓的供给侧改革。牛鞭效应是指从零售商经过分销商、经销商最后传递到品牌商的过程中，每一层级对需求的粗放预估偏多造成的整个产能过剩，产品滞销现象。它是市场营销中普遍存在的高风险现象，是销售商与供应商在需求预测修正、订货批量决策、短缺博弈、库存责任失衡和应付环境变异等方面博弈的结果，增大了供应商的生产、供应、库存管理和市场营销的不稳定性。例如，零售商根据消费者反馈预估单个商品销售 5000 件，向上传递给分销商订货，分销商自动多加 1000 件，每一级经销商都自动多加 1000 件预定，最后传递到品牌商，预估的生产需求就比真实的市场需求放大（1000×渠道层级）。按照这样的预定生产，商品进入流通后，各级渠道消化不了就会产生滞销，成为库存。而库存是拖垮品牌商的“达摩克利斯之剑”，如果可以实现整个供应链的可视化，有大数据的市场预测，就可以告诉行业一个商品更精准的市场需求，行业根据需求去做采购和资金准备，商品的价格就自动下来了，质量上去了，毛利上去了，体验也上去了。

（3）人工智能优化客户服务

对于零售领域，客服的角色不可或缺，智能客服的应用降低了人工客服的工作量，提高了问题解决的效率。过去，智能客服用于解决客户向公司提出的咨询和投诉，且仅支持文字回复。如今人工智能客服面向千万商家，具备自然语言处理能力和深度学习技术。它可以对商品有关问题进行回复，并根据客户信息定制个性化产品推荐，还能提供修改订单、退货和退款等服务。此外，改善顾客体验是 AI 落地零售行业的重要场景之一。机器根据顾客的浏览轨迹、购买记录等线上行为判断顾客的喜好或需求，向其推荐潜在购买的商品，提高顾客需求与商品供给的匹配性，以此提高成交量。

京东商城 50%的约 300 万个 SKU 已经实现人工智能采销，尤其在图书、快消类目，几乎全部实现系统自动预测、补货、下单、入仓、上架，京东几百个仓之间货品的调配，所有指令全部由机器下单。未来采销业务的人工智能应用将成为大趋势，普及到全平台。一个成熟的采销人员面对 100 个 SKU 已经是极限，像快消、图书这种上千万个 SKU 的品类，用人力采销将产生极其庞大的团队和成本负担。相比较而言，人工智能做选品、计划、定价、库存管理，可以让每个商品都能实现最高的效率最低的成本。未来，传感信息系统、电子标签信息系统和摄像（声音）系统三者之间，既会交互也会共享，还会彼此补充，共同形成零售的海量、动态信息的集合。这样一来，对于商店的经营者来说，线下的店和网上的店就没有区别了，线下甚至比网上的店还更有优势，因为对顾客的行为（包括行为背后的动机）有更加真切的把握。

（4）人工智能将成为未来零售业的超级大脑

零售前端面向用户的是电商平台、淘宝店、超市等形态和场景，但后端是一套复杂的物流仓储体系，调配商品能以最快的速度向消费者流动。整个物流网络连接用户和商品的时效性越高，体验就越好，流转的效率越高，成本就越低。阿里巴巴的菜鸟、京东物流在零售领域最后就是后端供应链体系的效率竞争。京东的仓储布局有三四层，但到底把哪些商品放到哪个仓、放多少商品，谁来决定，需要一个超级大脑来决定商品的流向、数量和布局，而这个显然不是人脑可以完成的，需要人工智能来实时计算和预测调配。在这个超级大脑之上，机器人、无人机、无人仓将让整个商品流通变得更加高效。京东的 Y 事业部作为京东的人工智能部门，正在做的几件事，第一是洞察消费者需求；第二做预测，通过消费者的需求做预测；第三是通过预测消费者做选品，做定价，做自动化库存。人工智能会成为零售的大脑，将能实现智能的销售分析、商品分析、顾客分析、供应商分析、人员分析等多方面的功能，真正实现零售智能化，体验极致化。

- 销售分析

主要用于分析各项销售指标（如毛利、毛利率、坪效、交叉比、进销比、盈利能力、周转率、同比、环比等），而分析维度又可从管理架构、类别、品牌、日期、时段等角度观察，这些分析维度又可采用多级钻取，从而获得相当透彻的分析思路；同时根据海量数据产生预测信息、告警信息等分析数据；还可根据各种销售指标产生新的透视表（如最常见的 ABC 分类表、商品敏感分类表、商品盈利分类表等）。

- 商品分析

商品分析的主要数据来自销售数据和商品基础数据，据此产生以分析结构为主线的分析思路。主要的分析数据有：商品的类别结构、品牌结构、价格结构、毛利结构、结算方式结构、产地结构等，从对这些数据的分析中产生商品广度、商品深度、商品淘汰率、商品引进率、商品置换率、重点商品、畅销商品、滞销商品、季节商品等多种指标，通过对这些指标的分析来指导企业调整商品结构，加强商品的竞争能力，进行合理配置。

- 顾客分析

顾客分析主要是指对顾客群体的购买行为的分析。如果我们有会员卡，可以通过会员登记的月收入来区分，但如果没有会员卡呢？这时可以通过小票每单金额来做假设。比如每单金额大于 100 元的顾客，认为是“富人”；每单金额小于 100 元的顾客，认为是“穷人”。据此，又可派生出很多数据标签，如“富人”喜欢什么样的商品、购物时间习惯、用什么方式来支付等，“穷人”又有哪些消费习惯。此外，还有商圈客单量分析、商圈里的购物高峰分析、假日经济对企业的影响分析等分析思路。

- 供应商分析

通过对供应商在选定的时间段内的各项指标（订货量、订货额、到货时间、库存量、退换量、销售量、销售额、周转率等）进行分析，为供应商的引进、储备及淘汰（或淘汰其部分品种）及供应商库存商品的处理提供依据。主要分析的主题有供应商的组成结构、供应商的送货情况、供应商所供商品情况（比如销售贡献、利润贡献等）、供应商的结算情况等。比如我们发现有些供应商所提供的商品销售一直不错，从而他在某个时间段里的结款非常稳定，而这个供应商的结算方式是代销，那么如果资金不紧张，而这个供应商所供商品销售风险又小，为什么不考虑将他改为购销呢?

- 人员分析

通过对公司的人员指标进行分析，特别是对销售人员指标（着重看销售指标，毛利指标为辅）和采购员指标（销售额、毛利、供应商更换、购销商品数、代销商品数、资金占用、资金周转等）的分析，达到考核员工业绩，提高员工积极性，为人力资源的合理利用提供科学依据的目的。

1.4.3 VR/AR是未来消费体验升级的终极武器

国内互联网巨头BAT都在VR行业积极布局，将自己定位为平台，通过开放平台来促进VR硬件和内容的开发，最终通过VR来提升自己的业务使用场景。阿里巴巴已经是零售行业拥抱VR/AR最积极的一个，不仅接连投资了几个AR项目，还按推动了Buy+的落地。阿里研究院的《新零售研究报告》认为VR技术将会成为类似PC的网络入口。人们未来躺在家里戴上VR头显，直接“穿越”到商场、购物街、超市、美食店、体验店等任何场景，选择心仪的商品，眨眨眼动下手指就可以下单，所看即所得，如亲临购物场景一般，省下不少精力时间。VR的新零售应用领域主要在Buy+购物、汽车试驾、旅游体验等方面。想象一下，你可以足不出户就能身临其境体验各种服装。AR技术除了常规视觉或常规取景器外，叠加虚拟图像信息图层，可广泛应用于零售升级。例如线下店铺的虚拟试衣间（如图1.4-1

所示）、数字化现实交互界面的应用，未来新零售可以通过 AR 技术和设备为顾客提供更好的体验和服务，结合物联网，每件商品都将实现互联网化和智能化，顾客可以访问商品，与商品实现互动。懒得试衣服，虚拟试衣帮你来“穿”，再也不用排队进试衣间了。看中的连衣裙没有喜欢的颜色，掏出手机展示想要的颜色，当场下单定制，一周后送货到家。

图 1.4-1　虚拟试衣间

虚拟现实技术是促进新零售消费模式全面发展的重要组成内容，实体和虚拟的结合需要依赖如今快速发展的 VR/AR 技术，虚拟现实技术让消费者完全到达一个真实模拟的商场，你可以看到琳琅满目的商品价格、产品材料、生产地，同时可以试穿、试玩、试体验等，随心选择需要的商品，支付完成后，只需要在家等着物流送货上门。VR 购物比传统电商购物更加真实和令人兴奋，产品展示方式从电商平面海报展示到 VR 的 3D 立体互动呈现，消费者更能沉浸在购物的氛围中。来自意大利的 inVRsion 发布了一款名为 ShelfZone 的 VR 软件解决零售商和零售公司制作 3D 商店、购物中心的问题。一旦 VR 技术在购物领域的应用偏向成熟，那么新零售把实体和虚拟结合就是水到渠成的事情了。

在阿里巴巴和百联集团的畅想里，未来的南京路将是无处不在的，人们既可以通过互联网和高科技，躺在家里逛遍南京路，也一定会被极致的到店体验吸引出门，跟家人和朋友一起享受逛的乐趣，如图 1.4-2 所示。当你不想出门时，无论身在世界何处，只要戴上 VR 眼镜就能瞬间“穿越”到南京路，街边的小吃，永安百货的新款包包，眨眨眼睛就能下单。

图 1.4-2 VR 眼镜就能瞬间“穿越”到南京路

1.4.4 DT 时代：从“互联网+”到“大数据×”

DT（Data technology）时代是以服务大众、激发生产力为主的技术时代。人类正从 IT 时代走向 DT 时代。马云认为，以大数据技术为代表的 DT 时代变革，表面上是对过去技术的提升，实际上和人们所知的 IT 时代是两个时代。IT 时代是让自己更加强大，DT 时代是让别人更加强大；IT 时代是让别人为自己服务，DT 是让你去服务好别人。IT 时代让 20%的企业越来越强大，80%的企业可能无所适从，而 DT 时代则有可能释放 80%企业的能力，整个世界将会发生翻天覆地的变化。IT 时代把人变成了机器，而 DT 时代把机器变成了智能化的人。他认为，未来制造业的最大能源不是石油，而是数据。

第 1 章

三大变革催生新零售

未来，计算能力将会成为一种生产能力，而数据将会成为最大的生产资料。有了计算能力，有了数据以后，人类会发生翻天覆地的变化，人类将会从“由外看”转变到“由内看”。人类对于内心世界的了解很浅薄，而数据会使人类对自身的了解更加深入。DT 时代是客户体验至上的一个时代，这需要数据计算能力的提升，云计算将成为一个可能的开始。对零售而言，DT 时代究竟是怎样的一个时代?

现在是一个 DT 的时代，这个体现在什么方面? 我们可以用“三化”建设来总结。第一，数字化，数字化在进行着飞跃式的发展，所有的媒体都在往数字化方向发展，最重要的是人的数字化，而这个是最难做到的。第二是程序化，因为有了技术，所以我们能够做到很多以前做不到的事情，比如说千人千面，定向识别等。第三是一体化，怎么样打通整个链条，怎样从一开始到最后的购买都可以把消费者连接起来，而不是割裂开来。随着经济的发展和人民生活水平的提高，从以往的需求大于供卖方市场到趋于供需平衡，再到供大于需求的买方市场，大量的同质化商品已经不能满足消费者多样化、个性化的需求。

DT 时代最了不起的是利他思想，IT 时代是把自己做得越来越强大，目的是我知道你不知道的东西，而 DT 时代是只有相信你的员工、你的客户、你的合作伙伴比你做得更好，你才有可能使自己强大起来。DT 时代不是一个技术的变革，而是思想的变革，DT 时代会更加美妙，不是因为人和机器的关系发生了变化，而是人与人的思想发生了变化，人与人之间的关系发生了变化。值得庆幸的是，中国具备发展大数据走进 DT 时代的天然优势和基础：拥有全球第一的人口基数和全球第二的经济规模，这是保证大量数据来源的坚实基础。同时，中国拥有全球第一的互联网用户数和移动互联网用户数，加之国土面积广、经济体量大，这些海量数据资源和应用需求潜力都是其他国家难以企及的。根据权威调研机构 Wikibon 的预测，中国的大数据总量在 2020 年将达到 8.4ZB，占全球数据量的 24%，届时将成为世界第一数据大国和“世界数据中心”。这是一片可以孕育和支撑大数据应用茁壮成长的肥沃土壤。

“互联网+”的本意是说随着互联网、云计算、大数据等创新科技的进一步发展，会推动传统行业的转型升级，带来巨大的价值。互联网和传统行业的加法是物理反应，是运用比较简单的互联网手段，例如网络直销、微博传播，而获得明显的竞争优势。DT 时代将是“互联网×”，进入了互联网下半场，而不是“互联网+”，互联网真正要做的是乘法，用网络协同和数据智能这个 DNA 完成对传统零售行业的解构和重构。

1.4.5 Made in Internet：因特网制造

互联网时代将带来更多改变，以前是 Made in China、Made in US，未来将会是 Made in Internet。新零售就是要利用大数据，利用新的技术，利用制造端的改革和升级，利用创新的金融手段，完成人、货、场的重构。所谓重构其实就是 Made in Internet，借助互联网大数据完成现代商业人、货、场的重构。如今线上和线下的渠道正在逐步融合，消费者无论通过哪种渠道购买商品，都将获得相同的权益与服务。但商家焦虑的是如何了解消费者的需求。Made in Internet 的核心是一种以大数据为基础的架构，通过互联网对消费者的了解、洞察，通过产品的创造、营销和服务，用各种方式去满足消费需求，创造新的消费需求，这是我们看到的正在发生的新零售变革。

商业逻辑的改变已是必然，技术及平台的互动适应只是时间早晚的问题。柔性供应链，就是这样一个快速连接起众多零散销售和制造需求的创新产物。网红张大奕，是近年来服装销售领域的一名时尚达人，她对服装的审美，常能在网络上产生大量共鸣和需求，类似的网红，在网络上比比皆是。网红的市场化，使他们迫切需要能够快速反应和满足小额订单的制造供应链，而这几年饱受外贸式微、人工成本上升煎熬的沿海中小工厂，正是制造这些产品的完美选择。这种短平快的定制生产及销售，也让他们节省了不少库存成本和资金成本。更妙的是，原本只代工生产，成为淘工厂后，开始向代工经营自有品牌转型升级。阿里巴巴的淘工厂平台，汇集了 15000 家左右的工厂资源，几乎覆盖所有服装产业带和品类。柔性供应链让无数销售和制造资源更深度地共享彼此，茁壮成长，互联网大幅缩短了供应链链路长度，省下大量成本。中国经济转型升级，底层驱动的制度和商业创新，正在许多产业的不同领域发生着积极作用。供应链、全渠道、线上线下融合、物流、金融支付等领域，变革和创新的活力和潜力都是无限的。

技术带来的变革可以用消费效用曲线来解释，如图 1.4-3 所示，在技术的制约下，零售价格和零售服务水平有一定的对应关系，高价格才能获得好服务，低价格对应差服务。然而，技术的变革会让技术边界右移，保证在价格不变的基础上，提供更优质的服务，进而提升零售的性价比——物美价廉。新零售时代消费者更加追求性价比，在大数据、云计算、人工智能、AR/VR 等技术持续进步的基础上，消费效用的持续提升变得更加容易。

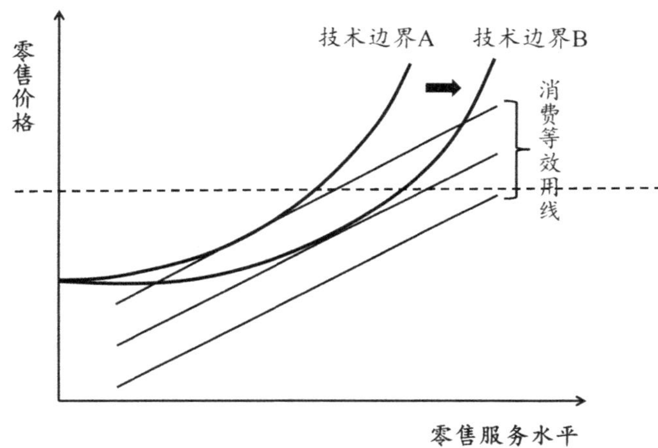

图 1.4-3　消费效用示意图

新零售，与其说是一场技术革命，不如说是对人性更深入的洞察和展望。当人性嫁接上技术的翅膀，会产生不一样的需求与供给，从这个意义来说，这更是一场新的商业逻辑的创造与革命。在消费变革、渠道变革和技术变革的催生下，新零售诞生了许多“新物种”，也引领着新业态的变革。

1.5 零售新物种

三大变革迅速催生了许多新物种，超越原有的零售业态，零售业态是指零售企业为满足不同的消费需求进行相应的要素组合而形成的不同经营形态。当陪伴我们一代又一代的“传统百货”面临关店，当网购规模不在如从前般疯狂增长的时候，很多人高呼传统零售业的冬天来了。然而，在科技巨头公司的带动下，零售业正在翻开崭新篇章：亚马逊打造了 Amazon Go “不排队、不结账”的新型超市；京东与永辉超市推出的“超级物种”开拓了“超市+餐饮”的零售新业态；最值得期待的是阿里巴巴投资的“盒马鲜生”，不限于传统连锁超市和 APP，而是供应链重构、品类重构、服务重构后诞生的 OAO 模式的新零售，这必将颠覆传统零售业。

1.5.1 盒马鲜生：精品超市的“网红”

相比其他零售新物种而言，盒马鲜生刚出现就备受推崇（实体店如图 1.5-1 所示）。盒马鲜生俨然是自带光环，首家门店一天是几十万元的销售额，线上线下售卖超过 1 万单，客单价高达 70 元，综合坪效达到 5 万元/坪/年，为传统超市的 4~5 倍。一个面积只有 4500 平方米的生鲜超市，年预计可以做到 2~3 亿元人民币的销量，让其他超市望尘莫及。同时，实现线上线下的全渠道高度融合，每件商品都有电子标签，可通过 APP 扫码获取商品信息并在线上买单，3 公里内 30 分钟送达，做到新鲜每一刻，所想即所得。盒马鲜生是一种新的零售模式，到底新在哪里？对行业又会有哪些颠覆？

首先是打造 OAO（Online And Offline）消费闭环。不接受现金付款，只接受支付宝付款。消费者到店消费时，需要安装 APP，然后再注册成为会员，通过支付宝完成付款；支付宝付款可以形成大数据、广告、营销价值，以填补 OAO 成本。同时，让每位到店消费者成为其会员，不仅可以增强消费过程的流畅性，更重要的是能够增加用户的黏性，打造消费闭环。借助大数据深耕会员价值，提高用户黏性，是传统线下体验店所比不了的。

图 1.5-1　盒马鲜生

其次是极致的购物体验。店里售卖 103 个国家超过 3000 多种商品，其中 80%是食品，生鲜产品占到 20%。售卖的产品分为肉类、水产、水果素材、南北干货、米面油粮、烘焙、熟食、烧烤以及日式料理等，分区明细，指引清晰，方便顾客挑选。还有来自世界各地的鲜活海鲜，如俄罗斯红毛蟹、波士顿龙虾、澳洲帝王蟹等。同时，把“餐厅”纳入实体店吸引流量，让消费者有了更多逛店的理由，也让店内生鲜产品有了更多的销售出口。

盒马鲜生的牛排、海鲜及熟食餐厅区占地 200 平方米左右，里面设置了五张四方桌子，深受消费者欢迎。此外，为配合精品超市的定位，店内还设有百货、鲜花等商品区，基本满足了人们的生活需求。

再次是以店做仓提升效率。门店布局新颖，集“前置仓+线下体验+线上展示”于一体。常规电商用仓做配送，盒马选择用店做仓，店仓一体化：门店货架即为线上虚拟货架，让顾客对购物环境、商品品类和品质、服务质量有更真切的感受，增强客户的信任感。拥有一套自动化运货设备，在店内设置了 300 多平方米的合流区，从前端体验店到后库的装箱，都是由物流带来传送。进入门店，消费者头顶就是飞来飞去的快递包裹，下方则是琳琅满目的食品，设置十分新颖，消费体验非同一般。

然后是 D2D（Door To Door）的门对门配送服务，深度挖掘忠实粉丝。主营的生鲜、食品等配送，基于门店发货，线上订单配送范围为体验店周围 3 公里内，配送时间为 8:30—21:00。通过电子价签等新技术手段，可以保证线上与线下同品同价，通过门店自动化物流设备保证门店分拣效率。盒马免费配送到家，短期来看成本相较于传统卖场偏高，但最终是为了实现对核心商圈客户群的主动覆盖，一旦实现将快速颠覆传统卖场，实现规模效益，摊低物流成本。

最后是“零售+餐饮”的跨界融合，提升客流及用户体验。一方面在超市内引入餐饮区域模式为顾客提供就餐，同时延长顾客在店内停留时间，增强顾客黏性。另一方面，餐饮的高毛利率也可改善零售的盈利结构。店内生鲜产品偏中高档，包括进口澳洲龙虾、波士顿龙虾、帝王蟹等。比较相同新鲜度和品质的生鲜，主打生鲜 OAO 的盒马鲜生仍然具有一定价格优势。同时配备了海鲜代加工服务，方便消费者在店内享用最新鲜的美食，也提升了转化率。

1.5.2 无人门店：亚马逊和阿里巴巴的零售“黑科技”

2016 年 12 月 5 日，亚马逊官方在 YouTube 上放了一个 1 分 49 秒的宣传片，对 Amazon Go 概念店进行了一番展示。视频中，顾客刷手机 APP 进入超市后拿了商品即可离开，无需排队，无需结账，“Just Walk Out”，这让很多人惊呼这就是未来超市。事实上，这是亚马逊在拓展“新零售”业务，而且还计划在全球开 2000 家大型线下新型超市。Amazon Go 似乎用实际行动来为“新零售”业态做了一个范本。虽然新技术、新商业模式还需要接受时间的考验，但不可否认的是，它所呈现的不同以往的体验为众多正探索“新零售”的商家提供了一个新的思路。不知道马云看到这个视频是什么感受，是嗤之以鼻，还是与杰夫·贝索斯（Jeff Bezos）惺惺相惜?

不甘落后的阿里巴巴紧随其后，推出了的无人超市“淘咖啡”，赚足了眼球。在这家仅约 200 平方米的超市中，集合了商品购物、餐饮功能，按照测试水平，同时可容纳约 50 人入内消费。消费者用手机扫码通过闸机入口后，即可像平常购物一样随意在店内挑选货品。“淘咖啡”的无人零售店涉及会员账号打通、商品链路和支付三块技术方案。进入“淘咖啡”需要用户打开手机淘宝扫描二维码获得准入码，在店内，用户购买咖啡后由点餐区的后台操作系统自动从支付宝扣款，在结账环节，通道形式的“支付门”代替了支付柜台，消费者只须走过通道，商品就会被结算，并在消费者手机的支付宝上显示扣款，整个过程无需人工参与。阿里巴巴 CEO 张勇表示：“整个数字平台、技术平台、支付、账号、人脸识别技术、语音交互技术，所有的东西应该是一个基础能力，我们的出发点是希望服务所有会开咖啡店的人，让他很容易开一个智慧的咖啡店，而不是我们自己开一个。”

欧尚中国首个“缤果盒子”在上海杨浦区正式亮相（如图 1.5-2 所示），这是全球第一款真正意义上的可规模化复制的 24 小时无人值守便利店。除了 24 小时营业，最大的亮点就是没有收银员，顾客可自助完成购物和付款的整个流程。缤果盒子采用了 RFID 技术，大概 15 平方米，内为常规商品，包括饼干、薯片等速食食品和乳制品等。每件商品上面均贴有一个磁性贴纸，用于收银台扫码结账。初次进入购物需要用微信，扫码关注“缤果盒子”微信服务号，手机短信验证完成之后，盒子便会自动开门。消费者需要在店内收银台处自助扫码结账，支持 APP、支付宝及微信三种结算方式。

图 1.5-2 缤果盒子

当然，无人门店还需要进一步优化：首先是流量共享，线上跟线下可以有效结合；其次是数据应用，可以通过顾客在无人便利店留下的数据了解消费者的喜好和购物习惯，再跟整个供应链结合；最后是自动化，如果可以更加智能，最终彻底无人化，可以显著降低运营成本。

1.5.3 软件硬件化：“三只松鼠”投食店

三只松鼠投食店开业第一天客流量超过了 1 万人次，销售额突破了 20 万元。开业 2 个月，销售额超过 350 万元，单日销售额超 15 万元。三只松鼠品牌创始人章燎原说，“投食店是一个 2.5 次元的空间，是线上二次元和线下三次元的纽带，它的定义是城市的歇脚地。”章燎原并不愿意把这个线下店叫做单纯的实体店或者体验店，而是将它重新定义为“投食店”，不强调买卖的功能，强调体验和互动。投食店最大的特色就是，用更热情的年轻人来服务同样是年轻人的消费者。所有的员工统一服装，腰部的投食袋里面装满了玩具和试吃包。每周六有音乐会、Cosplay 舞蹈会等面向线下消费者的活动，在这里能够获得不同于以往任何一家实体店的体验和经历。流程设计和装修上也处处体现主题化，收银台叫做“打赏处”、分装袋叫做“投食袋”、标签价格叫做“投食价”，类似巧克力豆品牌 M&M's 的主题商店，店铺内散称的坚果被放在透明管道里做成了一面墙，叫做“自助投食区”。水墨屏的电子价签也是一个小亮点，消费者用三只松鼠 APP 对商品进行扫码，就可以直接加入线上购物车，成为引流到线上的流量入口。另外，与传统的纸质标签相比，电子价签只需要用 PDA 发射器扫码商品和价签，几秒就能修改所有的价格，大大减少人力物力资本，并且能由总部统一调控、修改所有的价格。虽然前期成本较大，但是耗电量低，既环保又便捷。

图 1.5-3　三只松鼠投食店

“投食店”本质是软件（三只松鼠品牌的超级 IP）的硬件化，品牌 IP 化就是让 IP 承载一切流量、渠道、产品、品牌和管理。三只松鼠从 2012 年诞生以来，就有自带 IP 的天然优势，有天然聚合粉丝以及自我赋能的能力。在 IP 时代，占据了一个 IP 就相当于占据了一个永久、自由的消费入口，这个消费入口能够长期持续地供流。衡量 IP 强大与否的标准，是消费者愿不愿意接受你跨界的产品，为你驱车几十分钟，到你的店里看一下，最后为你买单。随着品牌 IP 化的进程愈来愈趋向于娱乐化，消费者的观念和购物习惯也在变化，他们的购买行为不仅是因为这个产品很好吃，更是这个产品能给他们带来情感上的一种愉悦，线下“投食店”可以让三只松鼠的 IP 找到一个线下的实体载体和建立一个粉丝之家，更加强化了 IP 的影响力。

1.5.4 智慧门店：卡西欧的云转型

2016 年 11 月 6 日，全球首家全渠道智慧型门店，在杭州湖滨银泰的卡西欧正式落成。一直以手表零售领先行业的卡西欧，携手天猫做创新先驱，率先给出了一份完美答卷。这个 6 平方米的小店融合了互联网技术和思维，实现了实体门店与虚拟天猫旗舰店的无缝对接。通过游戏互动增强顾客体验并实现引流，顾客可通过互动大屏幕自助购物，还可收集店内顾客行为数据支撑商家决策。据了解，从 11 月 6 日开店以来，通过游戏互动引流已经达到 1 万多人次，每日客流已达 300 人次，月订单量 200 多单，月销售额 20 万元。通过现代物流及大数据、云计算等创新技术的充分结合，整合线上线下，分析用户数据，建立用户模型，实现实体、电子商务和移动渠道的无缝融合，满足消费者购物、娱乐、社交等综合体验需求，开启实体零售到全渠道的全方位布局，以及帮助商家、消费者做出双向的智慧决策。

在这里，消费者可以享受前卫的体感互动和非凡的立体、视觉、AR 体验，现场直接扫码加购物车、现场 H5 分享、多元支付等多样化功能，线下的实体体验不影响线上的购物，实现真正的安心和便捷消费。品牌商也能通过链路融合，了解顾客流量生态系统，打通线上线下供应链，营造新的购物体验场景。通过智慧型门店内的两块互动大屏，把卡西欧天猫专卖店和线下的门店做了一个无缝的对接和关联，给消费者创造了一个全新的购物场景。门店通过游戏互动的方式吸引顾客进店，同时利用阿里巴巴线上线下的大数据分析，收集顾客参与游戏的相关数据，支撑客户洞察。顾客用手机扫描购物大屏上的商品二维码后，手机页面会直接跳转到卡西欧天猫专卖店上的相同单品页面。虽然很多客户不会立即下单，但通过顾客回家后在电脑上或 APP 上的下单，也都可以追踪到这个数据是来自于这家门店。

这家门店之所以被称为“智慧门店”，主要是有“三朵云”支撑，分别为游戏云、购物云、行为分析云。第一朵游戏云主要是帮助门店吸粉，增加转化率；第二朵购物云打通线下线上，实现全渠道的融合落地；行为云收集消费者行为数据，为决策提供依据。卡西欧这个店也引起了中国钟表行业协会的关注，成了传统钟表行业数字化转型的先驱，中国钟表协会希望以此推动钟表行业的转型。全渠道零售追求的不仅是体验的提升，还是通过对数据的捕捉、存储、分析来支持业务的需求和转型，从而实现真正的打通和融合。

1.5.5 线下的天猫：淘宝便利店

卫哲说，便利店不是新零售的“风口”，而是新零售的入口。在新零售的布局上，很多零售企业都把宝压在了便利店上，借助互联网的技术，利用大数据的赋能，深挖顾客价值，实现业绩提升。淘宝便利店的商品和其他线下小店商品品类基本一样，只是多了水果这个品类。

淘宝便利店业务致力于打造 1 小时送达圈，淘宝便利店采用“加盟+管控供应链”的模式，通过 1688 旗下的零售通做供应链和淘宝的“点点送”做运力平台，将最优质的好货供给线下 20 万家小店，抹去中间商环节，将利润率压到最低。不同于其他“只卖流量”的 O2O 模式，淘宝联合相关商家 O2O 的基础设施，会精选最好的商家，强控质量，一个区域一个便利店，给用户更好的服务。以淘宝 APP 为线上主要端口，以线下便利店为主要支撑，便利店采用加盟模式。顾客通过淘宝 APP 进入淘宝便利店下订单，线下距离顾客最近的便利店准备订单商品，合作的众包物流平台接单送货，主营商品为快消和生鲜食品。订单配送 1 小时内，目前覆盖杭州，上海，宁波等地，客单价 50 元左右，配送物流平台包括：生活半径，点我达，达达，蜂鸟等。淘宝把手淘的首屏拿出坑位给便利店，同时阿里巴巴投资 10 亿元给点我达和生活半径，再加上阿里巴巴零售通的供应链。一个每天 1.5 亿次打开的超级 APP，加上高效率的供应链系统，淘宝便利店的未来值得期待。

可以预见的是，未来将会有更多难以想象的新物种如同“寒武纪生命大爆发”一样出现，新物种带来的不是颠覆和取代，更多的是敲响传统零售的警钟，促进传统零售的变革和转型。正如马云在网商大会中表示：“阿里巴巴并不是要自己真正把无人零售店推向社会，更不是要让所有的商店都没有人，而是要给业界一个信号，一些灵感，一些震撼，一些思考，无人零售店会让中国所有零售行业去反思和思考可以做得多好。阿里巴巴今天起到的最大的作用，是让这些新生事物唤起零售行业的惊醒。”

1.5.6 WeStore：微信的新零售跨界

微信已经成长为这两年社交行业的绝对王者，而其在线上孕育了许多非常有价值的虚拟产品。包括小黄脸表情、红包、聊天气泡等，都成了人们喜闻乐见的形象。现在，微信打算将线上的资源转化为线下产品，同时开设实体店，转为线下推力，进军零售行业。其实，腾讯在交易方面的尝试从来没有停止过，从一淘网、QQ 网购、拍拍等到入股京东，就像阿里巴巴在社交领域的尝试一样。一方面是利用自己强大的社交流量形成商品的交易量、同时也是实现流量变现的重要途径。另一方面，实现盈利是互联网商业模式最关键也是最重要的环节，目前腾讯的盈利来源主要还是游戏，如果能通过零售的交易将流量价值变现，这让腾讯在商业模式的收益获取方面，又多了一个既叫好又叫座的选择。那么，基于微信的强大的社交优势，在转型零售方面，又会怎么做呢？

微信首家品牌形象店 WeStore 在腾讯微信总部所在的广州 T.I.T 创意园开业。有趣的是，WeStore 不仅是微信品牌形象店，也是小程序官方线下购物体验店，旨在打造超好玩，有意思的“微信次元”，在这里，你可以买到微信最新周边商品。店里将我们每天频繁使用的小黄脸表情、红包、聊天气泡都从虚拟世界拉到了现实：被做成冰箱贴、抱枕、钥匙挂件，用小程序进行贩卖，如图 1.5-4 所示。

图 1.5-4 微信表情产品

WeStore 在时尚极简的空间中，包含了展示厅、周边商店及咖啡厅三部分，置身其中可以感受到一种内敛而文艺的气质，如图 1.5-5 所示。整个空间呈现了微信的发展历史和现状，除了遍布的微信元素，良好的氛围也让人对微信的世界观和产品观有更直观和深刻的感受。这跟三只松鼠投食店有不谋而合之处，但显然微信的内容更丰富也更让人熟悉，自然在场景的亲和力方面就更有优势。

图 1.5-5　WeStore 店面

在产品品类管理上，WeStore 产品线主要包含自研的经典系列、IP 系列，涵盖文具、生活用品、电子产品及跨界联合产品。经典系列在微信原有的绿白 LOGO 基础上进行产品打造，维持了微信一贯高冷（绿绿）的气质，IP 系列则包含了小黄脸表情、气泡狗、红包等非常可爱讨喜的形象周边产品。在产品方面，无处不营造一种消费场景，同时给予消费者一种仪式感，例如现场大受欢迎的红包系列将微信“拆红包”这一动作带到了现实中，设计了跟微信红包几乎一模一样的红包抱枕，就好像微信红包“复活”一样，打开红包抱枕，里面是布满“小钱钱”的被子，如图 1.5-6 所示。

图 1.5-6　微信红包抱枕

同时，在产品的设计上，还充分体现人性化的要素。众所周知，让 50 岁以上人群接受并使用微信不是件易事，因为 50 岁以上的人群接受新鲜事物的能力较弱，不会用、甚至抵触智能手机及智能设备，即使儿女主动去教，很多老年人也会因某些内心的情愫，固有的沟通习惯及生活习惯，委婉拒绝。微信硬件团队秉承连接一切的理念，打造了微信相框，在 WeStore 亮相的微信相框 Plus 是微信相框的最新产品，通过微信即可实现视频通话，沿袭微信系统场景化与易用性的基因，让已经熟悉微信的用户几乎零成本地掌握操作方法。亮点功能包括原图发送、点赞、催照片、自动升级等。不受约束的底座充电，极简的操作设计，让爷爷奶奶也会用，还将陆续开放更多的功能，通过系统自动升级，做到贴心、省心。

在购物体验上，WeStore 通过小程序实现线下选购、付款和提货。在官方购物小程序“WeStore”上，可以现场下单，也可以在线购物、微信支付、一键开票，还有服务提醒和取货二维码功能，整个流程非常酷爽。来到 WeStore 就是“逛逛逛”“拍拍拍”“扫扫扫”“买买买”。WeStore 虽然还在探索期，却也体现了腾讯进军零售商业，强化商业模式竞争力的探索。同时，对零售业来说，这样的店铺形象、产品设计以及交易闭环，也算是“一股清流”，更是新零售时代的新物种。未来它将会进化成什么样子？能够创造如同微信一般的领导力？是否会对阿里巴巴和京东造成冲击？都是非常值得我们期待的。

三大变革催生了新零售，那么，新零售会呈现出哪些特点？线上巨头和线下零售又将会是谁主导这次零售革命？新零售将如何重构商业？未来新零售的竞争格局又会是怎样呢？这需要我们接下来对新零售做进一步的解读。

第2章

解读新零售

零售到底是男的，还是女的？这个问题从来没有人问过，其实，它确实是个问题。至少，笔者认为，新零售一定是女的。新零售具有追求体验式消费、强调高性价比、注重社交情感交流等特征，而这些都是“女性主义特征”。回溯零售发展的历程，可以发现零售确有“女性化”的趋势，而互联网等新技术就是驱动这种改变的底层力量。

零售是将产品和服务出售给消费者，供其个人或家庭使用，从而增加产品和服务价值的一种商业活动。阿里研究院提到零售的本质是无时无刻地始终为消费者提供超出预期的“内容”。万变不离其宗，无论商业如何发展和进化，零售的本质不会变。

2.1 零售的本质

说到零售，日本的零售一定是无法逾越的典范。虽然相比中国电商热火朝天的场面，日本电商显得冷清很多，但是，大阪城比较繁华的商业区像大阪城、心斋桥、难波、天神桥、梅田等，一到节假日就人满为患，店面生意异常火爆。日本实体零售店的人气真的很旺，导致大量网购平台迟迟无法成为主角。那么，为什么日本的实体商业能抵挡得住电商经济的冲击呢?

2.1.1 日本的零售哲学

谈到零售行业，日本的零售我们一定绕不过去：极致的购物体验，令人惊叹的人性化设计，细致入微的客户服务，等等。我们不仅会问，日本零售做对了什么？抛开体贴入微、注重细节、匠人精神等不限于零售业的日本国民服务意识不说，仅从零售哲学的角度来看，日本的零售行业至少做对了三方面。

第一，线下实体商业网络相当发达。以大阪为例，大阪的商业形态有商业街、车站商业生态、便利店布局。通常商业街集中在市中心繁华地带，同时各商业街通过各车站生态圈相关联，在各车站之间的地带有便利店、

Shop mall、Supermart 分布，从而构建地上地下，以点带面的网状商业生态图。在商业街里面，又以美食站、药妆店、服装店、电玩店及生活用品店为主，力求吃喝玩乐一条龙服务，一条商业步行街经常可以延绵两三公里。在每家实体店店面摆放的商品琳琅满目，同时日本的商品包装一般都偏小，一个货架从上到下可以隔七八层，所以即使是一般的实体店也能置放较多的商品品种以供顾客挑选。更重要的是，价格跟网上价格基本一致，电商既没有明显的便利优势，也没有价格优势，自然也无法具备足够的竞争力。

第二，不止卖货，更是兜售一种生活方式。日本零售业越来越向服务业发展，实体店铺很大程度上不再只是买东西的地方，而是消费者体验的场所。消费者会期待在实体店铺中获得归属感，拥有很好的购物体验。这种转变是对零售业本质的回归。在日本，便利店原本是方便购物的地方，但它却慢慢地演变成了“交流场所”，而为了提升顾客的体验感，越来越多的零售业者动用 IT 技术，设计不同的生活场景，给消费者带来更特别的体验。它是按照生活的场景去做区分的。比如说你喜欢骑自行车，它有骑行的场景；你是高级行政管理人员，店里就有一个书房或行政办公间。每个场景之间用店铺的一些设计手段进行转换，在里面逛的时候，你会永远觉得还没有逛完。例如，东京代官山有个“一站式女神集合店”Maison IENA，它把女性的生活场景分为 16 个，包括从早上起床去烘焙蛋糕、煮咖啡，白天交友、看电影、约会，一直到晚上沐浴更衣，商品品类按照这 16 个场景去分配。

第三，尊重消费者，塑造优越感。在信息技术不发达的时代，就真正把顾客当“上帝”，并将“顾客优先”的企业文化固定下来。要求店员面带笑容，并且一整天都要求保持店面开张时的那种紧张感觉。即使人数较少，只要进到店里来的顾客就是“上帝”；即使不买商品，顾客也是“上帝”。在面对客户投诉时，即便被顾客说了不开心的话，也要求笑脸相对。还要求尽量记住每一位顾客，当顾客去某家商店购物，隔几个星期再去那家店时，面孔也会被认出来，这对顾客来说是最大的喜悦。

在信息时代，日本零售业让原本销售商品的企业演变成了提供信息的企业，他们开始使用并普及 POS 机等，引入数据分析技术进行消费者画像的描绘，了解消费者行为，重新建立与顾客之间的关系，并将信息反馈至生产端。零售企业希望能建立一个可随时监控“经营数据和顾客、行业、市场流行趋势”的组织体系。虽然，日本电子商务、全渠道、O2O 发展历史都不长，却涌现了一批企业以各种模式实现了 O2O。资生堂异业合作的网上销售，通过加强与顾客互动，最终实现线上线下的融合；永旺与雅虎合作，实现线上发放优惠券，线下实体店使用；日本最大的电信运营商 NTT，应用 GPS 技术，获取顾客数据，分析购买行为；优衣库设立社交网站，利用商品评价引导、激发顾客购买商品。

2.1.2　日本的新零售模式

美国在进入 2017 年以来，已有九家零售企业破产。在中国，实体零售业也陷入了生存的困境。反观日本，实体零售业却发展势头良好，全球零售业冰火两重天，日本零售一枝独秀，日本经验有助于我们学习如何打造新零售。例如，日本百货业已经高度细分，以至于男性商品可以独立用一栋楼售卖，同时各个品类都有足够的深度，类目划分非常清楚。同时日本零售善于创造一些与消费者的互动活动，在经营上特别强调礼品的概念，用礼品吸引客人。例如母亲节来了，为你准备一束送给妈妈的花，让消费者因为喜欢这束花而进店，进而消费其他产品。在新零售时代的全渠道融合上，日本零售的探索有 5 种模式。

（1）资生堂模式：O2O

资生堂公司拥有大量的实体店，其中 90%以上都是直营店。2012 年起他们就开始做 O2O。其模式的主要亮点是既有官方网上销售，还有异业合作的网上销售，这样的好处是能够有互相导流的作用，因为单独一家网站吸引客流非常不容易。此外，资生堂的网上还有美容咨询、在家美容检测服务、直营网店和实体店导航等，以此与顾客间实现互动，最终实现 O2O。

（2）永旺模式：资源共享和库存统一

作为一家非常知名的风险投资公司，软银在很多零售企业、互联网公司都有投资，例如日本雅虎、永旺等，孙正义在日本拥有非常大的影响。由于背后有资本上的联系，因此，永旺采取了与雅虎合作的模式。顾客可以在雅虎的网站上下载优惠券，然后在永旺实体店门口扫描出来，就可以使用。这种“永旺+软银+雅虎”模式的亮点是：零售商可以通过这种方式收集到顾客数据，并通过雅虎引流到门店，从而使雅虎和永旺能共享顾客资源。

东急百货的统一库存与永旺模式类似，是从商品信息共享切入的。2012 年东急百货开始做库存数据打通工作，现在，他们的网店商品和库存商品的信息已经打通，虚拟库存、统一管理，并且做到可视化，每 1.5 小时库存信息更新一次，实现了同一业态下的库存数据打通。

（3）NTT 模式：数据赋能

NTT 是日本最大的电信运营商，它利用 GPS 技术，将“顾客诱导+商品登记签到”做组合。当顾客进门后看中某一种商品时，可以用手机扫描该商品，这时他就得到了商品积分。即使顾客这次没有购买，但下次光顾再买时，这个积分还可以用。如果顾客第二次没有回来，零售商也可以用第一次扫描留下的数据进行分析，这个顾客为什么不回来了，即分析他的购买行为。

（4）东京火车站模式：LBS 智能导购

LBS （Location Based Service）是指基于地理位置的服务，在移动互联网时代这是一种基础的技术与数据服务，常见的应用服务一般为地图导航，如百度、高德的地图 APP，提供基于 GPS 的技术来判断用户与手机的位置。日本东京火车站将这种技术应用到商场，商场都在地下，一共有 200 多家。如何找到顾客，并把他们“拉”到店内呢？该模式的做法是：当顾客在室外时，用 GPS 找到他们，再向他们推送优惠券，当顾客来到室内时，就用 AR 做导航，找到他们想要去的店铺。

（5）优衣库模式：社交营销

优衣库的社交网站利用“先导用户”（即先行购买或使用了商品的顾客）对商品的评价，来引导、激发其他顾客产生跟随购买的行为。当其他顾客看到评价，如果评价好，就愿意去买。同时，厂商也通过这种方式了解到顾客的想法，从而有针对性地开发新产品。社交网站同时建在手机上和 PC 端，并且是独立的社交网站，而不是在公司官网上开辟一个栏目，这样能直接快速收集顾客建议。优衣库精准地把握市场动态，快速建立品牌 APP 和微信公众号，虽然优衣库的门店大多在一二线城市，而优衣库 APP、微信公众号及天猫旗舰店的用户却遍布全国。在中国，不管是线上还是线下，优衣库每天都非常热闹。包括笔者以及身边的朋友，甚至是一些长辈，每次在逛商场的时候，都要去优衣库逛几圈的。有人认为优衣库有种不可言说的魔力，走进优衣库，你就会提着大包小包的红底白字口袋出来。

在 2016 年“双 11”不到半天的时间里，优衣库天猫店所有商品就售罄了。

2.1.3 世界零售之王：7-11

在零售业有一种说法："世上只有两家便利店，7-11 便利店和其他便利店"。作为全球最大的便利店企业，截至 2016 年 2 月底，7-11 在全世界 17 个国家和地区已开了 58904 家连锁店。其从美国诞生，到引进日本逐渐发展壮大，再到泰国、中国台湾及中国香港地区，再到中国大陆市场，在每一个征战的市场上，都获得了辉煌的成绩。它绿、红、橘三色的商标和招牌也成了一道靓丽的城市风景。

单看 7-11 日本公司 2016 年的财务表现，其零售总额 2473 亿元人民币，总收入 457 亿元人民币，利润 93.8 亿元人民币，销售额和利润额都是全球业界第一。净利润率高达 20.5%，远超其他零售企业（全球平均水平在 3% 左右）。同时，人均创造利润约 116 万元人民币。更夸张的是，7-11 的"坪效"是国内便利店的 11 倍，"人效"是国内的 87 倍，而存货周转率仅为国内的六分之一，两者效益和效率都相去甚远。

同样是便利店，背靠全球最大的零售消费市场，国内便利店似乎跟 7-11 不在一个数量级上。我们不禁会问，7-11 是喝了怎样的"超神水"，会让其他竞争对手都如此黯然失色？在零售业利润整体走低的大环境下，它为什么能创造如此之高的坪效、人效和净利润率？

（1）极致的单品管理

所谓单品，就是可能导致消费者产生购买行为差异的最小商品。对一种商品而言，当其品牌、型号、生产日期、保质期、价格、产地等属性与其他商品存在不同时，可称为一个单品。单品管理模式就是将商品管理的重点直接放在所经营的每一个具体的商品上，通过细分化来明确顾客的需求差异，在经营过程中随时掌握每一种单品的销售动向、库存和趋势，不断调整商品结构，精确确定进货的数量和时间。

在传统零售中，通常强调某一品类的销售量，商品都是按品类划分，例如饮料划分成碳酸和非碳酸品类。7-11 对单品的管理极为精细，在做商品分析时，也是按照各类单品进行分析管理的，分别对某款纯净水或茶饮料等进行分析，并非简单地按饮料类一概而论。根据销量、顾客的喜好把不同品类商品分为不同的单品，通过单品管理掌握了商品每一时刻的动态变化，实现备货的精准化。

当然，实现如此精准的前提是需要实时数据的“热备份”。早在 1982 年，7-11 便是全世界第一个在零售行业的市场营销中应用了 POS 系统的便利店，随着信息科技的发展，POS 系统单品管理上的功能也不断更新完善。通过信息系统对某一单品的毛利额、进货量、库存量、周转率等重要数据进行销售信息与趋势的分析比较，实时调整商品结构，逐步淘汰业绩较差的商品，力求最高程度满足顾客需求。在 7-11 每个经营者眼里，每一条数据都是“宝藏”，通过深入挖掘数字信息，准确把握一天中不同时间段、不同天气以及其他影响消费者需求变化的信息，形成了“应该卖几个”的新的订货理念，并根据这一信息安排订货。如今，7-11 便利店的店员如果看到某一种商品缺货，首先想到的不是“订一箱”而是“订几盒”。

此外，他们还会分析天气信息来进行精细单品管理，通常每天收集气象报告数据五次，天气数据包括了温度、湿度、风力以及暴雨、台风等紧急天气状况。例如他们发现甜甜圈的销量实际取决于天气：下雨天还是大晴天、天热还是天冷等，天气因素甚至会影响巧克力口味、奶油口味和普通口味的甜甜圈销量的多少。

正是通过这种精细极致的单品管理，7-11 便利店把库存控制到最低程度而又不至于缺货，把利润提高到了最大值。作为日本国内零售行业的冠军，单店销售额远远高于其他便利店公司。在中国成绩也不错，曾获得“年度中国便利店单店销售奖”，它在北京最好的一家店一天销售额为 6 万元，此外还有 18 家店的日均销售额在 4 万元以上。和它一起参加评选的，有外资的全家、罗森等，以及本土的全时、美宜佳等。

（2）JIT（Just In Time）的精益物流

极致的单品管理对物流配送要求极高，完善高效的配送体系是零售业实现连锁经营的基础条件，一家成功的连锁便利店背后一定有一个高效的物流配送系统。JIT 物流配送的特点是少量、多次、迅速，这对整个物流配送体系的效率和准确度要求极高。新鲜、及时、便利和不缺货是 7-11 配送管理的最大特点，它建立的 JIT 物流配送体系，还成功削减了相当于商品原价 10%的物流费用。

典型的 7-11 便利店非常小，场地面积平均仅 20 平方米左右，但就是这样的门店提供的日常生活用品达 300~500 多种，所有商品必须能通过物流配送中心得到及时的补充。这种多品种、小批量、高频率的物流特点需要高效的共同配送方式，即按照不同的地区和商品群划分，组成共同配送中心，改变以往供应商直接往店铺送货的配送方式，由供应商先将货物送到店铺指定的配送中心，再由指定的配送中心于适当时间往店铺配送。

7-11 的物流配送对于一般性商品，实行一日三次的配送制度，早上 3—7 点配送前一天晚上生产的一般食品，前一天晚上生产的特殊食品如牛奶、新鲜蔬菜等，则在早上 8—11 点之间完成配送，当天上午生产的食品，在下午 3—6 时送到。对于特殊要求的如冰激凌就会绕过配送中心，由配送车直接从供应商那分为早中晚三次分别配送到各家店铺。除此之外，为做到供货的万无一失，还特地定了一个特别配送制度，即当预计第二天天气变化导致需求量急剧增加时，配送中心就会动用安全库存对店铺进行紧急配送。为了提升配送效率，对物流所有的流程以分钟计算，以一个包括 170~180 个店铺的配送小组为例，整个物流活动时间大约 4 小时，具体分解如下：一家便利店备货时间 65 秒，搬运时间花费 5~6 分钟，从点货分拣到结束 15 分钟，等等。每一个流程精确到分甚至到秒，真正意义上实现了 Just In Time。

最值得一提的是 7-11 的食品配送，目前已经实现了全球范围内的不同温度带物流配送体系，针对不同种类的商品设定了不同的配送温度，并使用与汽车生产厂家共同开发的专用运输车进行配送。7-11 的食品是销量最大的，其最大的特点是新鲜、美味，因此食品的物流是“根据温度管理”的。每个配送中心都有冷冻食品配送中心、常温食品配送中心。在各个区域设立的共同配送中心，根据产品不同的特性，将商品分为冷冻型（零下 20 摄氏度），如冰淇淋；微冷型（5 摄氏度），如牛奶、生菜等；恒温型，如罐头、饮料等；暖温型（20 摄氏度），如饭食、面包等，四个温度段进行集约化管理。

从便利店方面来说，实施 JIT 的共同配送可保证商品的新鲜度，减少库存储量，增加商品品类，减少商品因过期而产生浪费的现象，降低了物流成本，实现了单品管理。对供应商来说，共同配送系统的使用，可使其及时根据便利店订货情况来组织生产，使原材料库存降至最低，同时，随着配送店铺的不断增加，规模效应越来越明显，其物流成本也越来越低。

此外，7-11 公司还提供联机接收订货系统和自动分货系统，来协助配送中心实现运作的系统化和高效化，信息技术系统是提高运营质量的强大后盾。信息技术系统主要包括订货、销售信息记录分析、货架管理、订单处理的信息化。先进的信息技术系统可使 7-11 对市场需求及时全面地获得反馈，并与供应商及物流服务提供商建立强大的合作网络，可以极大地提高供应链以及便利店的运营效率，加快订单流动。

7-11 便利店凭借高效的物流配送系统，成功实现了物流的低成本、高效率，在与其他零售企业的竞争中处于优势地位，是便利店业界的成功实例，其物流配送方略对我国便利店发展有着深刻的借鉴意义。

（3）小而全的共享生态

便利店的商品价格一般都要高于超市，无法依靠大量销售商品在日益激烈的竞争环境中取胜。因此，拓展便利店连锁网络的附加值，才是生存和发展的关键。7-11 通过为社区居民提供多种服务来提升自己的形象，便利居民生活，因而被顾客称为“贴身保姆”。

麻雀虽小，五脏俱全。在日本和我国台湾地区，每家店都为所在社区或者邻近地区提供多元化的定制产品和服务。除了提供新鲜饭团、各种奶品、热咖啡、自助冷饮等食品外，还利用自己遍布的连锁网络和 24 小时营业的优势，提供代收干洗衣物、代订鲜花、各种机票火车票等票务服务、送货上门服务、旅馆预约服务、彩票代售等，还设立了 ATM 取款机，有的甚至可以进行小额贷款服务。在日本某些地区，还提供人性化的免费服务，跟当地政府和警方合作，共同致力于维护社区安全和谐，警方通过便利店公布交通情况、晚间未归以及走失的老人和小孩等信息，甚至借助便利店抓捕逃犯。

7-11 其实是打造一个共享经济平台，既是共享顾客的平台，也是共享信息、共享物流、共享采购的平台。通过这个平台将每一个碎片的、闲置的客流、订单流、物流、资金流、商品流汇聚起来，最后形成高价值的流量变现。

7-11 通过提供多元化的便民服务项目，不仅方便了社区居民的生活，还为自己的销售网络增加了巨大的附加值，可谓一举多得。

（4）快速迭代的产品策略

与其他便利店企业在商品上一成不变相比，7-11 便利店力争在所有商品上实现一定程度的差异化，这种差异化可以体现在商品类别、陈列方式或者销售时间上。日本 7-11 总部提供的 SKU 有 4800 种，单店销售单品 2800

个，60%以上是自营的，日配、非日配、加工食品等。每周会有 100 种新品进行推荐，每年的更换率是 70%，这反映了快速响应市场的能力，也不时给“喜新厌旧”的顾客新奇感。还有专门的员工试吃各类食品，每年品尝的食品种类达到 35852 种。一旦发现口感和质量等问题，马上让专用工厂进行改善，不适合上市的产品坚决不推向市场。

同时，7-11 还坚持持续开发自有商品，丰富产品线，不断的变革创新，独一无二的自有产品是他们差异化竞争的重要砝码。7-11 甚至愿意花一年半的时间研究消费者的口味，开发出独具美味的炒饭。在以顾客为中心的思想指导下，推出的 10 款三明治已经有 5 款在美国美食学会获得了最高奖。

此外，基于个性化需求，不断地推陈出新，针对单身族积极开发了御饭团、迷你火腿、小袋洗洁剂等产品；针对加班族，有专门的夜宵、零食产品；针对年轻人，迎合追求时尚还力求营养均衡、美味、低脂肪等诉求，推出冬瓜仙草丝、玫瑰冰茶、冰淇淋汽水等时尚产品。总之，作为一家便利店，在新产品开发上根本停不下来。

自有商品的优势在于能够完全依赖自己的流通渠道，节约在生产、销售等各个环节中产生的交易费用和流通成本。通常，一般的商品需要附加许多广告营销费用，而便利店在自己的店里售卖自有商品，凭借自己的品牌信誉，无需再支付额外的营销费用。不仅如此，他们还能让自有商品在陈列上享有特殊地位，比如将其摆放在更为醒目的货架，甚至用宣传板为其写下广告标语。

在零售业中，自有品牌业务既可以实现差异化竞争，又有助于改善经营业务的利润情况。7-11 旗下的各线自有品牌商品占总销售的份额已达到 20%，这一水平几乎是同行的三到五倍。自有商品不可替代性强，而且利润率很高，这也是 7-11 净利润率远高于同行的秘诀之一。

（5）精益求精的单店赋能

7-11 总部给各分支点提供了 IT 赋能、经营赋能、产品赋能、物流赋能和金融赋能等。不仅协助各分支店进行开业前的市场调查工作，并从经营技巧培训、人才的招募与选拔、设备采购、配货等方面对分支店给予支持；还向分支店提供商品陈列柜、货架、陈列台等设备，指派专人负责分支店的日常经营指导、财会事务处理等工作。

通过门店信息系统，一天收集三次所有商店的销售数据，云端处理器在 20 分钟内完成资料分析，帮助门店实时调整售价、供货以及促销活动等。基于数据挖掘，总部每月向分支店推荐 80 种左右的新商品，使经营的商品经常更换，每 3 天就要换 15~18 种，商品淘汰率为 70%，很好地适应了市场的变化。总部还专门设置了 OFC（营运现场指导）的专员，他们每人负责 7~8 家门店，从事一线门店经营指导的顾问工作，帮助这些门店一起成长，他们一周到店两次，每次停留指导 3~4 小时。铃木先生过去每周亲自主持全日本 OFC 齐聚东京总部的会议，每次均要充分贯彻他的经营哲学，从始终坚持面对面沟通这件事就可以看出，他自己多么重视与加盟店经营相关的信息及沟通。不仅如此，持续不断向店铺提供质量上乘、深受消费者欢迎的商品也是后台一项重要的职能。

此外，在经营者赋能方面，小到从标准化的寒暄用语、结算时的待客行为等，大到进货和陈列管理、库存分析等都有 SOP（标准操作程序），并且会持续进行培训和手把手辅导。尤为值得一提的是它的陈列指导，基于对消费者心理学的深入研究，很多陈列方式已经成了行业标杆并引起蜂拥而至的学习。例如中间价格陈列法，通过陈列三种相似产品，利用价格区别，来打造“中间价格”产品，使其成为热销品。铃木先生认为，较之“极端价格”，“中间价格”更受欢迎。打个比方来说，同一个品牌的面膜，店铺中陈列 39 元和 79 元两种价位，理所当然，39 元的面膜比 79 元面膜销售得好，但当加入 109 元的脱毛膏时，79 元的面膜则成了三种商品里最畅销的。

总部对单店持续赋能的结果是，7-11 单店的经营效益全球第一。单店平均毛利率超过 30%，年均销售超过 1300 万元人民币，日均销售超过人民币 3.8 万元，基本上是中国同行的 10 倍以上。

日本的零售至少给了我们三个启示：一是把用户体验做到极致，无论是购物便捷性，还是人性化服务；二是重视数据的应用，从数据中挖掘消费信息；三是要发展自己的粉丝群体，让消费者成为自己的代言人。

2.1.4 零售之轮理论

美国哈佛商学院零售专家 M·麦克奈尔教授（M.P.McNair）在 1958 年提出了“零售之轮”理论（如图 2.1-1 所示），按照其理论，一种零售组织或零售业态从其诞生到衰落，一般要经过进入（Entry）、费用上升（Trading-up）、衰落（Vulnerable）三个阶段。零售之轮理论认为，创新型零售商开始总是以低成本、低价格和低毛利为特征进入市场，在与业内原有零售商的竞争中取得优势。而随着这一业态的进一步发展，这些创新者增加经营质量更好的商品，到租金更高的位置开店，不断增加新的服务，不断购进新的昂贵设备，从而导致经营成本不断提高，逐步转化为高成本、高价格和高毛利的传统零售商。最终发展为衰退型零售商，同时又为新的零售业态留下生存和发展的空间，而新业态也以同样的模式发展。当位于低端的零售商实施战略升级以增加销售和毛利时，一种新型低价零售形态又在低端市场出现。

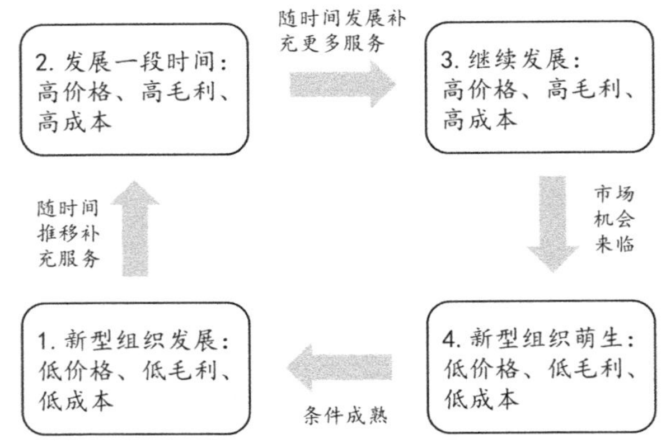

图 2.1-1　零售之轮模型

无论淘宝、天猫还是京东，从创立至今，都经历了上述三个阶段。以淘宝网商为例，创办初期，淘宝网商因不需要租用门店，不需要雇佣太多的销售人员，不需要大量库存，不需要大量缴税等原因获得了低成本、低价格优势。由于这一优势的存在，吸引了大量商户入驻淘宝，导致竞争加剧。为了在竞争中胜出，商户们必然花钱争夺流量。电商的流量成本，类似于传统商业地盘的级差地租。商圈的流量与地段有关，存在"级差地租"，越是好地段，租金越高，直至有人出不起租金。而淘宝采取竞价收取流量费的模式，更是抬高了流量成本，直到没有人愿意出更高的价格为止。经营成本的上升，使得纯电商进入"零售之轮"的第三阶段，进而必然会有新的零售模式开始问世。什么样的零售组织会替代现有模式呢？那就是线上和线下全渠道融合的"新零售"终将替代纯电商模式，这是符合零售发展规律的。同时，富裕人群、上层中产和新世代将成为消费的主力军，而据阿里研究院和波士顿咨询公司调查显示，这类人非常注重消费体验和购买效率。因此，集线上营销效率和线下体验优势于一体的"店商+电商"的新零售模式将广受欢迎。

基于"零售之轮"理论，企业可以采取三种不同的战略定位。一是走低端路线，也就是针对价格敏感型消费者推出低价的产品和服务。二是走中端路线，即针对价格和服务意识较强的消费者推出中等价位的改善型产品和服务。三是针对高端消费者推出高价的一流产品与服务。但是无论采用哪一种战略定位，以下三方面将是新零售企业未来的模板。

首先，整合零售渠道，实施全渠道策略。未来的消费主力是富裕阶层和新世代群体。这两类人群是非常注重消费体验和购买效率的，因此零售企业应该精准定位目标客户，并对其购物的路径偏好和全部零售渠道进行仔细研究，进而根据各种零售渠道的特征，制订相应的销售策略。利用全方位的渠道间的协调效应，为消费者提供更多的便捷、安全的购物体验，零售企业也将从中获得巨大的利益回报。

其次，基于大数据的个性化定制，柔性化生产。这种模式是通过互联网实行“预售”模式，在生产一个商品之前，企业先在网上挂出来，接受消费者的个性化定制，等到生产的需求量到了一定的数量后，再去下单生产。预售模式使得商家能够在掌握消费者真实需求的基础上进行生产和供货，在大大提高企业资源利用效率的同时，满足了消费者的个性化需求。零售企业应该将大数据分析、云计算、供应链协调、智能仓储物流以及互联网营销模式深度融合，打造出集订单提交、用户分析、设计打样、生产制造、物流交付为一体的电商平台，为消费者创造更高价值的同时获得丰厚的回报。

最后，打造“社交+体验”的购物空间和平台。新时代消费者已经不再满足于简单的单次商品购买和打折促销，而是期待获得更丰富的购买体验和社交服务。他们希望在网络平台上交流甚至合作，从信得过的亲友那里征求意见，寻找并购买商品和服务。因此，零售企业不能再单纯依靠“守株待兔”的模式经营，而是应该将微博、Facebook、Twitter、QQ、微信等社交工具应用到企业中，构建一个网络平台，主动利用社会化媒体去组织用户和客源。线上通过社会化媒体为消费者提供更多娱乐性和社交化的信息增值服务，线下从传统的产品体验延伸到服务体验。

“零售之轮”理论告诉我们：新零售的诞生是符合商业发展规律的，是经济发展的必然产物。那么，新零售会呈现出什么样的特点？这需要回归零售的本质，探求其发展的路径。

2.1.5 回归零售的本质

无论是日本的零售启示，还是“零售之轮”理论，都反复告诉我们探求零售的变革，要回归零售的本质，要关注零售“货—场—人”的核心三要素；要明确零售的任何零售主体、任何消费者、任何商品既是物理的，也是数字化的，开启二维思考下的零售新时代；要围绕着零售的“效率”和“效益”两个关键词转型升级。

（1）零售的三要素

纵观零售业演变历史上所有的变革，零售业在演进上的逻辑，从根本上还是没有突破“货—场—人”这三个核心要素。商品生产需要批量化，解决流通上的问题，所以最开始零售的由来与关注焦点就是货物；大家需要把货物组织起来拿到一个地方卖，然后货物的批量化生产越来越大，卖场也越来越大，就有了“场”的变化。从最开始的百货零售，到后面的品类卖场：国美、苏宁、沃尔玛，以及今天火爆的便利店，这一系列的发展与变化实际上都是“场”的变化。中国在旧零售上一直都是以商品的整合调配为核心，包括今天依然有一些很优秀的零售公司，是以组货作为运营核心，而不以消费者集合为运营核心。

旧的零售的关注点不在于“人”，但是如今新零售的变化恰恰就是由“人”所引发的变化。每一个时代对“货—场—人”三个因素的焦点与重心都是不同的。在新时代，零售的重心如果还放在“货”和“场”上，没有在消费者和消费需求的共鸣性上做很好的把握，那这不是新零售。消费从何而来？一个核心就是“人”，所以新零售在很大程度上要回归到“人”这个要素。有人说新零售方法论就是：新零售=商品×人^2，新零售是通过商品来经营人；商品是建立与人的关系，经营人是新零售运营模式的核心。新零售时代，零售三要素演变为“人—货—场”，新零售就是要对“人—货—场”的重构。

（2）零售的二重性

我们今天处在一个完全不同于过去的世界里面，过去经常讲有两个世界：物理世界和精神世界。互联网时代，应该用原子世界和比特世界的视角看问题，用比特跟原子结合的逻辑看世界。新零售就“新”在比特化的世界里头，不光是一个原子的场，还有一个数据化的场。

- 零售的物理属性

一方面，零售的三要素“人—货—场”都具备物理的属性，不同发展时期关注焦点不同。随着消费的升级，产品品类结构、业态、服务和体验的变化，零售思想也在不断地发生着变化，经历了“以货为本、以店为本、以人为本”三个阶段，并向着“以心为本”的阶段进化。

以货为本的阶段，是各方面物资都比较匮乏，市场供需都要严格把控，大量生活用品采取配额制，通过粮票、布票、煤油票等媒介进行交换的计划经济时代。商品只要被生产出来，就一定能卖掉，而且还供不应求。零售企业都是以产品为导向，核心的竞争力是如何进到货，哪怕是在“黑市”上，终端、服务和体验都是不需要考虑的。

以店为本的阶段，是生产力的不断发展，商品开始丰富，人民可支配收入持续增长，产能不断提高的卖方经济时代。这时候，大量的店铺如雨后春笋般涌现，同时各种业态开始多样化。零售企业核心竞争力则是店铺，经营者关注的是如何把自己的店铺做大做多，并引入更多的商品，以吸引更多的消费者。

以人为本的阶段，是物质文明生活的极大丰富，产能开始过剩，商品供给开始大于需求，消费观念发生改变的买方经济时代。消费者有着多样化的选择，并且转移成本非常低，零售业成了红海市场，零售企业竞争也愈演愈烈。零售企业的核心竞争力则是服务，为了争夺消费者，纷纷开始打造功能多样的终端，招聘美丽优雅的店员，提供人性化的服务，用户得到了充分的尊重。

- 零售的数字化属性

另一方面，零售的三要素“人—货—场”都具备数字化的属性。消费的一切活动都可以被痕迹化，沉淀为数据碎片，并通过数据挖掘的手段，将消费者、终端、商品都实现数字化，实现实时“在线”，通过“云计算”将一切资源串联起来，实现资源的优化配置。数据是最重要的生产和设计的素材，用户不再是活生生的肉体，而是一个个碎片化数据的集合体，基于这些数据可以为消费者提供内心最渴望的产品和服务，打造超出预期的体验。市场将是基于数字经济的统一市场，基于地域和营业时间的传统商业逻辑将被打破，零售企业核心竞争力就是算法，即云计算的能力。对消费者而言，通过主动或被动提供个人方方面面的数据，即可在不同的消费场景进行体验，为体验评分，同时为体验买单。谁最懂我，谁最能给我惊喜，我就是谁的粉丝。数据，既为生产赋能，也为消费赋能，实现“以心为本”，从而零售进入第四阶段。

以心为本的阶段，是用户需求无限多元、极致个性、快速迭代，呈现长尾趋势，开始追求商品的附加值，品质、审美等，甚至是人格认同，都已成为消费的动因。消费更加注重个性化、情感化和社交化。零售企业的核心竞争力是如何打造极致的用户体验，让消费者为体验买单，绞尽脑汁获取更多的消费大数据，以便深入窥探消费者的内心，以提供可以让其拍案叫绝、从内心认同并愿意买单的体验。提出心灵至上的阿里巴巴也对以心为本做了解释：利用数字技术千变万化的创造力，无限逼近消费者内心需求，最终实现以消费者体验为中心，并围绕消费者需求重构“人—货—场”。如此看来，零售企业要关注的不再是货、店、人等单方面因素，而是要重构每一个环节，打造极致的用户体验。

（3）新零售之轮：经济学视角看零售

雷军说“新零售的本质是效率革命，新零售是指通过线上线下互动融合的运营方式，将电商的经验和优势发挥到实体零售中，改善购物体验，提升流通效率，将质高价优、货真价实的产品卖到消费者手里，以此实现消费升级的创新零售模式”。他强调只要线下能够做到线上的效率，就实现了新零售，而目前线下小米之家的效率正在无限接近电商的效率。同时，还要关注效益，即在保障运营效率的同时，还要注重产品和服务的质量。然而，效率和效益天生就是一对矛盾体，在技术等要素一定的情形下，两者无法同时保证。不同的零售价格，对应着不同的零售服务，而两者的组合方式则受到物流、信息、技术和管理水平的制约。

“新零售之轮”理论主要从经济学角度解释零售业业态变化过程与规律，其理论框架分为“技术边界线”“等效用线”“零售价格”和“零售服务水平”四个要素。如图 2.1-2 所示，“技术边界线”用来描述零售业态在某一服务水平约束下的最低零售价格水平线。在直角坐标系中，技术边界线由于受到收益递减规律的影响，是向右上方延伸的曲线。位于技术边界线下方意味着零售企业提供的是低价格低服务的组合，在其上方则是高价格高服务。在各种技术水平恒定的情况下，零售企业提供的价格服务组合越是接近于技术边界线，就越具备竞争优势，而零售企业的最佳价格服务组合则只限于在技术边界线上。零售业内企业间的竞争，往往体现在提升服务水平或降低价格，即在技术边界线上移动。在技术的推动下，零售的可能性边界会扩张，实现效率和效益的双增长。"新零售之轮"告诉我们在技术的支持下，在不提高价格的基础上，服务体验的大幅度提升完全有可能，即实现商品的"物美价廉"，这在以前是完全不可能的，"物美"和"价廉"是一对矛盾体，只能取其一；随着技术边界线的不断扩展，未来实现零售的"多、快、好、省、优"也是大有可能的。

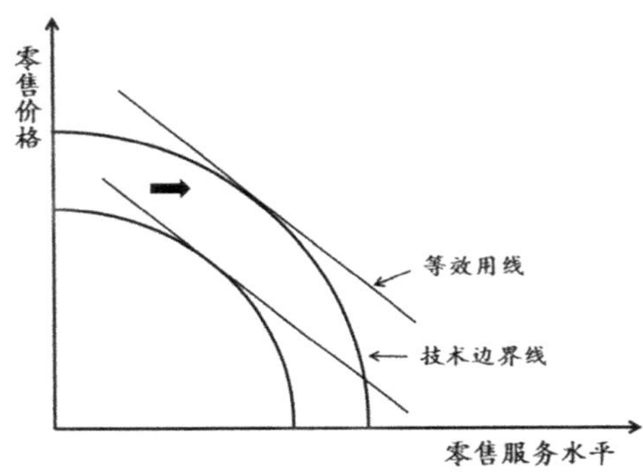

图 2.1-2　体验可能性边界示意图

新零售正是以电子商务和传统零售为基础，在突破传统零售业易遭受时间和空间限制、商品展示不全面容易导致客户放弃购买，以及传统电商无法提供满意的客户体验等问题的情况下，通过实现线上、线下的无缝结合，利用云计算、大数据、物联网、人工智能等为代表的信息革命带来的新技术，最终使得技术边界线向右方移动，从而在零售业形成的新业态——新零售。对此，新零售必然有崭新的面貌，它会是什么样子呢？

2.2　新零售的女性主义特征

零售到底是男的，还是女的？这个问题从来没有人问过，其实，它确实是个问题。至少，笔者认为，新零售一定是女的。

世界上很多国家的语言比如德语、法语、西班牙语、拉丁语等，其单词都是分阴性和阳性的，他们认为世界上的事物在性别上都是可以有区分的。有一次跟一个从事电子商务多年的朋友聊到新零售的话题，笔者说道新零售的特点是追求体验式消费、强调性价比、注重社交化的情感交流等，具有敏锐商业嗅觉的他一语点破：这些都是女性的特征。回溯零售发展的历程，不难发现零售确实有这样的一种女性化的趋势，而互联网等新技术就是驱动这种改变的力量。

2.2.1 新特征：零售开始女性化

消费升级促使更多的消费者开始追求商品的附加值，用户的消费行为和购买触点都在不断发生变化，需求变得无限多元、快速迭代。在新消费的倒逼下，为适应消费的趋势，零售的特征也在持续改变，呈现出以下三个特点，且都是女性化凸出的特点。

（1）追求叠加体验

随着互联网发展，体验经济正在兴起，也对零售有了更高更多的要求。女性可能更适合体验经济，因为相较男性更擅长理性思维，女性更加感性，更长于体验。

首先，追求产品的体验。女性在购物上天生比较精明，喜欢货比三家，在消费升级的背景下，既要求商品物美，也看重价廉，追求高性价比。她们注重产品的体验和品质，对生活质量提出更高的要求，她们不仅要求商品“能用”，还希望商品“好用”，甚至能带来“享受”，当然最好跟同类相比还别太贵。

其次，追求服务的体验。女性天生细心、敏感、情绪化，一项贴心的服务可以让她热泪盈眶（比如买衣服送一束玫瑰花或一张暖暖的祝福卡），一处未注意的细节也会引起破口大骂。“亲，包邮哦”，淘宝天猫如此的客服也并不是空穴来风。

最后，追求消费的体验。逛商城是女人的天性，要么在逛商城，要么在逛商场的路上。同时，女性都渴望消费的过程要有档次、有品位，最好可以满足其虚荣心。“把老娘伺候好了，买买买，怎么剁手都不是问题”，在好的消费体验过程中冲动消费也是司空见惯的。

（2）重视情感链接

贾宝玉说女人是水做的，多愁善感，润物无声。很多针对女性的消费品牌之所以能备受追捧、获得溢价，就在于其带给消费者的情感享受、情感认同和情感归属，通过这种情感体验提升品牌的用户体验。

一方面，在消费过程中，女性很渴望被理解、被尊重，甚至被宠爱。情感链接，会成为商业的驱动要素，蘑菇街，专注于时尚女性消费者的电子商务网站，为姑娘们提供衣服、鞋子、箱包、配饰和美妆等适合年轻女性的商品，蘑菇街 APP 也成为时尚女性购买和互相分享的必备 APP。它巧妙地通过“每天至少爱一次”整合营销传播活动，创意地把握购物和爱情间的微妙联系，主打“感情牌”将女性粉丝牢牢地留住。

另一方面，沟通是女性的天性，女性更愿意与他人交流、沟通、表达情感。而社交网络的产生，使人人都有发声的渠道，长期以来被抑制、封闭而天性更愿意沟通的女性在社交网络上更加有表达自我的欲望，所以女性的声量逐步追上占据社会主导地位的男性。移动互联网时代对碎片化时间的有效利用更是解放了女性的天性，整个社会更加注意到女性的表达和女性的意愿。社交零售的崛起也是抓住了这样的一个趋势，传统电商模式下，流量分发由平台主导。但在移动互联网时代，这一模式难以复制，因为移动流量呈碎片化形态。因此，如何玩转这些碎片化的流量，是赢得移动电商市场的关键。从京东在微信、手机 QQ 的探索来看，社交是一个最佳的切入口。2017 年腾讯第一季度财报显示，微信和 WeChat 合并月活跃用户数达 9.38 亿人，QQ 月活跃账户数达到 8.61 亿个。由于微信朋友圈/QQ 空间、微信群/QQ 群等多场景社交信息的影响，以及京东微信购物、手机 QQ 购物入口便捷，用户在微信和手机 QQ 端社交互动的同时，会自然关注到社交信息流中的购物信息，进而产生购物行为。

（3）具有偶像情结

目前，娱乐圈的“小鲜肉”“萌大叔”“长腿欧巴”等身价水涨船高，甚至已经到了令人匪夷所思的地步，受到无数粉丝的追捧。他们有一个共同的特点就是：女性喜欢。女人追星的狂热从来都是有增无减的，无数商家也都是利用这个特点大做文章。主要定位是女性用户的 vivo/OPPO 手机，通过请李易峰、彭于晏、陈伟霆等当红小生做广告网罗了一大批女性粉丝。据大数据调查显示，vivo 手机女性用户达 68.7%，OPPO 手机女性用户达 74.3%，并且忠诚度非常高。

偶像的力量给零售带来的商业价值不可小觑，刘涛晒单购了一款 1098 元的玛汐羽绒服，结果获得点赞 10874 次、评论 2501 条，导致该款单品 UV 增长 300 多倍。京东开通了明星晒单推荐的功能，已有包括范冰冰、林志玲、刘涛、鹿晗等 43 位明星用户在购物圈里晒单，并拉动千万粉丝围观，带来十几万用户的点赞评论，最终带来十几万单关联跟随购买。京东调研数据显示，在“00 后”用户中，尤其是女性，因为喜欢明星的推荐而选择购买该商品的比例高达 29.5%。“00 后”对产品的需求刚刚开始，特别容易受到自己喜欢的明星的影响。

2.2.2 零售心法：得女性者得天下

随着时代的发展，女性的社会地位和家庭地位不断提升，在家庭消费中扮演着越来越重要的角色，零售只要占据了女人的心，就能取得竞争性的优势。

（1）女性是购物的中坚力量，拥有更多消费主权

《中国妇女》最近的一项调查显示，四分之三的女性掌握着家庭的财政大权，女性将成为购物的中坚力量。因此，零售必须抓住女人的情感诉求和场景体验，"抓住女人的心，才能抓住女人的钱包"。在时代发展之下，相比于男性，女性在日常家庭消费中是具有决定权的主体。家居用品的温馨、时尚特性与女性顾家、追求幸福的需求，似乎都贴上了女性特有的标签。如今，除了在服饰、珠宝、化妆品等消费领域女性成为消费主角之外，在家居、食品、日用等零售消费领域，也掀起了一场女性消费的主张。据统计，我国 20 岁至 50 岁的女性已逾 2.5 亿人，在服装、珠宝、化妆品等领域，女性消费每年都以 7 倍于男性消费的增长占据主导地位。

《2016 年女性财富管理报告》显示，过去三十年，女性平均收入增长 63%。同时，有超过八成的家庭消费由女性做主。"女权力量"正在崛起——女性对家庭开支使用拥有强大的话语权：购买服饰、化妆品的话语权均为 88%，购买家居用品话语权 85%，休闲旅游 84%，母婴产品 69%——毫无疑问，女性的消费市场潜力要远大于理性消费的男性。一系列数据显示：女性消费者主权已来！

（2）在移动互联网时代，女性用户有更强的消费欲望

在移动互联网时代，女性更擅长利用碎片化时间。男性角色有更集中化倾向，比如其社会化角色会占压倒性地位，只要事业有成，家庭角色或晚辈、朋友角色都易被忽略。而相比男性而言，女性在其多重角色之间，

会被期待一专多能、平衡演绎，想要不放弃事业，就必须平衡妻子、母亲、女儿、闺蜜的角色，缺哪一面都会被“刻板印象”化。因此女性一生在多重角色平衡演绎过程中，练就了利用碎片化时间的绝技。对于一些年轻职业家庭主妇，有大量空暇时间需要消磨，而移动互联网正是消化碎片时间的一个极好的渠道。市场研究公司 ComScore 发布的《女性在上网：女性如何影响互联网》的研究报告称，女性每月花在社交网络的时间比男性高出 30%，尼尔森的调查显示，女性占到了所有移动社交用户的 55%。

在互联网时代，时间变得越来越宝贵，注意力成了零售最想吸引的稀缺资源，谁能更好地占据消费者的时间，谁就能在红海竞争中脱颖而出。正是因为善于利用碎片化时间，女性会触发更强的购物欲望和更多交易的可能，也凸显出女性用户在移动互联网时代不容忽视的重要地位。同时，这样的趋势也给零售敲了一下警钟：是通过零售的线上线下融合多渠道吸引流量，还是做强线下零售把线上流量导入到线下？

2.2.3 法则：新零售构建竞争优势的三部曲

在消费女权时代，新零售如何构建自己的优势，迎合女性消费者的诉求，占领消费的制高点？预计至 2019 年 “她经济”的整体市场规模有望达 4.5 万亿元，零售为了迎合女性经济，虏获女性消费者，又可以从哪些方面入手？笔者认为，零售企业要学会玩场景、玩数据、玩情怀，打造有趣、有心、有爱的零售体验。

（1）有趣：打造个性化的消费场景

千篇一律的消费场景对女性消费者的吸引力越来越弱，零售渠道的同质化严重影响了消费全流程的体验。有人说：一千个读者心中有一千个哈姆雷特，一千个消费者心中却只有一个相同的购物中心。目前，中国零售呈现“千店一面，千店同品”的局面，千店一面是零售企业连锁化经营发展的结果，其核心方法就是标准化和格式化。标准化是零售发挥规模效应和规范管理模式的前提，然而，在人人崛起的个性化时代，开始显得不合时宜。

根据商圈、业态、目标消费群体等差异化要素，基于大数据的支撑，零售场景的打造应该向个性化转变。要不断满足消费者越来越细分的个性化需求，大力研发先进的技术手段：如大数据分析、精准描绘消费者画像及消费习惯；同时继续聚焦优质商品的本质，通过买全球、卖全球拓展丰富的优质商品品类，满足用户既庞杂又细分的个性化消费需求。消费场景如果真正做到千店千面，甚至千人千面，那么零售的潜力将会彻底激发，消费的潜能也会得到充分的挖掘，当然这必须借助大数据的帮忙。什么是真正的个性化场景消费体验？譬如，炎炎夏日你用滴滴叫来一辆专车，上面一般都会配矿泉水，但如果滴滴 APP 能从美团外卖 APP 处获知你喜欢喝可乐，因而提前通知司机准备了一瓶冰可乐，您会不会会心一笑？进一步，如果它能从你的音乐应用虾米 APP 中知道你喜欢听李宗盛的歌，从而来一曲《越过山丘》，你会不会感觉更爽？

在争夺女性顾客方面，电商已经走在前列，各种针对女性的服务内容和软硬件开发已经在进行。相比之下，线下的购物中心等零售终端，仍然停留在打折促销等比较初级的手段，忽略了女性消费者所拥有的一些特质，忽略了去读懂女人心。首先，女性都是爱美的动物，购物中心抓住女性的第一个关键点，就是要看项目本身有多少女性喜欢的美在里面。无论是从购物中心的名字，还是项目的环境设计、景观设计，都应该从女性的审美角度出发进行设计，要把购物中心变成广大女同胞喜欢的地方。其次，业态方面以女性为主要目标群体的服饰、化妆品、母婴、时尚家居等都需要在配比上考虑好，引进更多符合女性消费特征的新兴业态，让女性消费者获得更多的体验感。此外，除了环境和业态外，购物中心还应该更多地体现女性关怀，在诸如女性卫生间数量、母婴室等基础设施上做到位，把女性关怀体现在各个业态，各个环节中都将更加吸引女性消费者的注意力，从而获得其掌握的高比例家庭消费支出。

（2）有心：建立恋爱式的情感链接

女性喜欢被关爱、被尊重、被理解，同时对于“懂我”的商业品牌具有极高的忠诚度，甚至主动成为传播者。针对此特点，零售应该建立会员体系，并完善消费者档案，通过不断迭代的数据，完善消费者画像。如此一来，可以做到在失落时给予关怀，在需要时送上祝福，在特殊的日子暖心地呵护，像一位贴心的“初恋男友”一样无微不至，必然会得到女性用户的青睐。想想看，当你认为又要度过一个单身没落的生日的时候，它在你上班时间，高调地送上一束鲜艳欲滴的红玫瑰，并用精致的卡片送上“亲爱的，你每一年的今天我都会默默陪伴你度过”的祝福，让你在冷嘲热讽的同事面前如此惊艳，你怎么会不爱上“它”。

屈臣氏就把会员营销做到极致，一方面利用网站、APP、微博、微信、淘宝等多个渠道，开展与消费者的互动和交流。更难能可贵的是在所有渠道中，保持了交互信息的一致性。当你在门店或网站加入成为某个等级的会员后，你也可以在其他任何公开的渠道媒体查到相关的权益和优惠信息。会员卡线上线下通用，线下会员自动成为线上会员，这样的做法使得屈臣氏在享受淘宝平台巨大的流量资源优势的同时，得以继续保有既有的线下会员，形成消费人群的有效叠加。更重要的是，多渠道采集了数据，并保持信息一致性。

另一方面，强化“个人护理专家”的定位，所有客服人员都经过专业的护理知识培训，能够根据皮肤状况的描述推荐适宜的产品，保证了护理指导的专业性。平时也经常与用户交流护肤经验，在一些特别的日子如生日、三八妇女节、母亲节等都会献上独有的关怀，让成为会员的用户矢志不渝。在终端打造上，当你走进屈臣氏的时候，自己感觉不是走进了一家日用品超市，而是到了更加贴心的护理店，可以感受到全新的购物理念和生活态度。在屈臣氏的帮助下，人们在健康美容方面做出了积极改善，从而快乐享受人生，也当然愿意把自己良好的亲身体验，告诉自己身边的朋友们。

（3）有爱：寻求偶像式的价值认同

基于女性热衷追星的特质，一方面可以通过明星代言的方式，不断与消费者建立共同的认知。我们正处在一个偶像营销的时代，而偶像营销最大的特点就是能够善用消费者“爱屋及乌”的情感，零售企业可以以此作为纽带，与消费者建立友好的情感沟通，让消费者将对偶像的情感转移到产品、品牌或企业上。肯德基请鹿晗作为代言人，并聘请为鹿店长，吸引了一大批粉丝的关注。屈臣氏会员卡自从杨洋成为代言人之后，屈臣氏会员人数增加了 800 万人，同时旗下会员购买其店内商品总数为 5.18 亿件，据悉，屈臣氏会员卡总数即将突破 6000 万张。这些零售企业的尝试，都是为了与消费者寻求偶像式的价值认同。

另一方面，偶像营销也具备了一定的风险，作为公众人物的偶像明星，绯闻多，是非也多，如何挑选明星为自己的产品代言，零售企业还需谨慎为好。除了明星代言，通过打造自己的 IP，把自己打造为“偶像”，零售企业也可以建立坚实的价值认同。Stylenanda 是韩国最红的女装网店，2016 年 10 月，在首尔明洞用一整栋楼开了复合式体验店——以梦幻粉色为主题的 Pink Hotel，随着人气大增，很快便新晋为拥有少女心的女性们的朝圣地。整栋楼外墙都被刷成了粉红色，浪漫而“吸睛”，店内围绕着“Hotel”概念，打造出不同的体验区。一、二层是化妆品专区，其中一层模仿自助餐厅的样子可以让顾客随意“享用”3CE 的彩妆，而二层则以 SPA 和“梳洗”为概念，用洗手台、梳妆台盒放满花瓣的浴缸摆设，来展示彩妆，酒店推行李的车子也变成陈列货品的一部分。三、四层的服装与配饰部，分别以搭配霓虹灯饰的复古风和洗衣店主题的时尚感为设计灵感，并配以酒店房间形式的更衣室，购买体验十分有趣。五层名为“泳池咖啡厅”，是新店最独特的一部分。粉红复古的开放式泳池设计，配上一杯咖啡，让人仿佛置身在国外的度假区。Stylenanda 打造了自己的超级 IP，做到了有趣、有爱、有心的零售体验，圈粉无数，所到之处都人山人海，开业以来每天都吸引着大量人流。

2016 年“双 11”蚂蚁花呗宣布将当天定为“女王日”，并单独给女性用户提额，人均提升 5000 元，此举背后反映的是“她经济”的崛起。有数据显示，我国近七成家庭的消费决策者是女性，她们不仅决定消费的数量和质量，而且在家庭的理财投资上，也具有决策地位。在如此消费大趋势的倒逼下，新零售女性主义特征也必将越来越明显。你，准备好了吗?

2.3 新零售的“三生三世”

2017 年是新零售的元年，电商与零售巨头的每一次新动作，都被看做对新零售的诠释。阿里巴巴与京东的“战场”也从线上延续到了线下。阿里巴巴收购三江股份，入股百联集团，以数千万美元投资了盒马鲜生，借助易果生鲜 8.5 亿元入股联华超市，间接持有联华超市 21.17%的股份等一系列举动，表明整合线下的决心。京东也不甘示弱，与北京、上海、广州、哈尔滨等 15 座城市的数万家便利店进行战略合作，收购 1 号店与沃尔玛展开深度合作，入股永辉超市并高调推出超级物种，并表示 2017 年把京东帮从 1.0 升级为 2.0，开 1 万家专卖店，接二连三的大动作向资本市场表明：无论是线上还是线下，京东是阿里巴巴唯一的对手。

基于“人—货—场”的重构，各大线上与线下零售企业纷纷加入到新零售高地争夺的战争中，究竟谁会胜出？未来的新零售的版图又会是怎样呢？

2.3.1 谁主沉浮：谁是新零售的主导者

马云曾说未来新零售最大的机会和挑战将是线上、线下的结合，传统公司、互联网公司的结合。那么，问题来了，在这场由上至下的融合中，究竟是谁在渗透谁？这场新零售的整合之战，又将是谁整合谁？

（1）新零售是共同的出路

对传统线下商超（商场和超市）大佬而言，在电子商务冲击下，成本高企、供应链冗长等问题日益凸显，纷纷寻求转型，随着消费群体更迭，“触网”能够弥补线下渠道的缺陷。

对线上电商巨头来说，随着消费升级，消费者对体验式消费，定制化等要求更高，需求也更加多元化，线上无法保障体验、定制化和优质服务等缺陷在新消费时代必将成为电商的致命弱点，因此也必须有线下实体的支持。

新零售出现在线下企业受冲击日益严重，线上电子商务发展减速苗头初显的时候，其实是提醒零售企业应该回归商业的本质：高效地为消费者提供“物美价廉”的产品和服务。线上难以满足“物美”，线下难以保证“价廉”，融合线上线下的新零售似乎可以找到一举两得的出路。

（2）线上电商的天然优势

毫无疑问，新零售这场战役的号角是线上巨头吹响的，线上大佬们或兼并或入股或投资线下企业，而线下传统零售企业在关店潮迭起的背景下多是被动转型。在转型中，线上电商有两大优势，一是大数据，线上企业积累了大量消费者的交易数据。交易数据能够帮助企业更加清晰地认识消费者，从而更好地服务消费者，提供更多产品价值的增值；而线下企业销售数据的积累量是有限的，且真正重视数据和做好数据采集的并不多。二是垄断资源，线上电子商务阿里巴巴和京东双雄并起，在资本市场上极具号召力，整合和调动资本的速度极快，整合能力无比强大。线下零售企业格局如战国七雄一般，没有绝对地位的领导者，整合能力自然较弱，要想整合线上难度相当大，只能选择被动合作，苏宁电器、永辉超市等无不如此。

线下传统商超优势主要体现在渠道管理上，多年来对渠道的经营，与供应商、经销商等建立了长期稳固的利益关系，积累了丰富的渠道运作、库存管理等经验和大量专业性人才，这些都是线上企业不具备，并且短期来看难以迅速建立的。所以，电商巨头都是借助天然优势，采取收购兼并等手段，走捷径进军新零售。

（3）新零售势必会由电商巨头主导

原因有三：一是电商巨头建立的线上优势已经牢不可破、无法撼动。线下企业无论是要打造一个像阿里巴巴一样的电子商务平台，还是要打造京东这样的垂直线上渠道，都几乎是不可能了，只能被动选择相互合作。万达也尝试做线上，为弥补在金融和支付领域的短板，出资 3.15 亿美元收购第三方支付公司快钱 68.7%的股份，欲为其新零售生态打下了金融基础，如今却如同鸡肋：食之无味，弃之可惜。苏宁电器气势汹汹转型做云商，巨资打造苏宁易购，无奈最后还是要跟阿里巴巴合作。

二是线上有巨头，线下无领袖。线下商超企业缺乏像阿里巴巴这样在线上拥有强大号召力的企业，势必资源调动能力和整合能力较弱，新零售可以说是再造一种新的业态，甚至变革一个行业，需要一位真正强大的领袖站出来，身先士卒，引领变革。永辉、天虹、百联、新世纪等线下大佬虽然名声在外，却没有一位具有阿里巴巴在线上影响力和号召力那么大的领导者。

三是线下零售缺乏基因。即缺乏互联网基因，无法很快适应电子商务的土壤，新零售需要线上线下全渠道融合，如何整合商业逻辑完全不同的线上，实乃心有余而力不足；也缺乏变革的基因，近年来线上的发展和变化速度远远快于线下，传统线下商超多年来演化缓慢，早已习惯了步步为营的节奏，同时商业模式笨重，难以像 IBM 一样成为起舞的大象。

2.3.2 未来版图：三足鼎立抑或四海八荒

定义新零售注定要由电商巨头来完成，如此说来，未来新零售势必会呈现要么姓“马”，要么姓“刘”的局面？零售业未来的格局就是双雄并起？

（1）新零售的三国演义：阿里、京东、万达

从目前格局来看，在这场新零售大战中，线上线下结合站队已经开始，三足鼎立的态势逐渐形成，正准备上演一出“三国演义”。首先是兵强马壮、猛将如云、智囊如雨的“魏国”——阿里巴巴，旗下有百联、苏宁、银泰、三江购物、易果生鲜、盒马鲜生等，已经完成线下的百货、数码家电、生鲜、超市、综合零售业的布局，这是电商平台第一次拥有如此齐全的线下合作样本，拥有“挟天子以令诸侯”的号召力，主导着新零售的未来。

其次是倚靠资本天险的“吴国”——京东，旗下合作的有沃尔玛、达达、永辉、天天果园等。已经完成线下便利店布局、超市布局和生鲜布局。2016 年全年净利润 10 亿元人民币，较 2015 年同期增速达 211%，全年 GMV 达到 9392 亿元人民币，来自日用品和其他商品的 GMV 为人民币 1063 亿元，同比增长 59%。京东集团副总裁、京东商城消费品事业部总裁冯轶表示 2017

年京东超市将与品牌商融合共赢，成立“双百亿”品牌俱乐部，帮助至少 10 个品牌销售额过 10 亿元，至少 100 个品牌销售额过 1 亿元，GMV 目标定为千亿元。更关键的是，京东具有制胜的法宝：为新零售高效运输粮草的自建物流，在占据新零售市场份额上不容小觑。

最后是创业转型的“蜀国”——万达，旗下有万达购物中心、飞凡、新华百货、步步高、五洲国际等。虽然在布局上慢了一拍，以“先赚 1 个亿为小目标”的王健林，在新零售时代绝不会束手就擒。一手强化自身优势，打造超级购物中心，增加强流量的吸附能力；另一手努力弥补金融支付和线上电子商务的缺陷，2015 年 7 月万达正式推出飞凡，开始借助飞凡打通线上线下的结合，通过搭建 Wi-Fi、Beacon 等信息化基础设施，为其合作的线下购物中心提供大数据等服务。未来在线上的投资力度只增不减，借助万达广场强大的流量吸附能力，成为后起之秀实可预期。

（2）未来的版图：新零售的四海八荒

新零售未来版图，三国归晋可能性不大，在长期的相互平衡下，很可能形成各守其地、各得其所的四海八荒的局面，历经三生三世。

一方面，在需求无限多元，快速迭代的新消费时代，三巨头无法满足每一个利基市场（Niche Market）。在长尾型需求下，总有商家可以从一个细分领域入手，获取一批忠实的粉丝。例如在天猫淘宝的大平台下，也冒出了聚焦于美妆的聚美优品，出现了专门做特卖的唯品会，形成了专注于时尚女性消费者的蘑菇街等企业。

另一方面，不少拥有忠实粉丝的企业也开始了新零售的尝试，并具有大量的拥趸。在打法上，可以分为线上派和线下派。线上派以互联网第一的坚果品牌三只松鼠为代表，他们利用自身线上经营积累的流量和经验，通过渠道下沉，打造“零食+轻食+水吧”集合模式的线下小型投食店。2016

年在芜湖开了第一家线下店，取名三只松鼠投食店，开业一个月销售额 240 万元，客单价达 80 元。除线上线下同价的零食产品售卖空间外，“水+轻食”的饮食休闲区域也是融合跨界的一种尝试，更能契合歇脚地的概念。从奶茶、咖啡，到蛋糕、甜品，每一款都经过无数次试吃和筛选，名字也非常有趣，比如“甲乙饼丁”“贵妃好酥”“战斗民族面包”。2017 年的开店目标 100 家。在创始人章燎原看来，开投食店并不是为了增加销售，而是增强消费者跟品牌之间的互动与联系，是一次锦上添花。在实体零售业遭遇寒冬的大背景下，章燎原还是断言：“投食店的开业对网上销售一定会起到增加的作用，而不是稀释。”

线下派以居然之家为代表，首家多业态、多渠道经营、倡导健康饮食的 EATOWN 怡食家超市，在北京居然之家十里河店开幕。怡食家不仅仅是一家购物超市，还是健康新生活的一站式体验店。门店总面积 8000 平方米、卖场 4800 多平方米的怡食家超市，拿出了 25%~30%的面积做了餐饮及休息区。为消费者带来崭新生活体验的都市农场、室内花园、名家烹饪教程、青花瓷初体验、进口健康美食、精选食材、中西美食餐饮、传统小吃，精酿啤酒红酒等，满足了生活中“吃+玩+学”的健康新生活体验。体验的核心落脚在“慢食”，主张吃当地应季的食品，食品的生产符合自然生长规律；在都市快节奏中他们放慢脚步，试着以味蕾和嗅觉探索生活。这样的价值主张和实践吸引了一大批忠实消费群体，更创造了零售新业态，为用户提供更多样化、更高端的消费选择。

无可否认，不同类型线上与线下企业的纷纷加入，给了新零售更多玩法和想象空间，但谁会笑到最后？未来新零售版图是怎样的？我们拭目以待。就目前新零售布局的“三巨头”阿里、京东、万达来看，谁会胜出呢？输赢的关键又在哪里呢？

2.3.3 胜负关键：粮草运输

从古到今，每一次大战来临之前，战争双方都必须要准备好充足的粮草，并保证粮草运输的畅通无阻，一旦粮草被劫或者供应不上必然大败。而在现代战争中，不论是空战还是海战，尤为考验运输能力，它是远程战争投放能力的关键所在。

在这场新零售大战中，运输供应能力同样至关重要，甚至将成为新零售大战制胜的核心关键。一方面，完善的供应链是保证货源供应充足的关键，尤其是对于生鲜等食用品来说，绿色健康的货源会更有优势；另一方面，快速高效的新零售物流配送是影响用户体验的关键，也是新零售服务最终落地用户的根本。

（1）阿里系的供应运输将主要由易果生鲜承担

阿里巴巴投资易果生鲜，而后作为苏宁第二大股东又促成苏宁对易果生鲜的 C+轮投资，绝非只是简简单单的财务投资，而是阿里巴巴看上了易果生鲜的生鲜供应链体系和能力。投资易果生鲜，是为了打通生鲜品从后端到前端的供应链，生鲜品的关键就在于冷链物流的建设，而这个也恰恰是整个新零售大战物流运输当中最难的一个环节。易果生鲜通过建立物流配送安鲜达，实现了用户购买的生鲜产品一站式配送上门，打造了基于用户消费升级的冷链体系，并形成了标准化的仓储运作模式，大幅提升了配送效率。

在生鲜品的供应链方面，易果生鲜拥有品类齐全、标准化、品牌化的供应链，目前他们拥有的商品品类多达 4000 个，涵盖水果、蔬菜、水产、禽蛋、肉类、食品饮料、粮油、甜点等全品类。入股联华超市更进一步加强了他们的生鲜品供应链，甚至他们还在悄然布局上游农业，全面打通整个供应链体系。与此同时，最为重要的是易果生鲜拥有足够的数据沉淀，包括消费者需求及行为数据、成交数据等，能够为上游以及商户提供决策分析支持等，这与阿里巴巴新零售借助大数据、新技术升级线下商业有着高度的吻合。投资易果生鲜之后，阿里巴巴整个天猫超市的生鲜配送都由易果生鲜来完成，同时苏宁的生鲜频道、苏宁的社区 O2O“苏宁小店”都由其来接管，而苏宁方面也将在全国 1600 家门店中选择适合的门店作为易果前置仓。此外，易果生鲜也将会成为联华旗下包括世纪联华、联华超市、快客便利等 3000 多家门店的供应链和配送伙伴。整个阿里系新零售的供应运输重任正在由易果生鲜承担，并且已经十分完善了。

（2）京东系的供应运输则全权交由京东到家-达达负责

2016 年 2 月份，京东集团宣布“京东到家”与众包物流平台“达达”合并，京东以京东到家的业务、京东集团的业务资源以及两亿美元现金换取新公司约 47.4%的股份并成为单一最大股东。从这一刻起，新达达开始成了京东布局新零售的重要物资运输部队。2016 年 6 月，京东收购 1 号店，与沃尔玛达成战略合作后，沃尔玛在中国的实体门店将接入京东到家和京东投资的众包物流平台达达。与此同时，与京东合作的便利店、永辉超市、大润发、天天果园等产品配送重任都交给了京东到家-达达。达达物流采用的是众包物流的方式，通过招揽有空闲时间的人员“顺路捎带，随手赚钱”，成为兼职快递员，完成最后一公里的配送。这种供应运输模式能够大幅降低平台前期的扩张成本，同时也能够吸收社会闲散力量，为京东新零售的供应运输提供保障。

万达系的供应运输，似乎还没找到可靠的方式，在新零售的角逐中，万达看来是慢了一步了，能否后来居上，还得看王健林的决心和思考了。

幸运的是，大量零售企业并没有坐以待毙，纷纷主动加入到转型升级的进程中来，也有不少成功的尝试。只是，谁将成为引领新零售的新未来？我们拭目以待。

第 3 章

零售企业的转型

“ To be or not to be”，对传统零售企业而言，却真的成了一个问题。中国有句古话“穷则变，变则通，通则久”，说明在面临难以发展的困局时，就必须改变现状，进行转型。多数企业却在“不转型是等死，转型可能是找死”的“魔咒”中患得患失，踌躇不前，也有勇敢者用自己的身躯趟出来一条光明之路。转型，首先要“转心”，新零售亦是“心零售”。

3.1 转型的方法论

3.1.1 商业逻辑的改变

商业逻辑（Business Logic）是指企业运行并实现其商业目标的内在规律，在一切商业互联网化的背景下，商业逻辑正在发生改变。商业的互联网化由两部分构成，第一，企业将重新构建跟消费者之间的关系。第二，企业会利用互联网工具改造企业内部的流程。在新零售时代下，商业逻辑是因为什么改变？又是如何改变的呢？

（1）互联网的下半场

美团网首席执行官王兴作为“互联网下半场”论点最早的提出者，他提出这个说法是基于这样一种判断：从互联网到“互联网+”，意味着一个时代的结束，另一个时代的到来。互联网下半场有以下几个特点。

- 互联网人口红利正消失

中国互联网的发展，在很大程度上靠的是人口红利，不管是早期 PC 网民的迅速增加，还是过去几年移动互联网用户的激增。大家发展的方式哪怕粗糙一点、成本高一点都无所谓，因为用户在快速增长。中国是世界上互联网创业最容易的国家，因为巨大的网民基数，使得你只要做成功一个商业模式，使用人数都可能超过澳大利亚的人口总数。所以，中国互联网一直是享受人口红利的。但是现在可以看到，这个时代已经过去了，智能手机的年销量已经不增长了，网民总体数量的增长也大幅趋缓。这个时候有两条路可以选择：要么开拓海外市场，可能还有更多用户，但是国际化是非常不容易的事情；要么就得精耕细作，把原有的用户服务得更好，通过每个用户创造更多的价值。

- 流量成为稀缺资源

过去我们的互联网还在普及过程中，网民数量一直是在增长的，所以大家感受不到获取用户或者获得用户使用时长有多难。但是从 2016 年开始，各个互联网公司都感受到了获取用户和促进 DAU（日活跃用户数量）增长的困难。2012 年，一个 APP 用户的获取成本平均也就一毛钱，而现在，垂直类 APP 激活用户的获取成本已经是几十元了。2014 年一条创办的时候，就用“广点通”大量投放广告，当时粉丝的获取成本是几毛钱。而现在，公众号粉丝的获取成本大概不会低于 5 元。2016 年，几乎所有互联网公司都感受到了流量的压力，不管是视频、电商、游戏、工具，还是直播、社交、新闻，流量都在下降。现在很多公众号、APP 的粉丝量其实都在靠水军的辛勤工作，才保持了数据的增长。为什么会出现这种现象？很简单，用户数量不再增长了，而创业公司数量却在增长，所以最直观的感受就是每一家的流量都在下降。这就像以前的电视台，电视总用户数不变，但是有线电视的频道从 10 个增加到了 200 个，自然每一家的收视率都会下降。

- 国民总时间（Gross Domestic Time，GDT）停滞

理论上来说，一个网民每天的上网时间的上限是 24 小时，但大家都知道这是不可能的，要去掉他的睡眠时间，假设网民平均睡眠时间是 7 小时，那么他的每日最高在线时间就是 17 小时，但这也不可能，除非未来能发明一觉醒来就可以跟大脑进行互动的互联网工具和技术。目前互联网有一个界限，这个界限就是网民总数（用 W 代替）和网民最高日均上网时间（用 T 代替）的乘积，称之为国民总时间 GDT，而日均的 GDT=$W\times T$，年度 GDT=$W\times T\times 365$，日 GDT 是可以略有波动的。

在未来，中国的网民总数上涨空间不大，日均上网时间也不会有太大变化了，那么日 GDT 就是一个可以假设为恒定容积的水池，这个水池每天会换上差不多容量的新水，所有互联网的商业模式，只要需要耗费用户时

间的，就要每天到这个水池里取水。比如说，一到周末，由于户外活动、睡眠时间、商场购物、朋友聚会、娱乐休闲等挤占了用户的上网时间，所以当日的 GDT 就会急剧减少，所以所有公众号的阅读量在周六日都会下降一半以上，而娱乐类的视频、游戏的使用时间则会在周六日上升，餐饮类 APP 也会迎来使用高峰。随着越来越多的竞争者跑过来取水，水就变成了稀缺资源，由此，就可以推演出未来互联网商业模式的变化趋势。

（2）电子商务的下半场

电子商务上半场的成绩单是优秀的，因为只用了 10 年的时间，覆盖率达到了 30%~40%。从上半场可以看到，电商都在追求大规模、大用户量、大覆盖度，接下来就看经过中场休息后，电商将会走向何方了。如图 3.1-1 所示，电子商务追求规模的时代已经过去了，增长速度也逐步放缓。电子商务下半场有这几个关键的特点。随着线上电商增长渐渐出现天花板，市场份额相对稳定，碎片化的线下消费开始被巨头重视，电商巨头们的下一个增长点放在了线下和农村。阿里巴巴、京东电商平台在家电、快消品等多个领域都加快了落地布局线下店，尤其是农村店的进程。

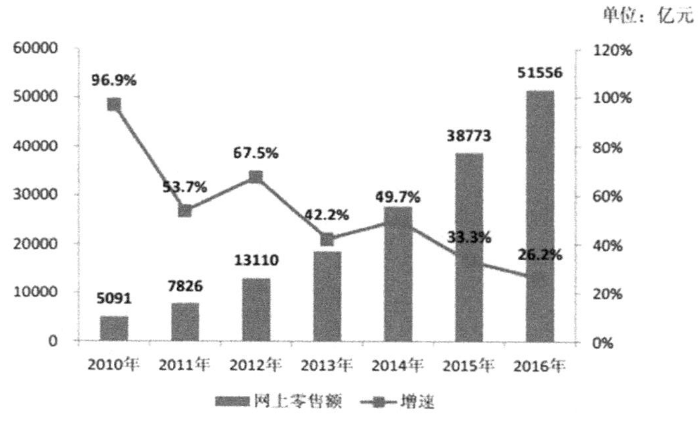

图 3.1-1　2010—2016 年网络零售交易额增长情况

根据市场研究机构 eMarketer 的数据，中国的电商规模已经占到全世界电商的 47%。而到 2020 年，世界总的电商零售比重逐步从 2016 年的 8.7%上升到 14.6%。但与此同时，世界电商增速将从 2016 年的 23.7%，降到 2020 年的 18.7%。这意味着几年后，电商巨头们将面临增速放缓的瓶颈。

- 场景营销取代“价格屠夫”

当前电子商务的竞争手段就是价格战，没有最低，只有更低，消费者不太成熟，他们认为便宜的就是最好的，因为便宜我就购买，所以出现了一个名词叫作“价格屠夫”。谁越便宜规模就越大，谁越便宜销量增长就越快。然而，靠低价格获取销售的企业是没办法长期生存的，价格促销只是一种粗放型的销售手段。人是生活在场景中的，商品同样是需要场景的，以前很多电商平台和实体商场的商品是按照功能来摆放、划分销售区的，现在有不少品牌已经开始按照场景来陈列展示，不是为了卖给你一件衣服，而是卖给你一个场景，这个场景中可能有服装、配饰、彩妆等。比如某年的情人节屈臣氏将巧克力和杜蕾斯陈列在一起销售就是一种场景销售。

- 社交平台成为商品销售的重要途径

国内最大的社交平台无疑是微信、QQ 和微博。微博从 2016 年开始一直在社交电商上发力，共有 133 万个用户在使用微博橱窗服务，也就相当于有 133 万家微博橱窗店铺，数据显示微博橱窗博文每天曝光达到 1.8 亿次，这是一个惊人的数据。2016 年“双 12”期间，“淘宝+天猫”服装排名前十的店铺中，在微博橱窗开店的店铺有 8 席。目前微博橱窗已经打通了和淘宝、聚美优品的连接，在微博上可以一键直接加入淘宝购物车等，微博发布的数据显示平台对接后转化率提高了 2.88 倍。从京东和腾讯的合作来看，很明显，京东是想借助腾讯在社交领域的优势来扩大版图。阿里巴巴在社交上也不遗余力，有句话是“社交虐阿里千万遍，阿里待社交如初恋”。阿里巴巴投资微博，在支付宝内部添加社交功能，也正是为了让阿里巴巴的电商王国具备更多社交基因。这说明一点，社交对电商未来发展至关重要。社交商务的逻辑是：如果你身边的朋友购买某商品并有良好的信息反馈，那么你多半也会受其影响购买该商品。也就是说，社交对引导用户消费有很大的价值，如果能把社交服务做好，电商平台自然受益无穷。

- 人格成为流量入口

现在的交易入口早已从流量变成人格，消费需求的稀缺产生了第一代交易入口：流量。不管是你家楼下的油盐店还是网络上的流量，都可能转换成交易，转换率越高，流量的变现价值越大。消费能力的稀缺产生了第二代交易入口：交易本身。过去的电商都是在这两个入口模式上做文章，思考怎样扩大流量。信任的稀缺产生了第三代交易入口：人格。对于信任的稀缺度，就是我到底要信谁。一个清晰被广泛接受的人格，它应该可以整合成为商业链的入口。例如最近很火的现象就是网红成为商品传递的载体，以前我们消费跟着广告和明星走，明星代言成为当时的时尚。后来我们的销售又跟着卖家秀走，网站上的模特图片成为转化的关键。但是电商3.0时代，这些显然已经太传统了，商家需要一个新的载体来连接商品和消费者，于是网红应运而生。网红必须依附于社交媒体而存在，他们和消费者的距离更近，也更容易实现销售的转化。

（3）零售的下半场

近年来，随着我国经济进入新常态，社会商品零售总额也开始增速换挡，逐步迎来了零售的下半场。

- 商品零售发展进入新常态

如图3.1-2所示，商品零售额增速逐年下降，从2010年到2015年累计下降7.9个百分点，年均下降1.6个百分点。2016年，零售企业转型升级成效显现，商品零售额增长缓中趋稳，限额以上大中型法人企业销售额增长加快。据国家统计局数据，2016 年我国商品零售额为 296518 亿元，同比增长 10.4%，增速比上年降低 0.2 个百分点，降幅比上年收窄 1.4 个百分点。

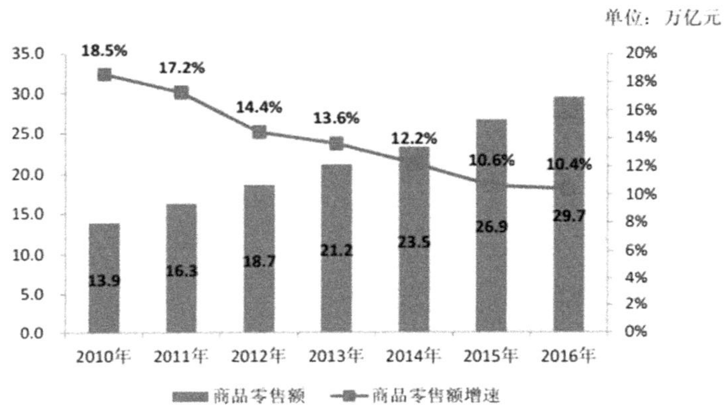

图 3.1-2　2010—2016 年商品零售额及增速

- 实体零售发展明显分化

面临“千店一面”的同质化竞争、网络零售的消费分流、消费需求深刻变化等不利形势，近年来流通领域供给侧结构性改革逐步推进，实体零售转型升级加快步伐，转型阵痛中不同业态增速明显分化。据商务部重点流通企业监测数据，2016 年便利店、购物中心、超市销售额增长较快，增速分别为 7.7%、7.4%和 6.7%；专业店、百货店销售额增长较慢，增速分别为 3.1%和 1.3%，百货店增速较上年下降 2.1 个百分点，专业店增速比上年提高 2.8 个百分点（如图 3.1-3 所示）。

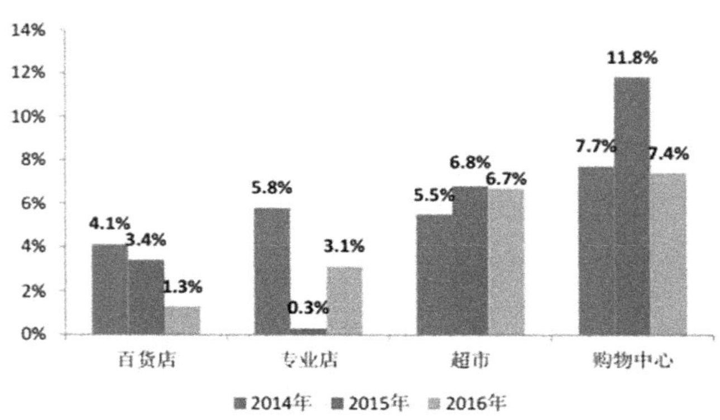

图 3.1-3　2014—2016 年主要实体店零售业态增长情况

- 零售商品结构继续升级

伴随居民收入的增长、消费水平的提高，2016 年我国零售业商品结构继续升级，发展型、享受型商品开始热销。

一是居住类商品增长较快。伴随房地产市场回暖，居民改善型住房需求得到释放，带动居住类商品增长。据国家统计局数据，2016 年限额以上企业建筑及装潢材料、家具零售额增速分别为 14.0%、12.7%，分别比限额以上企业商品零售额增速高 5.7 和 4.4 个百分点。

二是健康休闲类商品增长较快。随着健康生活理念逐步普及，居民更加关注生活质量，从而带动休闲运动、医疗保健类商品的增长。据国家统计局数据，2016 年限额以上企业体育娱乐用品、中西药品零售额增速分别为 13.9%、12.0%，分别比限额以上企业商品零售额增速高 5.6 和 3.7 个百分点。

三是智能型商品增长较快。凭借更好的功能质量和消费体验，智能型商品持续热销，催生消费者升级换代需求。据工业和信息化部数据，2016 年全国智能手机销售量达到 5.2 亿部，同比增长 14.0%；智能手机市场占有率为 93.2%，比上年提高 4.9 个百分点。2016 年“双 11”阿里巴巴零售平台的智能消费占比为 7.4%，比 2012 年提高 5.8 个百分点。

四是绿色环保型产品增长较快。随着居民环保意识增强，绿色、节能、环保商品成为零售市场新增长点。据阿里研究院数据，2016 年“双 11”当天，绿色产品销售额同比增长 40.2%，购买人数同比增长 31.3%，无毒环保水性漆、绿色有机橄榄油和节水节能洗衣机销售额同比分别增长 244%、228%和 126%。

3.1.2 传统线下零售企业的困境

在互联网大潮的冲击下，各行各业都产生了不同程度的变化，而零售行业是受其影响最大的行业。线下传统零售企业在互联网平台的影响下暴露了诸多问题，例如高库存、反应慢以及落后的供应链系统，在各类问题堆积下，店铺关店潮、死亡潮此起彼伏。传统零售企业面临的颠覆不言而喻，要真正分析其原因，还得回归商业的本质：盈利。企业的利润等于它的总收入减去总成本。提高利润的方法一是提高总收入，二是降低总成本。如果企业既能提高收入，同时又能降低成本，就会留有可观的利润空间。对于零售企业，收益和支出都包含在 4P 当中，即产品（Product）、价格（Price）、渠道（Place）、促销（Promotion）。其中只有价格 1P 是收钱的，而其余的 3P 是花钱的，即利润=1P–3P。在互联网时代，零售企业的收益获取在 1P 上越来越没有优势，而成本结构 3P 却越来越大。

一方面，在信息时代，消费者与企业之间的信息不对称程度大大降低。他们可以获得更多关于企业的产品质量、价格等信息，价格的透明度增加了，终端溢价可能性越来越小。更重要的是，电子商务商品的价格远低于实体店，消费者选择空间越来越大，转换成本越来越低，为留住顾客，线下零售企业只能不断降低价格（1P），导致价格战越演越烈：京东、国美与苏宁的“三国杀”至今仍历历在目。

另一方面，随着电子商务的发展、人口红利的消失、房地产的持续升温、新媒体的诞生壮大等，造成产品、渠道、促销 3P 方面的成本居高不下。首先，网络渠道的扩张，让厂商有更多选择，零售企业的议价能力被削弱，在产品采购方面成本难以降低。其次，零售终端的店铺租金、人工成本等渠道成本水涨船高，跟无店铺经营的网络渠道相比更是毫无优势。最后，随着线下流量向线上的分流，传统的促销手段效果越来越不明显，只能不断扩大线上和线下的促销和广告力度，营销成本也居高不下。

零售进入了红海竞争阶段，企业盈利也正在经历恶性循环，在丰饶经济的买方市场，为了取悦消费者，零售企业必须比竞争对手花更多的成本在产品、渠道和促销（3P）的改善上，同时比竞争对手少收顾客的钱（1P）。这种企业之间不断增加营销成本和减少营销收入的零和竞争导致行业利润不断下跌，企业最终无利可图，结果就是零售企业大量倒闭，已无须更多数据和案例冗赘。

3.1.3 乏力的破局：传统零售企业转型的三重境界

在残酷的商业红海时代，业内流行这样一句话：转型找死，不转型等死！传统零售企业似乎不愿意等死，他们似乎深谙《肖申克的救赎》里面的那句名言“Be busy living or be busy dying”，乐此不疲地忙着转型。各个企业老板“段位”不同，转型的境界也有不同的层次，围绕着 3P 有三层境界。

第一层是促销（Promotion）层面的转型，这类企业只得到了转型的形，却没有抓住其神。它们看到了网络对于用户流量吸引的“黑洞效应”，也清楚了现在消费者们对互联网的依赖，于是把促销活动从线下搬到线上，企图从屏幕和指尖上吸引更多流量去终端门店。这类企业其实并没有转型的决心，但自认为要跟上潮流，实质上只是多了一个促销入口，其结果是竹篮打水一场空。这让笔者想起前几年接触一个零售企业的老板，自己不愿意用微信，还不以为然地说助理会用就行，他帮我弄就可以了。这就好比说不会谈恋爱，没事助理会，他教我就行。最后笔者了解到这家企业倒闭了，只是不知道他学会了用微信没有。

第二层是渠道（Place）层面的转型，一些企业抓住消费升级对体验的诉求，开始致力于场景革命。他们意识到电子商务有一个致命的弱点：没有体验，只有冷冰冰的商品和价格。很多电商平台把中国的实体消费者集体“阉掉了”，实际上消费是非常开心的一件事，结果因为线下价格太贵，服务太差，所以大家必须猫在家里面摸键盘，没有感觉也没有体验了。于是，将零售终端打造成一个愉悦的体验中心，利用得天独厚的优势聚合线下的流量，并让消费者在轻松的氛围中自愿买单——用户为体验买单。目前多款手机如华为、OPPO、vivo 等的线下体验终端就是这种模式，不再是像以前一样只是手机的陈列和堆积。这样的转型方式缺点就是成本控制，打造完美终端让渠道成本进一步加大，同时提供优质服务需要在人员等方面也有更高的要求，如果在商品的溢价空间上无法提升，叫好不叫座，盈利也是难以持续的。还有一些企业，把渠道延伸到了线上，但是只是简单地在网上开店，结果自身没有互联网基因，又缺乏运作线上的经验，导致有“商”无“务”，结果也是徒增渠道成本，而没有获得相应的收益。

第三层是产品（Product）的转型，这类零售企业开始避开红海市场竞争，转向蓝海市场，在产品选择上聚焦于某类利基市场。抓住消费者对生鲜产品的及时性和新鲜性的需求，很多零售企业把业务重心转到生鲜零售方面，避免与电商在优势领域如服装、电器等方面的直接对抗。例如水果坊、水果联盟、易果生鲜等专注于做新鲜水果的零售商目前开店十分迅速。然而，这是一种消极竞争的转型方式，本质上也没有跳出收益获取减少和成本增加的循环。随着物流、保鲜等技术的发展，天猫超市、京东生鲜、1

号店等电商巨头在生鲜上的发力越来越强，未来在该领域的进一步侵蚀，只是时间问题。

三个层面的转型，是传统零售企业转型的通常方式，既体现了三重境界，也反映了企业对互联网的态度。促销转型是“不战”，选择利用自己都未深入理解的新技术的手段服务于自己，结果是既不叫好也不叫座。渠道转型是“应战”，选择了与电商相比自己擅长的领域正面对抗，赢得一批忠实的粉丝，但是持续盈利是否能维持和成本控制问题是隐患。产品转型是“避战”，选择对手还难以触及的领域，定位于这个利基市场，打造出一片自己的小天地，只是商业社会没有世外桃源，消极避世只是短时间内的掩耳盗铃，并没有建立起自己的盈利逻辑。然而，三种转型方式都没有进入持续提升 1P 收入，降低 3P 成本的正循环，转型只是在 3P 某个点上发力，即便是多点发力，也都是增加成本的做法，收入端的增长却不确定，自然收益也不能稳定和持续。转型是否有更高级的玩法？升级是否有更高层的境界？

3.1.4　新竞争下的新玩法：转型的道、法和术

在新的商业逻辑下，出现了新的竞争环境，自然对于转型也会有新的玩法，在转型的道、法、术上都应有不同的理念。

（1）转型之道：1P 理论

北京大学光华管理学院王建国教授，在他的书《1P 理论：网状经济时代的全新商业模式》里面提出了企业新的转型视角，他认为零售企业的根本目的是通过把产品或服务卖给顾客而获得利润，当竞争日益激烈的时候，企业之间争夺顾客的竞争就越演越烈，吸引顾客越来越难。为了在众多的竞争者中胜出，赢得顾客的青睐，企业要不断地改善 3P（为顾客提供更好

的产品或服务，就要加大宣传促销力度和重点打造终端渠道等），并降低 1P（价格）。要把 3P 做得越来越好以增加对顾客的价值就会不断增加产品成本，要降低价格减少顾客成本就会减少企业收益。在这里 3P 与 1P 是矛盾冲突的：改善 3P 会增加 1P 上涨的压力，降价则会使改善 3P 受到成本压力。所以，传统零售是企业之间为争取顾客而多花在 3P（产品、渠道、促销）少收在 1P（价格）上的竞争，这导致企业利润持续下降。

1P 模式是网状经济时代全新商业模式，可以打破这样的循环，企业能实现以低于竞争者的价格向顾客提供同等质量的产品或服务，但是仍能获得等于甚至大于竞争者的利润。低价是最好的营销方式，在极端的情况下，企业可以用零价格出售产品给顾客（即赠送），而企业仍然能得到不低于竞争者的利润。从传统零售的角度看，这简直就是天方夜谭，但是在互联网时代，却可以成为事实，那是因为企业可以让第三方为自己的顾客买单。1P 模式的根本目的是通过第三方的参与降低产品或服务的成本，或者提供企业额外的收入，从而使企业可以降低对顾客的售卖价格。价格的降低可以改善企业与顾客的关系，增强企业的竞争力，同时还能增加企业的利润。

在传统的营销理论中，4P 之间完全是并列的关系。一个企业要想做好营销就要在这四个方面同时下功夫。传统营销忽视了 4P 之间质的差异。价格在 4P 中是最具有特质的，它一方面表现为企业的收益，另一方面则表现为顾客支付的成本，集中体现了企业收益和顾客利益之间的矛盾。而 3P 是企业的成本，是企业的花费和投入，3P 同时是顾客所获得的价值。根据 1P 收益和 3P 成本之间的本质不同，可以分为两个维度，一个维度是价格，而另一个维度是代表成本的 3P。结合企业的收益和成本支出的不同情形，就形成了 12 种不同类型的商业模式，如图 3.1-4 所示。

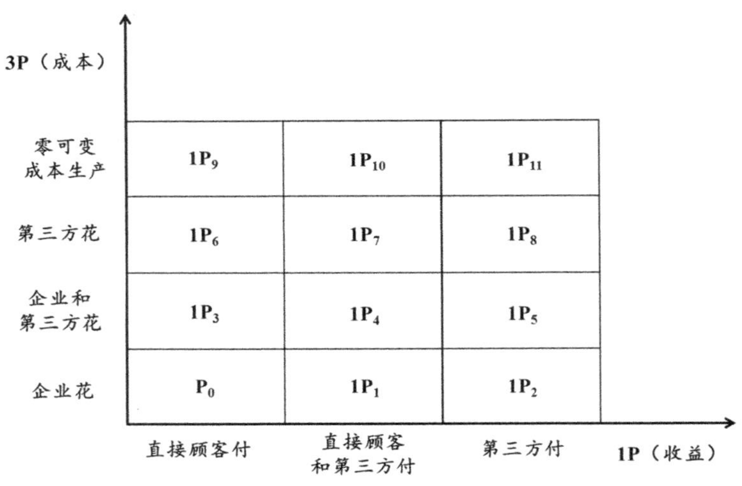

图 3.1-4　1P 营销类型示意图

1P 理论把行业内部企业之间的竞争战略思维转化为行业内和行业之间企业的合作战略思维，把零和竞争转化为多赢合作，这是思维的改变，也是模式的创新。这种模式的核心问题是怎样在为顾客创造价值的同时为第三方创造价值，建立一种利益共同体的“生态体系”。

（2）转型之法：新木桶效应

传统思路认为，平衡最重要，因此也有“木桶理论”，即木桶的短板决定了容量。木桶理论强调一只木桶能盛多少水，并不取决于最长的那块木板，而是取决于最短的那块木板。也可称为短板效应。任何一个组织，可能面临的一个共同问题，即构成组织的各个部分往往是优劣不齐的，而劣势部分往往决定整个组织的水平。因此，整个社会与我们每个人都应思考一下自己的“短板”，并尽早补足它。

但互联网改变了商业逻辑，所有企业用长板合作，形成一个新的大桶，这是“新木桶理论”。换句话说，你的短板都有神一样的队友来帮你补缺，而且，这些队友来自四面八方，碰撞出各种你想不到的合作。几年前，谁想到柳传志会卖桃子，潘石屹会卖苹果？他们以足够的个性为长板，自然能够吸引其他生产要素的附庸。但是，要吸引神队友来合作，你首先要有足够吸引他们的长板。所以，如何补短板不是关键，如何做长板才是。光做长板还不够，因为你的板虽然长，但不一定比别人的长，所以，一定要把长板做到极致。这和“杀鸡要用宰牛刀”的法则相似，但那里讲的是争夺最好的资源，而这里讲的则是把自己做到最好。事实上，在互联网时代，资源在大市场上分配，日益呈现出“马太效应”，极致的长板永远不缺其他资源的追逐，而平庸的短板却只能享受孤独。

1P 理论告诉我们在网状经济时代，思考问题要有网络化的思维，通过建立生态系统来弥补自己的短板，分摊自己的成本，实现多方共赢，打造稳定的利益共同体。因此，零售企业在做转型的时候，就要发力于自己的强项，打造自身的长板，才能作为资源整合或者被整合的生态成员。

（3）转型之术：新零售转型的六大思维

转型首先要“转心”，只有思想和思维发生转变，建立起新零售转型的六大思维，才能真正在转型升级中走在正确的道路上。

- 客户思维：要学会玩，与消费者嬉戏

客户思维，是指在价值链各个环节中都要“以客户为中心”去考虑问题。作为商家，必须从整个价值链的各个环节，建立起“以客户为中心”的企业文化，只有深度理解客户才能生存。不能只是理解用户，而是要深度理解客户，还要汇集客户的智慧，构建新的制高点。正所谓：没有认同，就没有合同。为什么在互联网蓬勃发展的今天，客户思维变得格外的重要？那是因为互联网打破信息不对称，使得信息更加透明化，用户获得更大的话语权。在新的形势下，要求企业在更高层面上来实现“以客户为中心”，这不是简单地听取客户需求、解决客户的问题，更重要的是让客户参与到商业链条的每一个环节之中，从需求收集、产品构思到产品设计、研发、测试、生产、营销和服务等都离不开客户的参与。

- 大数据思维：不惜代价将业务变成数据

近年来大数据技术的快速发展深刻改变了我们的生活、工作和思维方式。大数据研究专家舍恩伯格指出，大数据时代，人们对待数据的思维方式会发生如下三个变化：第一，人们处理的数据从样本数据变成全部数据；第二，由于是全样本数据，人们不得不接受数据的混杂性，而放弃对精确性的追求；第三，人类通过对大数据的处理，放弃对因果关系的渴求，转而关注相关关系。事实上，大数据时代带给人们的思维方式的深刻转变远不止上述三个方面。

笔者认为，大数据思维最关键的转变在于从自然思维转向智能思维，使得大数据像具有生命力一样，获得类似于“人脑”的智能，甚至智慧。掌握了和消费者嬉戏的机会而不收集数据是最愚蠢的行为，等于跟消费者相处而不相知。零售企业首先要收集用户数据，并将消费者数字化；其次要将自己的商品数据化；最后要研究匹配供需的算法，高效精准地满足需求。大数据开启了一个重大的时代转型，就像望远镜让我们感受宇宙，显微镜让我们能够观测到微生物一样，大数据正在改变我们的生活以及理解世界的方式，成为新发明和新服务的源泉，而更多的改变正蓄势待发。大数据时代将带来深刻的思维转变，不仅将改变每个人的日常生活和工作方式，还会改变商业组织和社会组织的运行方式。

- 社会化思维：想方设法让用户成为粉丝

社会化思维是组织利用社会化工具、社会化媒体、社会化网络，重塑企业和用户沟通关系的思维方式。传统商业中，消费者以点的形式存在，与公司是垂直参与关系；社会化商业中，消费者以网的形式存在，与公司是水平参与关系。对于用户，“人人都是自媒体”，正在从被动变为主动，从单向接收信息变为双向交流信息，并希望与企业平等对话，互动交流。对于企业，要善于聆听，引导用户说真话，建立平等沟通的氛围。

利用好社交关系，进行基于关系的链式传播，可以实现病毒式扩散，比如微信红包，刚推出就迅速在朋友圈引爆，几天就完成了支付宝几年完成的事情。未来商业将围绕目标群体的社区展开，通过社区，将目标用户联系起来，成为品牌的拥护者和信息的传递者。如图 3.1-5 所示，原来信息传递是自上而下直线式的，互联网时代是平等主体直接形成信息传递网络，小米就是典型的用社会化思维做产品的公司，其打造的小米社区，为小米的发展立下了汗马功劳，也成为公司的核心竞争力之一。杜蕾斯的例子也告诉我们：首先有一个吸引用户的线上品牌定位，与粉丝建立长期的互动机制，巧妙地将品牌诉求点和名人话题结合，将产品与热点事件联系起来。

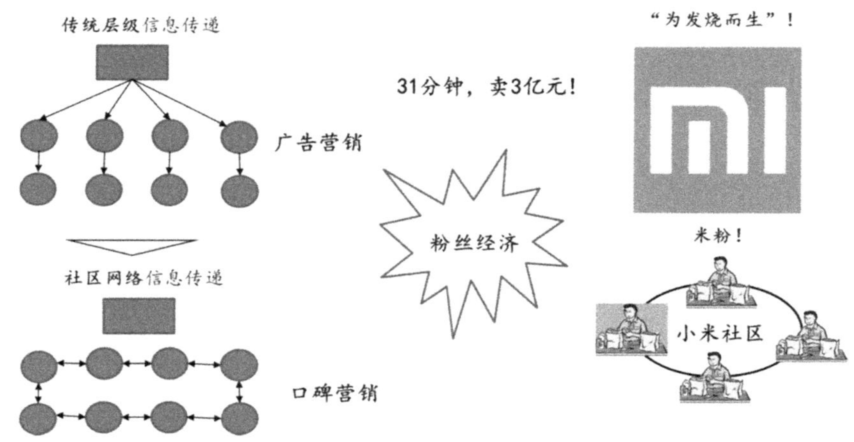

图 3.1-5　小米社会化思维运营

- 共享思维：分享产生效率

滴滴、优步、摩拜单车、ofo 小黄车等基于共享经济发展起来的商业模式，目前已经到了如火如荼的地步。现在正从电商经济时代走向共享经济时代。竞争的本质是效率和成本，而共享经济能通过共享采购、共享物流、共享经营这套新的“玩法”把成本降到最低，效率提到最高。如果要实现新的 B2B 的共享经济，需要把企业级的闲置资产、过剩产能即大量的碎片的客流、物流、资金流、商品流、信息流共享出来，重新定价，形成一个新的市场。对零售而言，现在实体店有大量闲置的资产，包括客户、商品、库存，但从竞争的角度来看，实体店竞争的效率低下，成本高昂。

例如，7-11 既是共享顾客的平台，也是共享信息、共享物流、共享采购和共享金融的平台。无论 SEVEN 银行、SEVEN 网购或是 SEVEN 外送餐，还是策略联盟的供应商们，7-11 作为一个共享经济平台为所有参与方创造了巨大的商机。优衣库线上的订单，可以到日本大部分 7-11 商店自提，这极大方便了顾客，消费者不用在家等收快递，可以就近选择离家或者办公地方最近的 7-11 便利店收货。日本 7-11 相当于打造了一个超级“路由器”，将 18000 个夫妻店、170 个地方加工厂和 140 个地方物流公司连接起来，搭建了共享经济平台，彻底做到了去中间化，形成了价值洼地，这是将共享做到了极致。

- 极致思维：用工匠精神提供产品和服务

在原来的消费品和零售行业的竞争中，核心都在于抢夺渠道资源，“得渠道者得天下”，是因为我国流通体系不够发达和终端成本昂贵，使得厂商很难直接面对终端客户，必须借助渠道的力量来完成最后的产品交付。但是随着互联网的日渐普及，逐渐消除了信息不对称，以及电子商务逐渐渗透进了居民消费的方方面面，使得厂商得以直接面对最终消费者，渠道变得异常扁平。同时随着各行各业的产能过剩和产品过剩，厂商必须要从产品和服务本身出发，去迎合和吸引消费者。所以，“渠道为王”将会逐步让位于“产品为王”和“体验为王”，消费者的需求将得到更充分的释放和更合理的满足。

极致思维体现的是一种匠人精神，做产品的专注和极致追求，这种精神首先是产品经理这个角色要具备的，能够为了实现目标而狠逼自己，要有“铁人”的意志和偏执狂的热情，在资源、目标、时间等多个维度达到极致的平衡，最终不断地创造极致产品。就像乔布斯的偏执狂，一款测试APP在他手里操作三步如果还不能引起兴趣，立马将它“毙掉”，正是这种极致思维，让无论苹果系统还是硬件都受到了消费者疯狂的热爱。极致就是把产品和服务做到最好，超越用户的预期。前文提到，在消费需求呈现“新长尾特征”的时代，无论做“爆款”还是“定制化”产品，都需要极致思维。

- 跨界思维：零售模式转换的新起点

这是跨界打劫的时代，所谓“跨界思维”指的就是用多角度，多视野看待问题和提出解决方案的一种思维方式。人类的科学史、发明史不止一次地证明：创新总是发生在学科的交叉地带、边缘地带，离不开跨界思维。“跨界”英文名称为“Crossover”，这是近几年在营销界被反复提及的一个热门词汇，“跨界”原意是指不同行业之间的合作，艺术家们经常称为“混搭”。将“跨界”这个热门词汇引申到营销界，把一些原本毫不相干的元素进行融合、互相渗透，进而彰显出一种新锐的生活态度与审美方式，并赢得目标消费者的好感，使得跨界合作的品牌都能够得到最大化的营销。这就是一种成功，比如银行和游戏合作，服装和电视，手机和音乐、汽车和服装等都是一种创新的尝试。曾几何时，我们看到“奔驰”联合“乔治·阿玛尼”打造特别版跑车，“LG”联合“普拉达”生产限量版手机，“可口可乐”联合“魔兽世界”进行大规模宣传等。通过与不同行业的企业或品牌之间的跨界合作，拓展更大的传播空间，开创更大的市场空间，正在成为越来越多具有远见卓识企业的共识。这种思维模式打破了行业营销固有的藩篱，是一种真正跨行业的合作共赢。把一些原本毫不相干的元素重新组合在一起，融合在一起，跨界思维让不同行业的企业或品牌之间有了共同的联系，并充分发挥出各自企业或品牌之间的协同效应，让零售发挥出更大的效用。

但凡成功转型的零售企业，或多或少都遵循了以上转型的道、法、术，尤其是在六大思维上，都有不同程度上的诠释，接下来我们来看几个成功转型的线上和线下零售企业的案例。

3.2 零售企业的成功转型案例

很多成功转型的企业往往都回归到零售的本质，顺应了商业的逻辑，从零售三要素“人—货—场”上发力，走出一条升级之路。他们利用自己的核心竞争力，将其中某一要素做到极致，充分打造出自己的竞争优势，并利用自身的优势整合。他们的做法符合“新木桶理论”：在新商业时代，所有的企业用长板合作，形成一个新的大桶 。

在转型模式上，很多企业选择在单要素上做强，有的企业选择将终端做到极致，聚焦于打造消费场景；有的企业选择将算法做到极致，用数据赋能做好精准营销；有的企业将社群做到极致，玩转会员营销建立粉丝的价值群落。总结起来：要么玩终端，要么玩算法，要么玩社群。在转型风格上，有的企业稳扎稳打、行稳致高，比如零售老兵永辉超市就采取一种温和的变革方式；也有企业风生水起，全面转型，采取一种类似“休克疗法”的模式，并从内部深度变革开始，奏响组织转型的狂想曲，以适应外部商业环境的快速变化，比如一直处于风口浪尖的苏宁云商。

3.2.1 终端制胜：海澜之家商业模式分析

（1）逆势的华丽成绩单

海澜之家市值突破 600 亿元，超越 Coach、Prada、Burberry 等世界著名品牌！在服装企业业绩纷纷遇冷的大环境下，在 A 股上市公司的海澜之家成为“另类”。标准普尔公布的“全球市值最高服装配饰奢侈品公司 25 强名单”中显示，来自中国的海澜之家排名第 14 位，市值为 94.98 亿美元。榜单排名第一的为奢侈品巨头 LVMH，其市值为 807 亿美元，海澜之家市值相当于 LVMH 的 1/8。

随着网购成为一种潮流，服装业实体店的生意越来越难做，近几年实体店倒闭潮越来越猛烈。许多线下零售企业深深地感受到了压力，做起了线上销售，或是发展 O2O 模式。在关店潮中，海澜之家却逆势而为，疯狂开店，2016 年该公司实现营业收入 170 亿元，较上年同期增长 7.39%；归属于上市公司股东的净利润为 31.23 亿元，较上年同期增长 5.74%，位列 2016 年全国服装零售业上市公司总营收榜首。男装上市公司业绩低迷，但是海澜之家净利润却突破 31 亿元，新开店突破 1000 家！毫无疑问，在行业面临寒冬的情况下，海澜之家逆势交出了一张华丽的成绩单！除了辉煌的销售业绩，在品牌传播上，连续三季赞助冠名《奔跑吧兄弟》、独家冠名《吉尼斯中国之夜》、赞助《最强大脑》等一系列国内极具影响力的节目，使海澜之家品牌影响力获得有效提升，“男装国民品牌”深入人心，“男人的衣柜”更加耳熟能详。

有人问安踏创始人丁志忠在互联网的巨大冲击下，零售业谁能活下来。丁志忠说除了自己，还说了一个品牌：海澜之家。海澜之家创始人周建平说：我们不是一家服装企业，因为我们不赚差价。那么，海澜之家卖的不是服装，究竟是什么呢？

（2）零售模式分析：海澜之家的商业模式画布

经营业绩背后必有恒定的盈利逻辑作为支撑，相比其他同行，海澜之家的商业模式有何优势呢？商业模式描述了企业如何创造价值，传递价值和获取价值的基本原理。笔者用瑞士商业模式专家 Alex Osterwalder 的“商业模式画布（Business Model Canvas）”来描述和分析海澜之家的零售模式。商业模式画布九个模块回答了企业提供什么、为什么提供、怎么提供、收益如何以及成本如何 5 个问题，如表 3.2-1 所示。

表 3.2-1　“海澜之家”商业模式画布

<table>
<tr><th>KP 关键合作</th><th>KA 关键业务</th><th>VP 价值主张</th><th>CR 客户关系</th><th>CS 客户细分</th></tr>
<tr><td rowspan="3">联营模式的供应商</td><td>供应链整合
终端管理</td><td rowspan="3">男士着装整体解决方案</td><td>男人的衣柜</td><td rowspan="3">都市
白领男士</td></tr>
<tr><td>KR 核心资源</td><td>CH 渠道通路</td></tr>
<tr><td>终端、品牌</td><td>托管式加盟，标准化经营</td></tr>
<tr><td colspan="3">C$成本结构</td><td colspan="2">R$收入来源</td></tr>
<tr><td colspan="3">预付货款</td><td colspan="2">加盟费、利润分成</td></tr>
</table>

- 清晰的价值主张：男士着装整体解决方案

男士的购物习惯与女士有较大区别，其消费行为目的性更强，希望通过一种快捷的方式完成既定的目标。海澜之家提供了男士着装的整体解决方案，帮助客户在穿衣选择上做减法、节省时间。已有的服饰品类包括套装西服、休闲西服、夹克、大衣、羽绒服、毛衫、针织衫、衬衫、T 恤、西裤、休闲裤、牛仔裤、内衣内裤等，配件还有皮带、领带、围巾、袜子、皮鞋等，成年男性所需的服装这里应有尽有。产品涵盖了成年男性需要的从头到脚、从内到外、从冬到夏、从正装到休闲装的所有产品。每一家门店陈列展示的男装产品品类丰富，入店消费者可以买到全套的服饰，充分地迎合了中国男士的消费习惯，节省时间的同时简化决策流程。

- 准确的客户细分：都市白领男士

对于一个服装企业，一般而言，不可能占领全部市场份额，而只能在市场细分的基础上，选择若干个市场作为自己的目标市场。海澜之家的目标客户是25~45岁，年收入在5万~10万元之间的男士，这是品牌男装市场中竞争相对较小，但是市场份额足够大的“蓝海”市场。合理制订产品价格，要坚持以获得正常利润为定价目标。它的每套西服的价格只在480~1680元之间，比同档次类似品牌西服的价格低很多，完美实现了“高品位，中价位”的品牌理想。基于客户细分的“高档中价法”可以精确地定位品牌的目标市场，以积极的姿态去开拓中、高端市场，努力扩大自己所在市场层面上的市场份额，塑造企业长盛不衰的标志形象。

- 亲和的客户关系：“无干扰，自选式”男人的衣柜

男人购物是需要才买，看中就买，并且不喜欢有人在旁边跟着、盯着，不停地和他说这件好、那件合适，因为那样让人感觉不自在。海澜之家摒弃了传统的“人盯人”的导购模式，而是给消费者提供了一个无干扰的、自由自在的购衣环境。服饰产品按品种、号型、规格分类陈列，消费者可以根据自己的身高、体型轻松自选购衣。正是这种轻松、方便的购衣体验，使更多的男性消费者愿意来海澜之家，选了西服选衬衫，选了衬衫选领带，选了领带选皮带，避免了多店购物的烦琐，成为时尚便捷的全程“一站式”消费。同时，抓住男性购物直接、不爱过多讲价的特点，所有商品都是一口价，按照标签价格销售。此外，还坚持一年四季不打折、不降价，以维持品牌形象。

- 规范的渠道通路：托管式加盟，标准化经营

加盟商不参与门店管理，其商品投放、门店管理、经营方式等所有工作全部由海澜之家进行标准化管理，甚至连门店选址都由其确定。具体操作上，统一形象、统一价格、统一管理、统一采购、统一配送、统一装修、

统一招聘、统一培训、统一结算，实行全国统一连锁经营管理，真正做到了既“连”又“锁”，“连”住了品牌，“连”住了形象，“连”住了产品，“连”住了服务，也“锁”住了管理，使每一家门店都能按照公司的标准化模式经营，公司的每一个部门也能按照标准化的业务流程为门店服务。门店标准化的管理甚至达到苛刻的地步，海澜之家总裁周建平曾说过两个小故事：“有个加盟商想在柜台上摆个发财猫，我们说不行，因为这和海澜之家的形象不符。还有个加盟商对营业员的能力不放心，天天搬个小板凳在店里督阵，结果坐了不到一个星期就放心地走了。”

- 高黏性的关键合作：“线下小米”的联营模式

供应链管理模式有点像小米，在上游自己没有工厂，是请代工厂代工，所有的服装设计、样式，都是由供应商的设计师提供的，自己并不直接参与设计。但是，供应商的设计完成之后，要拿到海澜之家的总部，由总部的设计师审核挑选，总部的设计师会根据当下流行的服装趋势，评估哪些款式设计可能畅销，再下订单。支撑海澜之家与供应商之间紧密合作的背后是利益分享机制，通过销售后付款、滞销货品退货及二次采购相结合的模式，将供应商、品牌方的利益紧紧捆绑在一起。公司与供应商之间是“可退货的联营”关系，两个适销季后仍然滞销的产品可进行退货。这样一来，供应商不再是简单的贴牌加工生产商，为提高动销率和利润率，必须了解市场流行趋势，与品牌方海澜之家无缝对接，生产适销对路的产品。当然，海澜之家也不当“甩手掌柜”，需要帮供应商提高动销率，提高专卖店的坪效。通过建立利益共享、风险共担机制，把供应商、加盟商和品牌方打造成利益共同体，实现产业链各环节各司其职、各获其利、共同发展。

- 高效的关键业务：供应链整合

在供应链管理上，海澜之家是典型的 SPA（自有商标服饰专卖店）企业，即拥有自己的原创品牌，并实现自产自销。从生产到销售，整个流程都统一管理，以减少中间环节、降低成本。首次提出服装生产新概念，即服装开发从原始的羊毛开始，在国内服装界率先形成了从羊毛进来到服装成品出去的完整产业链。从牧场到工场直接进入卖场，全部利用自身资源，没有任何中间商参与，有效控制成本和品质，直接让利给消费者。同时，无论版型设计、面料选择，质量管理都严格执行国际服装行业生产标准，在这个过程中，经历了最纯净的流通环节。海澜之家在整个供应链环节中，就是一个高度扁平化的平台，就像一个接口一样，把各种资源组织起来，最终形成一个独特的产品和品牌；自己不占有太多资源，但是各种资源在他们这里，都发挥了最大的作用。

- 核心资源：男装国民品牌的无形资产和高变现的线下流量

在做好产品的同时，着力打造品牌形象。通过选择热门综艺节目如《奔跑吧，兄弟》《了不起的挑战》《最强大脑》等栏目合作，提升品牌知名度。增加具有网红特质的明星林更新等作为品牌代言人，消费者互动提高黏性和再购率。抓住“父亲节”“春节”等节日进行情感营销，引起消费者的情感共鸣。与东方梦工厂战略合作，为产品与品牌注入更多的主题性与文化内涵。投巨资在央视新闻联播、天气预报、晚间新闻、对话等黄金档节目中播出广告。“海澜之家，男人的衣柜”这句广告语，可谓家喻户晓、深入人心，也奠定了“男装国民品牌”的地位。海澜之家线下 3000 多家加盟店都位于人流量大的核心商圈，带来了巨大的流量入口；而且门店消费者入店购买率都较高，流量变现率高。为什么服装店能够成为流通入口？服装消费频次高，季节性强，是直接和人日常的消费相关的生意。为什么购物中心都愿意把好位置给有名的服装企业，就因为能带来线下的流量，有了流量以后，其他事情都好办了。所以周建平说海澜之家“卖的不是衣服，是线下流量”。

- 轻资产的成本结构：低比例预付货款

海澜之家是典型的“轻资产”模式，将生产环节和销售渠道大部分外包或完全外包，自己经营的重点就放在品牌运营、终端渠道和供应链管理等环节上。抢占产业链、价值链制高点，进而编织起一条微笑曲线。具体操作上，将产品生产环节以包工包料方式外包给生产商，下游则通过加盟店、商场店和直营店销售产品。在货品最初入库的时候，支付给供货商的货款不超过 30%，后续资金随着货品的实际销售情况，逐月结算。

- 低风险的收入来源：加盟费和利润分成

加盟商进入海澜之家分销体系，大约需要准备 200 万元左右的资金，其中 100 万元用来承担店铺租金、水电物业、装修、工商税费、人员薪金和物流运输等费用，另外 100 万元是交付给海澜之家的货品押金，可在 5 年之后归还。此外，每年固定交纳 6 万元左右的管理费。海澜之家与加盟门店依据一定比例分配营业收入，每日都会结算。据公开数据显示，海澜之家加盟商每年的投资收益率大概能达到 20%，按照业内的说法，它是“以做通路的方法，做服装品牌”，过去几年其关店率只有 2%左右，远低于同行业其他服装企业。

商业模式是恒定的盈利逻辑，在商业模式 9 要素中，海澜之家的核心竞争力就是终端，甚至有人粗暴地总结它的商业模式就是多开点，赚加盟费，如图 3.2-1 所示。抛开这种说法是否偏颇的争论，海澜之家的终端在整个商业模式链条中起到了决定性的作用，通过终端吸引流量、塑造品牌、获取收益，并以此整合供应链资源，将终端的价值最大化，把终端效能发挥到了极致。正因如此，在终端消费场景的打造上，海澜之家投入最多，也最重视。

图 3.2-1 海澜之家商业模式

海澜之家门店室内购物环境是产品的展示环境，室内空间界面设计由繁杂转向简单，把顾客视线转移到展示品本身。在空间功能分区的组合设计中，注重销售环境的舒适和安逸，给购物疲劳的消费者创造缓冲、静心之所。试衣间的设计创造出家的感觉，墙面上不起眼的日用品是辅助试衣的工具，挂衣钩满足了随身带来的包袋和衣服的悬挂，一双拖鞋、一个保护发型和妆容的头套给消费者试穿带来方便的同时，也体现出商家的细致关怀。在光环境设计上，灯光聚集在某款主打服装上，以引导消费者目光的停留和关注，减少过于强烈、变幻的光线，避免消费者产生紧张、厌恶的情绪。服装专卖店是销售环节最直接的外观表现，在商铺林立的商业大环境中，海澜之家的设计减少平淡无奇的相似与雷同，突出差异与刺激，在消费者视觉疲劳时产生耳目一新的视觉冲击力，彰显服装品牌的风格和个性。人性化的设计，给消费者打造了一个舒适的环境；构建舒适的消费场景，让整个体验式购物环节变得愉悦和轻松。

海澜之家通过打造消费场景，在终端上发力，将零售三要素“场”塑造成自己的“长板”，以此整合资源，打造合作的生态。然而，如此的商业模式却没有将流量价值发挥到最大化，那是因为缺乏消费者数据和粉丝社群。虽然每个门店终端都通过 POS 扫码获取一维的销售数据，却没有把数据收集延伸到消费者，建立二维的数据库。海澜之家拥有大量的忠诚消费者，却没有建立与之直接连接的渠道，没有像微信一样与消费者持续不断地“嬉戏”。这样一来，导致对消费者缺乏准确的认知，无法真正洞察消费趋势，供应链的“牛鞭效应”凸显，需求预测吻合率低，库存压力大。更重要的是，没有建立忠实的粉丝社群，缺乏与消费者互动的渠道，消费者意见难以传达，导致部分忠实消费者流失，再购率降低。相信，如果能在数据和社群方面补齐商业模式的短板，海澜之家在新零售时代一定会有更多想象的空间。

3.2.2 算法为王：亚马逊基于大数据的精准营销

亚马逊在零售上的新玩法可不只有 Amazon Go 的无人门店。精准的推荐、心动的价格、充足的库存以及高效率的配货，在你还未下单之前，亚马逊早已使用“读心术”并作出预测，为你计划好了一整套井井有条的购物体验。作为电商巨头的鼻祖，二十几年来依然占领着电商界前几名的位置，亚马逊自家的大数据系统是当之无愧的大功臣。

（1）预判发货

亚马逊在 2013 年获得了一项名为“预判发货”的专利，可以通过对用户行为数据的分析，预测用户的购买意向，在他们正式下单之前就发出包裹，实现“先发货，后购买”。这样的流程之所以能够实现，依赖于亚马逊对数据的强大处理能力。通过这项专利，亚马逊将根据消费者的购物偏好，提前将他们可能购买的商品配送到距离最近的快递仓库，一旦购买者下了订单，商品立刻就能送到家门口。这将大大降低货物运输时间，同时对实体店的竞争同行也是一次重创。这项专利意味着预见性分析系统将会变得非常精确，以至于它可以预测顾客什么时候会购买什么产品。在“预判发货”中，亚马逊还会“模糊填写”用户的收货地址，以便让商品更接近潜在购买人群所在的区域，之后再在运输途中把这些最终确定的信息填写完整。同时，还会向用户推荐一些“正在途中”的商品，从而提高成功率。

（2）精准营销

基于用户数据，亚马逊能够实现个性化推荐、动态价格优化等方面的精准营销。亚马逊基于自己对用户的了解来进行精准营销，在网站上的推荐和电子邮件对于产品的推送成了促进成交的利器。调研公司 Forrester 分析师苏察瑞塔·穆尔普鲁称，根据其他电子商务网站的业绩，在某些情况下，亚马逊网站推荐的销售转化率可高达 60%！这一转化率远远高于其他电子商务网站，难怪一些竞争对手将亚马逊的推荐系统视为“杀手级应用”。

- 个性化推荐

拥有 200 万个销售商，跨越 10 个国家，为近 20 亿人的顾客服务，亚马逊利用其超先进的数据驾驭技术向用户提供个性化推荐。通过向消费者提供建议，亚马逊获得了 10%到 30%的附加利润。毫无疑问亚马逊是挖掘大数据、提供个性化服务的先驱，它通过提供策划好的购物体验诱导用户“买买买”。亚马逊个性推荐的算法包含多种因素，向用户推荐商品前，要分析例如购买历史、浏览历史、朋友影响、特定商品趋势、社会媒体上流行产品的广告、购买历史相似的用户所购买的商品等。为了向用户提供更好的服务，亚马逊一直在不断改进推荐算法。

- 动态价格优化

在零售市场，价格优化是一个重要的部分，因为零售商们都会想尽办法给每一件商品制定最好的价格。价格的管理在亚马逊上会被严密地监控，以达到吸引顾客、打败其他竞争者和增长利润的目的。动态的价格浮动推动亚马逊的盈利平均增长了 25%，而且他们通过每时每刻的监控来保持着自己的竞争力。通过分析不同来源的数据，比如顾客在网页的浏览活动、某件商品在仓库中的存货、同一件商品不同竞争商家的定价、历史订单、对某件商品的偏好、对商品的预期利润等，亚马逊的产品价格制定策略的实时价格调控得以实现。每隔十分钟，亚马逊就会改变一次网站上商品的价格。

顾客往往会发现亚马逊商品的价格总是全网最低的，这就是得益于亚马逊的动态价格策略。亚马逊的动态定价算法每小时会调整几次每件商品的价格，以此更好地利用人们对于价格的觉察的心理。机智的是亚马逊为最好卖的商品提供大幅的折扣，同时在稍微不那么火的商品中攫取更多的利润。举个例子，亚马逊对一款卖得最好的智能手机的定价比同行低 25%，与此同时，另一款相对不那么受欢迎的智能手机却在亚马逊上卖得比其他网站贵 10%。在亚马逊上，既有不少因为动态价格调整而省下一大笔钱而心满意足的顾客，也不乏那些因为没有在最佳时机购买而扼腕叹息的顾客。其中一个关于动态价格调整的最好的例子，就是亚马逊先把星球大战整套 Blu-ray 猛降到 70 美元，然后在一周之后又把价格提到 134 美元。捡到这个大便宜的顾客当然超级开心，但那些多给了不少钱的买家可就无比“心塞”了，会经常“盯着”网站等待下一次机会。

（3）宠溺消费者

亚马逊创始人杰夫・贝佐斯（Jeff Bezos）曾说道“从各个方面不断完善和提升客户体验是我们每天的工作。”亚马逊的客户服务理念是“每一天，我们都努力为客户提供更好的体验”。亚马逊对用户体验的极致追求，甚至到了一种偏执的地步，可以说简直是“宠溺消费者”。2007 年杰夫・贝佐斯访问中国，亚马逊中国的负责人做了很充分的准备以应对他的提问，结果他只问了一个问题“中国的顾客对亚马逊的满意度如何？”有关市场份额、增长速度、利润或者销售额方面的问题，一个也没有问。他在 2009 年致股东的信中说道“在公司的 452 个目标中，营业收入、毛利润等字眼一个也没有出现”。

亚马逊很了解用户，“数据就是力量”，这是亚马逊的成功格言。EKN研究的最新报告显示，80%的电子商务巨头都认为亚马逊的数据分析成熟度远远超过同行。亚马逊利用其 20 亿个用户账户的大数据，通过预测分析 140 万台服务器上的 10 亿 GB 的数据来促进销量的增长。亚马逊追踪你在电商网站和 APP 上的一切行为，尽可能多地收集信息。你可以看一下亚马逊的“账户”部分，就能发现其强大的账户管理能力，这也是为收集用户数据服务的。主页上有不同的部分，例如“愿望清单”“为你推荐”“浏览历史”“与你浏览过的相关商品”“购买此商品的用户也买了”，亚马逊保持对用户行为的追踪，为用户提供卓越的个性化购物体验。

电子商务企业被诟病最多的就是售后服务环节，在用户体验上亚马逊借助大数据实现高效和优质服务，不断有用户用自己的经历佐证亚马逊在这一方面有多成功。一名波士顿大学的研究生的 Kindle 被不小心弄坏，亚马逊高效的售后服务人员在确认用户信息后，首先确认可以为他更换一个新产品，在第一时间发送了 E-mail，提供可供打印的快递条形码。用户只需要将商品放到任意包装箱内，打印出这个条形码贴在箱子上，带到任意一家快递公司，或扔进邮筒内即可完成退换，一切费用由亚马逊承担，几天后，就可以收到新的 Kindle。

（4）亚马逊进化为大数据公司

亚马逊早就不是电商企业了，已经成为一家拥有大数据，并以此获得持续利润的云计算企业。亚马逊通过多种工具在云端扩展其大数据应用，如数据储存、数据收集、数据处理、数据分享和数据合作。灵活的 MapReduce 程序建立在 Hadoop 框架的顶端，两者很好地互补，帮助零售商高效地管理和利用分析平台。具体来说零售商店 15 亿 GB 的产品目录数据，能通过 200 个实现中心在全球传播并储存在亚马逊的 S3 界面中，每周进行将近 5 亿次更新。同时 S3 界面上数据的产品目录每三十分钟都要进行分析并发回不同的数据库。

亚马逊的实体电子商务产生了消费者数据库和物流供应链数据，电子书的分发又衍生了自有的移动终端，多出来的运算能力又帮助网络公司托管数据，这些数据叠加以后，电商需要管理的内容仅仅是公司所有业务中的一部分。只有数据才是亚马逊保持领先地位，并将在日后持续领先的根本所在。Amazon 在线商店、云服务和平板业务，这三者的背后，有一个共通点，那就是数据。对于亚马逊来说，硬件并不重要，他们并不指望通过光鲜亮丽的硬件和昂贵的设备来赚钱（Kindle 其实是亏损的），而是通过高效的手段，使自己有能力在零售、出版和企业服务等领域试水。Amazon Go 只是亚马逊在线下零售的一次初步尝试，习惯作为引领者的杰夫·贝佐斯，在不久的将来一定会有更多新的举动。

3.2.3 粉丝经济："小米之家"坪效世界第二

雷军的首次新零售探索就取得了极大的成功，线下零售店"小米之家"单店面积 200 平方米左右，每平方米创造的销售额达到 26 万元人民币，而传统行业的门店坪效最高才 1.2 万元，小米之家的坪效是传统零售的 20 倍！除了高性价比的产品，6000 万小米的粉丝"米粉"更是功不可没。

（1）小米之家：雷军新零售的探索之旅

小米从 2016 年开始将工作重心逐渐由线上转为线下，小米之家就是小米新零售的直接产物。从 2016 年第一家转型后的小米之家开业至今，全国门店已突破 100 家，每天都为数以千计的用户提供优质的体验式服务。在整个行业内，小米之家的坪效仅次于苹果的 40 万元左右，甚至高于奢侈品牌蒂凡尼的 20 万元。

小米之家内没有单纯卖手机，而是将尽可能多的生态链产品置于有限的展柜上，提高每平方米的销售额。小米之家则占据电商和零售的双优势，秉持“电商价、体验购、服务优”的原则，将黑科技用沉浸式的购物体验带到用户的面前。由中国连锁经营协会主办的 2016 年度“中国特许经营奖”现场，小米之家荣获新锐奖。雷军的新零售探索之旅开了一个好头，并计划 3 年内在全球开超过 1000 家的小米之家。

（2）粉丝营销：因为米粉，所以小米

小米之家的终端消费场景打造，跟一般的手机等硬件体验店相比并没有太多特色，支撑其如此高的坪效，主要功劳还是它的粉丝群体。据了解，去小米之家消费的用户大部分是“米粉”，并且目前进店下单的顾客，平均每人会购买 3.2 个商品。小米之家不仅是直营客户的服务中心，为米粉提供小米手机及其配件自提，小米手机的售后维修及技术支持等服务，也是小米粉丝的交流和活动场所，“米家员工”全心全意做好到店体验的服务成为重中之重。

图 3.2-2　小米之家

为了让米粉可以有更好的体验，小米之家为粉丝提供免费激光雕刻服务，用于在金属表面上刻出自己喜欢的图案或文字。都说年轻人需要有创意，这种 DIY 让消费者对购买的产品更加喜欢。除此之外，每到小米之家开业，虽说有极为丰富的奖品，但对于米粉来说，最想拿到的还是那本最珍贵的限量“小米护照”，因为拿到这个之后就可以大声说自己也是个有“牌照”的米粉了，从而让自己更有归属感。这个“护照”有什么用？除了是米粉身份的象征外，每个城市的米家内都有当地极具特色的“米家印章”。

更重要的是，在小米之家“米粉们”可以一起交流玩乐，各地区风土人情都不同，“米粉”这个身份跨越了地域差异，把天南地北的人们巧妙地连接到一块儿，在小米之家逛完后粉丝们会一起组织聚餐，形成更有凝聚力的价值群落。对“米粉”来说，小米之家始终是那个心中向往的温暖的家，正是有了那帮每天辛苦工作的家人，才有了整齐的物品陈列、迅速跟进上架的新品、便利快捷的购买体验，心里也有了那么一份回家的牵挂与向往！

图 3.2-3 小米之家护照

正因为有了如此的忠实粉丝群体，珠海首家小米之家零售店开业“米粉”就燃爆了，距离正式开业还有一两个小时，就已经有数百名“米粉”聚集在扬名广场的户外广场欢庆等待。除了本地“米粉”，还吸引了很多外地“米粉”不远千里来捧场。网友“胖了”是贵阳小米同城会的负责人，他专程乘坐高铁来到珠海，他说“就为能亲自到现场体验一下，幸福着小米的幸福，开心着小米的开心，我就相当知足了。”他收藏了 100 只米兔，200 件米家 T 恤衫，拥有从小米一代到六代以及最新款小米 5X，他用行动来告白对于小米的深沉喜爱。

小米成功的精髓，就是通过创造独具特色的“粉丝文化”，走进用户的需求链，进而契合他们的生活方式，持续在用户身上进行粉丝流量的变现，这是和传统品牌最大的不同。小米最厉害之处，就是实现了线上线下的高度融合，形成一个高黏性的虚拟社区，在这个社区里，米粉充分展示了购买力。每次小米发布新品，米粉们都是购买的主力。从这个角度来讲，小米的生意经就是围绕粉丝所产生的巨大生意，不断促进粉丝量的增加，并持续在他们身上变现。所以，传统企业要思考这样一个问题：互联网时代，光卖产品已经不灵了，而是怎么运用互联网技术，建立起一个高黏性的粉丝社区，参与到他们的生活中去，创造用户想要的生活方式。

小米的玩法是在零售三要素“人”上发力，并做到了极致，通过与粉丝的交互，不断地倒逼产品的迭代和创新，进而推出更令人满意的商品。同时，通过自己的长板，利用与消费者直接接触的“近水楼台”，“挟用户以令诸侯”，整合起生产、设计、运输等一整条供应链，形成独特的小米生态。

海澜之家、亚马逊和小米在新零售时代纷纷亮出了自己的武器，新零售概念的提出者阿里巴巴，以及有着“百万便利店”计划的京东，拥有强大线下流量的万达，自然也不会袖手旁观，在新零售上他们三大巨头又是怎么进行战略布局的呢？一些传统线下零售巨头永辉超市、苏宁电器等又是如何用行动定义新零售的呢？

3.2.4 步步为营：永辉超市转型记

从零售企业 2016 年的业绩快报来看，持续亏损的也占了大半壁江山，然而，永辉超市却以 492.22 亿元的营业收入和 16.79%的增长领跑超市业态，成为一股清流。2017 年仍势头未减，第一季度财报显示其净利润 7.44 亿元，同比增长 57.6%，并且计划新开店 124 家。在行业面临寒冬的背景下，永辉超市却频频"搞事情"，我们不禁会问：它究竟做对了什么？转型，一直是永辉超市的生存和发展的基因，在"转型找死，不转型等死"的魔咒下，它又有什么"寻龙诀"呢?

其实很早之前，永辉超市的管理层就提出"整合、转型、创新"的战略构想，以顾客为中心，重点在零售终端转型、供应链转型和互联网转型三方面发力，奏响了转型的协奏曲，并得到了有力的落实。

（1）终端的进化论：从"红标店"到"超级物种"

永辉的实体店转型，历经了五次进化，分别出现了"红标店""绿标店""精标店"和"会员店"四种业态，直到现在的"超级物种"，持续不断地升级着消费场景。

传统红标店主要以卖场形式推出，定位面向大众化、平民化的消费者，商品丰富，价格实惠。

伴随着消费升级，消费者对体验、服务以及购物环境有了更高的要求，绿标店应运而生。绿标店装修风格以时尚、大气的绿、灰、棕等色调为主，货架整体变低，引进了大量的高端进口商品以及时尚品牌精品，定位相对高端。

商超产品同质化严重，为了追求差异化竞争，在绿标店的基础上再次升级推出精标店，用环境、服务和体验锁定中高端消费者，并尝试孵化工坊系列。在信息技术上，通过智能硬件助力门店发展，选用电子价签来代替传统纸质价签，店员只需在后台改变信息，商品对应的电子价签便能完成及时变更。

随着精标店日益成熟，中高端消费人群购买力得以释放，消费升级趋势来临。同时，流量增速放缓，如何进一步提升消费体验，增强消费者黏性，成为新挑战。2015 年 11 月在上海开了第一家“会员店”，主要布局在中高端社区内，将线下会员引流到线上消费，形成消费闭环，满足会员到家服务等个性化需求。

超级物种在精标店基础上再次升级，进行“超市+餐饮”深度融合后闪亮登场，并和工坊系列实现多重餐厅的结合模式。2017 年 1 月 1 日，“超级物种”正式登陆福州，门店单品数量超过 1000 种，汇集了鲑鱼工坊、波龙工坊、盒牛工坊、麦子工坊、咏悦汇、生活厨房、健康生活有机馆和静候花开花艺馆 8 大物种，消费者可以选择多种支付方式。不同于其他业态的单一餐饮项目，此次超级物种将全部工坊系列组合出击，意在打造美食梦工厂，提供海鲜、日式三文鱼、牛排、面包甜品等诸多餐饮服务。保障在提供多样优质商品，打造现代舒适购物空间的同时，满足消费者多样化的餐饮服务和互动性需求。

（2）布局 O2O：拥抱互联网巨头

早在 2013 年 5 月，永辉就已上线了电商业务“半边天”，但该业务上线不足两月便停止运营，给永辉的电商业务当头一棒。但永辉不甘于线上业务就此终结，随后又推出“永辉微店”，并提出在年内推出电商大平台，结果还是成了“鸡肋”：食之无味，弃之有肉。

在探索 O2O 模式过程中，传统零售业缺乏自有的线上业务，拥抱电商大佬成为最终归宿。永辉也不例外，2015 年 8 月京东集团宣布以每股 9 元，共计 43.1 亿元入股永辉超市。京东在电商运营、物流配送等方面的优势是永辉急需的，同时，在大润发、沃尔玛等大型超市都在自建电商平台之时，永辉也需要资本输血，毕竟双线作战已力不从心。永辉将募集资金全部用于投资连锁超市门店拓展、物流配送中心建设和生鲜冷链物流系统发展项目。

随后，双方宣布在 O2O 领域首先开展深度合作，永辉超市与京东 O2O 业务——京东到家正式合作，京东到家 APP 平台开始正式运营。首次上线的品类以生鲜和超市商品为主，商品数量达 1000 种。消费者足不出户，即可在京东到家 APP 平台上购买永辉超市的生鲜产品，享受 3 公里范围 2 小时内送达的便捷服务。永辉超市凭借其供应链体系结合直采直营的模式，在充分保证生鲜产品食品安全的基础上提供给消费者多品类的生鲜商品。京东到家利用自身强大的物流优势、售后客服及平台流量，使得消费者购买生鲜更加方便快捷。

优势互补的互联网转型让永辉尝到了甜头，其电商移动端会员同比增长了 168%，客单价同比增长了 57.55%，基于互联网技术的 CRM 系统会员画像标签，定制化推送，顾客响应率从原有的 12%提升到 67%。从此，永辉不再是一家传统的超市企业。

（3）供应链赋能：转型 S2b 的商业模式

在当前实体店转型的关键时期，一个叫法被频频提及，那就是“供应链公司”，最早提出这一概念的零售企业却是永辉超市。永辉集团董事长张轩松曾表示永辉要持续转型，未来 5 年内的目标是要成为一家食品供应链公司。

在供应链转型上，永辉经历了两个阶段，第一阶段是垂直供应链整合。通过供应渠道的扁平化，尽量去中间环节，用工业化的思维来促进供应链转型，用数据透明化评估、用制度规范整个供应链体系；此外，建立中央厨房等大后台体系，以工业化、标准化来实现供应链的升级。

第二阶段是供应链赋能。通过打造超级供应链后台，为前台的零售终端赋能，建立以“大平台+小前端+富生态+共治理”为新型生态圈，最大程度上适应变化的商业环境。在永辉现有的开放式生态平台上已有面向大众民生的第一集群子平台、面向中高产的第二集群子平台，而将所有资源整合、集成的第三集群子平台暂时缺失，为形成完整的生态环境，目前该平台正在组建。其本质是一种 S2b（Supply chain platform to business）的商业模式，即一个强大的、数据化的供应链平台（S），与千千万万个直接服务客户的终端（b）的商业模式。S 和 b 之间不是单纯的买卖关系，也不是传统的加盟关系，而是“赋能”关系。所谓赋能是 S 运用强大的互联网技术，帮助小 b 在与客户实时互动方面提供场景化的支持，实现“专、快、好、省”，从而更好地解决终端客户的零售痛点。帮助终端提升溢价能力，削减渠道、促销和产品的成本，在赋能下实现盈利提升。更重要的是连接消费者作用的 b 通过自身资源，将品牌商、生产商、广告商等组成生态联营圈，在终端平台上实现互利共赢，利益方也愿意为 b 的资源买单。

（4）未来的形态：永辉云商

在终端、互联网、供应链转型并且成果凸显的背景下，永辉并没有就此止步，而是持续探索“云转型”之路。

一向低调务实的永辉超市，在 2017 的经营计划中，提出推动“云超”“云创”“云商”“云金”四大板块融合发展。“云超”板块新开 Bravo 店超过 100 家，选择性进入新的省份，缩短培育期，提高人效。“云创”板块引导消费升级，继续引领“超市+餐饮”行业转变，继续布局会员店，打造全新的“超级物种”，争取全年开店 24 家。“云商”板块探索 S2b2c 的加盟商业新模式，大力建设“彩食鲜”中央大厨房。“云金”板块，战略投资华通银行，积极开展保险理财、小额贷款等金融业务。互联网时代“分布式”

的用户需求，只能用“云”的结构来整合“分布式”的资源，以满足用户需求。即：将资源集中到一个“云台”上充分共享、随需调用。永辉超市云转型的结果是“资源上云端，链接到终端，终端分布化”，未来变革为永辉云商也是值得期待的。

（5）永辉转型的启示录

互联网时代，国内传统企业陷入集体焦虑，志在转型的不在少数，却鲜有成功者。国外的零售巨头，如沃尔玛、家乐福等都尚未成功转型，永辉超市的转型却如同教科书般，作为传统零售企业的成功转型案例，至少给了我们三点启示。

第一，跳出传统加盟连锁模式，打造赋能型平台。零售商天生就是一个平台型企业，连接双边或者多边市场，互联网时代要从传统的 B2B 或 B2C 交易型组织，转变为经营生态圈和生态共建的赋能型组织。通过打造数据化的超级后台“路由器”，利用大数据和云计算，链接前后端，将碎片化的需求和“云化”的资源供给实现高效的匹配。

第二，主动拥抱电商巨头，实现优势互补和资源共享。在转型中，要拿出自己的“长板”与电商巨头打造容量最大的“木桶”。电商巨头建立的线上优势已经牢不可破、无法撼动，线下零售企业无论自己要打造一个像阿里巴巴这样的电子商务平台，还是要打造京东这样的垂直线上渠道，都几乎是不可能的。同时，线下零售企业也缺乏互联网基因，需要相互媾和培育“杂交”的超级物种。

第三，要有破釜沉舟、壮士断腕的决心。转型要趁早，早转早主动，越拖越被动，传统零售企业的转型注定是一条与过去渐行渐远，且让自己面目全非的后会无期之路。正如海尔张瑞敏所说：“互联网时代所有企业只有‘他杀淘汰’和‘自杀重生’两种结局。”一旦走上了转型这条路，便要风雨兼程，更要乘风破浪。

3.2.5 组织重构：苏宁的组织转型狂想曲

在零售企业纷纷传来关店倒闭消息之时，苏宁云商却逆势而为，交出了一张华丽的成绩单。2017 年一季度财报显示，苏宁云商实现营业收入 373.77 亿元，同比增长 17.38%；同期线下销售收入增长 3.22%，高出行业平均水平 19.26%；归属于上市公司股东的净利润 7825.20 万元，同比增长 126.43%。

华丽的业绩离不开持续不断的变革，组织转型一直是苏宁的主题，从 2009 年最初的“沃尔玛+亚马逊”，到“云商”，再到“一体两翼”，再到 2016 年的“一体二翼三云四端”。每一次都以改革者的姿态，撼动着既有的利益格局；每一次都是颠覆传统零售业的玩法。无论遇到多大阻挠，无论多么不被看好，苏宁的掌舵人张近东还是毅然奏响了组织转型的狂想曲，并一路高歌猛进。

（1）简洁的乐章：组织转型的三部曲

在商业环境快速变化的互联网时代，企业必须不断地调整战略，而战略的变革需要组织转型的支撑，战略是大脑，组织是身体。苏宁厉害的地方在于，每次的战略变革都得到了组织转型迅速而有效的支持，高调的战略和低调的组织之间，苏宁的战略落地到底是靠着怎样的组织支撑实现的呢?

企业经营管理的三条线：战略、组织、人力资源，回顾历次的组织转型，苏宁做对了三件事，一是组织构型，打造灵活、高效、富于激励的组织模式；二是人才赋能，建立一条 JIT（just in time）无时差的“内置化人才培养供应链”，培养一支“三型一化（敬业型、专业型、事业型、职业化）”

的人才队伍，打造一支“懂运营、善管控、能创新”的管理人才队伍。三是心理契约，建立一个对员工进行持续关怀的系统，持续关注员工的诉求，并进行分析，盘点组织资源，定向补给，以创造员工的持续满意和深层幸福，寻找组织内的正能量。简单来说，就是要“打造一种型，培养一批人，凝聚一众心”！

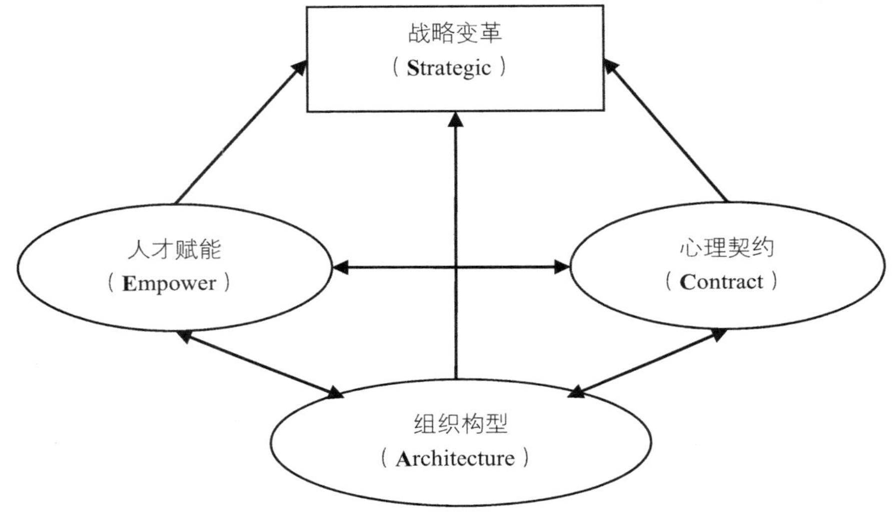

图 3.2-4　SACE 管理模式

这一套管理系统（笔者总结为 SACE 管理模式，如图 3.2-4 所示）的几者之间是相互支撑、互为强化的：组织构型的优化可以方便人力资本的发挥；人才赋能的提升可以弥补组织构型设计不尽合理的地方，强调个人的发展也能增加员工对于组织平台的依恋；心理契约的建立可以强化员工的归属感，可以使员工明确组织期待，设定自身职业发展的目标。所以，任何的组织转型放到这个系统中，都会收到自动放大的“乘数效应”。

（2）组织构型：从“高速列车”到“联合舰队”

苏宁的组织转型完成了从“高速列车”变成“联合舰队”的转变。过去的连锁管理，基本上是大一统的模式，就像列车，一个车头带着几十个车厢跑。车厢没有独立性，都是标准化、制度化，可以将一个标准，复制克隆打遍全国。那时组织的逻辑是公司部门化，内部经营线和管理线是分开的，内部从总部到大区到全国各地全部集合在一起，由总部统一号令，统一运行。

转型后，苏宁的组织结构从矩阵式转向了事业部制，每一个事业部，都要明确自己的市场地位、所占份额、营收增长率，要给自己定位，明确自己的目标，然后再明确自己的工作指标。组建了从零售到物流、到金融三大集群，在三大集群下面有将近二三十个事业部。一是通过并购，将红孩子、PPTV 等纳入；二是孵化出新的业务，如超市、百货、金融业务；三是将电器拆分成了大概十个事业部，包括空调、冰洗、彩电等；四是将虚拟的产品变成了事业部，如物流、售后、云服务等。原来的商品总部里有采购管理中心、供应链管理中心、商品规划中心三大职能，负责做统一的标准规划。在大体系拆分成小事业部后，每个事业部里也成立了类似的三大构架进行对接，一定程度获得了自主权，商品总部的三大职能也进一步放权。每个事业部都要像独立公司一样运作，将自己想象成老板在独立运作这个公司，要负全责，而不是想着什么事情都让别人帮着做。

在事业部的管辖下，全国从细分品类到大区、到城市、到店面，组建了将近 4000 多个小团队。每一个团队后台的专业部门从财务、人事、品牌、法务等都是共享的，协同服务于业务单位同时进行战略管控。为了支撑这样的转变，调整了组织模式，总部扁平化，从五层调整为三层；简政放权，将原来隶属于总部承担的职责大量往事业部、大区下放。

对于大企业，要将组织“打碎”，让组织变得更灵活、碎片化的同时，也绝对不能把大企业“拆掉”，最终从一个企业变成几十个企业，因为这样必然会带来另外一个问题，就是大企业资源共享的优势和规模的优势被削弱。苏宁做的就是在后台整体体系支撑下的小团队作战，经营方面的组织要碎片化，但是管理方面还要保持强大的整合和统一，联合舰队虽然分散作战但是有一个 HUB（指挥中心）统一部署和协调控制。

（3）人才赋能：打造人力资源的供应链

为满足企业发展对人才的大规模和多样化需求，苏宁投入 26 亿元打造了苏宁大学，形成了行业内独一无二的人才培养体系——大规模人才定制培养体系，被外界称为“人才生产流水线”的苏宁式培训。对人才的培训共分为三大类：一是所有新员工必须接受入职培训，二是岗位职业资格培训，三是在职员工绩效培训。其中新员工入职培训一定要过“三关”——即企业文化关、制度流程关和经验技能关。只有过了这三关，才能成为真正意义上的“苏宁人”。

要过这三关，必须经过三个流程：首先是**格式化**。为了让新员工能够快速理解企业的文化和价值观，并转变为日后工作中的职业习惯、标准，新员工必须参加集中的、高密度的企业文化学习。这一过程尽可能地“抹掉”员工之前的职业惯性，犹如对计算机硬盘进行格式化一样。其次是**职业化**，过了企业文化关后，新员工由各执行部门进一步培训，帮助其了解公司的各项流程标准。只有严格执行流程标准制度，才能百分之百地为客户提供优质的服务。为了保证培训效果，在这些学习和培训后，新员工还要参加严格的考试，未通过者很有可能被淘汰出局。最后是**专业化**，在这个流程中，新员工会被分派到四大终端（连锁店、物流中心、售后中心、客服中心）轮岗实习两个月，与消费者直接接触。这个过程中，还要经过苏宁著名的销售旺季“大忙”的洗礼，在执行过程中对企业文化、具体的业务流程和岗位职责作进一步的熟悉了解。

为了适应多元化业务的发展，还将苏宁大学进行专业细分，按照不同的体系，细分出 21 个专业学院，提供客户导向的服务，为人才持续赋能。培训形式也在不断突破和创新，不仅让各大区之间，先进大区与落后大区之间互相交流，而且邀请各行各业的专业人士以及学校的老师到苏宁授课，同时也让干部走出去，到中国香港地区和日本、美国考察交流。此外，还建立了标准化人才培养体系，设立了 47 个人才序列，建立从入职集训，到下终端、部门实习，直到 B 梯队、A 梯队、E 梯队的培养路径，设立了“1200 工程”“千名蓝领工程”“店长工程”“中层管理班”等人才培养项目。还联合了外部专业机构针对不同年龄段的员工进行研究，制订有针对性的培养方案，让员工享受成长，迅速走向成熟。

人才进了苏宁大学，仿佛进入了一条“苏宁人”的生产线，通过一系列“引导—培训—实习—赋能”的学习闭环，培养一批批业务骨干，为前线不间断地输送专业化队伍，支撑战略变革和组织转型的需要，支持经营的快速发展。

（4）心理契约：提升员工的心理资本

为建立员工与企业之间的心理契约，优化员企关系，寻找价值认同，苏宁做了三方面的工作。一是提升员工待遇。在薪酬方面，过去 5 年苏宁的管理岗位人员工资增长达到 50%，并推出“12+12”的奖金模式，让员工收入在基准方面有大幅提升。在奖励方面，10 年前奖励汽车，而汽车不值钱之后，又开始奖励住房；现在，苏宁重点推行股权激励，从企业最高层领导、创始人角度来看，所有的干部都应当成为企业的主力，于是采取事业合作人制，强调长期激励，也就是股权激励。在福利方面，还正式启动“1200 员工购房借款项目”，为员工提供额度 50 万元、年利率仅 1.5%的购房借款，而且对员工实施第一年免还款等人性化的优惠政策。

二是重视人才的长期发展。苏宁年轻人很多，对他们而言，待遇重要，职业发展也很重要。过去的任命频率是年度，现在已经变成常规，随时可以调整。管理岗位基本上适应了激励机制，对级别也进行了调整，增加了一些级别，实现了小步快跑。对于“80 后”“90 后”，工作需要快速出成效，快速有回报。

三是正能量文化引领。照常理来说，每一次组织转型好比一次手术，频繁的组织转型无疑都需要很长的“恢复期”。苏宁沉淀 20 余年的文化具有强大的感染力，这种文化有强烈的集体主义倾向，提倡个人向组织的融入和奉献。一个典型的例子是，苏宁不提倡“职业经理人”，而提倡“事业经理人”，两者的区别是，前者是为钱做事，而后者是为理想做事。在价值观上，倡导“制度重于权力，同事重于亲朋”的制度观和家文化；既提倡制度为本、公平公正的“法治”，同时强调工作本身就是一种生活，打造家庭氛围，已经成为苏宁电器营造员工幸福生活的一部分。在人才观上，用人的理念是“人品优先、能力适度；敬业为本，团队第一”，在苏宁企业文化氛围当中，摒弃个人英雄主义，提倡团队至上的鲜明特色，成为员工“人尽其才，才尽其用”最显著的表现。

文化将员工“苏宁化”，并赋予了员工一种“自驱力”。这让苏宁在过去组织转型的高歌猛进中总能凝聚队伍，队伍还能紧跟命令，整齐划一，并且基于心理契约与企业共进、共创、共享。

（5）成功转型的“连城诀”

苏宁云商成功的组织转型给了我们三个启示：首先是组织模式和战略必须相互适应，战略转型需要依靠匹配的组织转型推动和支持。转型没有通用的模板，某些企业依靠“标杆驱动”，力图从榜样身上寻找一种“放之四海而皆准”的最佳实践，这是不现实的。战略与组织结构是密不可分的，二者相辅相成，互相影响，也唯有二者的互相匹配才能达到最大的效率，只有打通从战略到组织的逻辑，实现组织与企业战略匹配，才是真正成功的组织转型。

其次是人力资源管理要紧盯战略。企业的战略变革和组织转型，都离不开人力资源的支持，战略性人力资源管理就是要系统地将人与企业战略联系起来。通过人力资源规划、政策及实践，获取能与战略垂直匹配，并具有竞争优势的人力资源配置，所有的人力资源活动都是为了达到战略目标。

最后是企业文化要服务于组织转型。战略变革的复杂和组织转型的不确定性，造成了对于员工工作内容的丰富化、复杂化和模糊化，用刚性的绩效考核显然无法对员工形成有效驱动，需要通过企业文化的引领和浸润，使员工和组织之间形成一种基于承诺的心理契约。只有形成了这种心理契约，员工从内心深处认同组织文化，才会产生导致高绩效的“组织公民行为”。同时，心理契约的形成，也能够缓解高强度生产服务对员工造成的心理压力，确保组织的持续健康。

3.3 三巨头的新零售战略布局

这场新零售大战中，线上线下结合站队俨然已经开始，形成了阿里系、京东系、万达系三大主要阵营。他们在这次新零售大战中各自战略布局有什么不同呢?

3.3.1 阿里巴巴的新零售生态

马云在这样一个时刻提出新零售显然不是一个巧合，实际上，2014 年阿里巴巴入股香港上市的银泰商业，并成单一最大股东；2015 年 8 月阿里巴巴 283 亿元战略投资苏宁云商，成为苏宁云商第二大股东； 2017 年 3 月阿里巴巴向生鲜连锁“盒马鲜生”投资 1.5 亿美元。2016 年阿里巴巴便实现了 18 万家门店线上线下打通，2017 年这一数字涨了 5 倍多，变成了 100

万家，涉及苏宁、银泰、TCL、优衣库、索菲亚、GAP、Bestseller、B&Q等国内外数千个商家。此外，2017年年初大张旗鼓推行的“阿里零售通”，高调招募“城市拍档”，也体现了阿里巴巴布局线下零售商业生态，全面打通线上线下的决心。从阿里巴巴的新零售战略生态布局来看，目前他们布的一张网是实力最为雄厚的。

（1）试水线下零售，布局O2O

2014年3月，阿里巴巴以53.7亿港元对银泰商业进行战略投资，交易完成后，阿里巴巴集团将持有银泰商业9.9%股份及总额约37.1亿港元的可转换债券。此次战略投资后，阿里巴巴集团与银泰商业全面打通会员体系、支付体系，同时将实现商品体系对接。双方构建一套打通线上线下商业的基础体系，实现线上线下的商品交易、会员营销及会员服务无缝连通。这套体系对全社会开放，为所有的线下商业集团、零售品牌及零售商提供合作样板。

- 打通渠道

阿里巴巴入主银泰是基于大数据和商业电子化的实体商业重塑，在新实体经济和数字经济结合的时代，如果说阿里巴巴是一支“空军”，那么他们现在非常需要找到“陆军”一起完成一体化，而这个“陆军”就是银泰。阿里巴巴希望通过资本纽带将虚拟和实体进行融合，并且在O2O领域进行深耕，目的是为了做出一个百货领域的O2O样本。银泰商业主要从事百货商场，以及购物中心的经营和管理业务，共经营36家门店，包括28家百货店及8家购物中心。拥有近1000万件商品数据的数据库体系，并约有150万名会员构成的会员体系。银泰与阿里巴巴全面融合，也将成为阿里巴巴打通整合线上线下商业的重要平台，通过新平台，能分析出客群的来源分布、购物频次、购物偏好。

阿里巴巴代表电商线上资源，银泰优势则在线下。银泰商城作为线下店面，可以成为消费者体验产品与服务的最佳场景：消费者觉得产品不错之后，可以扫码直接购买，或者放进购物车，而消费者并不用自带购买货品回家，淘宝或者天猫会按照消费者留下的地址及时送到家。在这一模式之下，线下商城的作用有两个，一是用户体验场所，二是导入用户流量的媒介，两者相辅相成，用户体验做得越好，去的用户越多，对线上导流的作用也越大。打通线上与线下相当艰难，除非线上平台拥有绝对的话语权。阿里巴巴和银泰双方将共同致力于把实体零售商业与互联网从“物理联结”升级为“化学融合”。

- 共享消费者

打通渠道后，用户在商场试穿衣服之后可以用手机扫码，现场完成支付，不用再去收银台排队；假如用户现场并没有下单，离开后又想购买这件衣服，可以在手机上下单。商场根据用户的订单去匹配离用户指定收货地址最近的仓库进行物流配送，当用户逛完街、看完电影回到家，他购买的衣服可能已经送到了。同时，这个用户无论是在线上买东西或者在线下逛街，他所接收到的信息或者商品推送都是最适合他的。

更重要的是，阿里巴巴可以为银泰百货从线上引流，作为最大的电子商务平台，旗下的天猫、淘宝、聚划算等平台每天都吸引着大量的消费者。对银泰来说，“销售额=客流量×转化率×客单价”，提高销售额的方法无非是提升客流量、转换率或者客单价。电商的兴起使得百货商场流失了部分客流量，也使得部分消费者把线下当成“试衣间”，导致百货商场转化率下降。通过线上引流会形成一个“虚拟商圈”，为线下门店带来更多客流量，同时也为银泰网进行导流。银泰百货的线下门店可以为阿里巴巴线上引流，通过在店内设置二维码，打通支付宝的体系，让更多消费者实现在天猫和淘宝等网站上消费。

- 一切为了数据

银泰百货很早就将用户的历史购买行为、购买决策、甚至线下卖场移动路线、地理位置等所有的行为数据化并形成数据模型，同时不断地将数据进行优化、归类。另外，用户无论是接入商场 Wi-Fi，还是其他购买行为，都可以被识别出来，并且通过数据分析可以给用户“画像”，以实现更精准的推送、互动和服务。银泰完整的线下数据与阿里巴巴数据体系的对接能产生叠加效应：当银泰的数据进入整个大数据体系，具体到每一个用户，把其在线上和线下的数据相互匹配起来，就能给用户更完整的全息“画像”，客户在线上线下的购物偏好、行为轨迹都变得有章可循，也就更能深刻地了解用户。

阿里巴巴在大数据的支持下将全面实现全渠道商品电子化，并逐渐实现商业电子化，最终成为向全行业开放的大数据驱动的消费解决方案提供商。另外，阿里巴巴也需要借助银泰百货众多的消费场景，作为数据采集的触点，分析消费者线下消费习惯，服务于消费者的全息画像。

（2）描绘新版图

试水线下零售尝到了甜头，阿里巴巴又紧锣密鼓地完成了数码家电、生鲜、超市零售业态的布局，进一步充实了零售的版图。

- 数码家电布局

2015 年 8 月，阿里巴巴以约 283 亿元战略投资苏宁，成为苏宁第二股东，同时苏宁以 140 亿元人民币认购不超过 2780 万股的阿里巴巴新发行股份。签署战略协议后，阿里巴巴和苏宁云商整合双方资源，利用大数据、物联网、移动应用、金融支付等手段打造 O2O 移动应用产品：双方将尝试打通线上线下渠道，苏宁云商全国 1600 多家线下门店、5000 个售后服务网点以及四五线城市的服务站将与阿里巴巴线上体系实现无缝对接。在物流方面，苏宁物流拥有 452 万平方米仓储面积，4 个航空枢纽、12 个自动化分拣中心、660 个城市配送中心、10000 个快递点，苏宁物流成为菜鸟网络的合作伙伴，合作后的物流几乎覆盖全国所有 2800 个区县，服务阿里巴巴和苏宁，未来亦有望向第三方开放。双方打通线上线下全面提升效率，为中国及全球消费者提供更加完善的商业服务。双方强强融合，也取得了立竿见影的效果，2017 年 4 月 29 日，苏宁云商发布了 2017 年第一季度的报告，公司实现营业收入 373.77 亿元，同比增长 17.38%；归属母公司净利润 0.78 亿元，同比增长 126.43%。实际上，苏宁在 2016 年第四季度便实现了盈利，盈利能力持续增长。

- 生鲜布局

2016 年 3 月，阿里巴巴先是以数千万美元投资了盒马鲜生，随后又与 KKR 联合入股易果生鲜 2.6 亿美元，之后 11 月易果生鲜又获得了由阿里巴巴促成、苏宁领投的 C+轮融资，总融资金额超过 5 亿美元，易果生鲜开始接管天猫超市、苏宁生鲜、苏宁社区 O2O“苏宁小店”等生鲜商超配送。12 月，阿里巴巴又借助易果生鲜 8.5 亿元入股联华超市，间接持有了联华超市 21.17%的股份。生鲜一直是电商的短板，对商品新鲜度和及时性的要求让电商望尘莫及，前几年生鲜电商如火如荼却又十死九伤就是因为无法有效满足消费者的诉求。在生鲜布局上，首先，菜鸟集团整合线下分散的冷链物流配送资源；其次，阿里巴巴控股的易果生鲜创建全资子公司“安鲜达”，这是一个开放的生鲜物流冷链配送公司；再次，易果生鲜将跟随天猫超市的发展节奏在全国各地布仓，目标集中在一线城市。易果生鲜借助阿里巴巴，通过长期积累的客户大数据，把前端客户、上游供应商和中间物流连成一个平台，打造一个新的生鲜生态体系，能够让整个生鲜行业的运营效率释放出来，让生态圈的伙伴和消费者一起共享这个红利。

- 超市布局

2016 年 11 月，阿里巴巴以 21.5 亿元的代价购入总部位于浙江的上市公司三江购物 32%的股份，三江购物是浙江省最大的连锁超市，目前有门店 160 多家，拥有 130 多万名付费会员，超过 1500 多家核心供应商和服务商。自 2010 年后，三江购物开始重点布局生鲜品类，使生鲜商品占总销售额的 1/3，投资 2 亿元设立生鲜配送中心，配套约 1400 多万元的冷链车集中配送。三江购物引入阿里巴巴作为公司战略投资者，一方面可以引入互联网思维和视角，拓宽互联网业务的管理和经营思路；另一方面借助阿里巴巴集团在电子商务平台运营方面的成熟经验，推动公司加速实体与互联网的融合等，实现公司业务战略升级。

（3）综合业态布局，定义新零售

2017 年 2 月正式牵手百联，百联集团旗下资产有上海第一百货商店、上海第一八佰伴、东方商厦、永安百货、世纪联华、华联吉买盛、上海第一医药商店、百联上海奥特莱斯等，从购物中心、奥特莱斯、大型卖场，到标准超市、便利店、专业专卖等，几乎囊括了一个全业态商业。百联集团是中国最大的多元化全业态零售集团，多次蝉联中国零售百强之首，这是阿里巴巴，也是电商平台第一次拥有如此齐全的线下合作样本，至此，阿里巴巴完成了线下综合业态的全面布局。双方基于大数据和互联网技术，在全业态融合创新、新零售技术研发、高效供应链整合、会员系统互通、支付金融互联、物流体系协同等六个领域展开全方位合作。在上海，百联更是坐拥大半条南京路。如今，这条中国最著名的商业街、被誉为“十里洋场”的南京路，成为新零售的试验场。百联集团旗下的“i 百联”全渠道平台正式上线，下属多家旗舰门店也相继完成转型，实现全渠道的零售，针对全业态、全客群、全时段提供线上线下的零售服务和体验。

阿里巴巴 CEO 张勇声称，双方合作将对“人—货—场”等传统商业要素进行重构，包括重构生产流程、重构商家与消费者的关系、重构消费体验等。新零售要做到“三通”“三才”“三化”。“三通”指的是商品通、会员通、服务通，这是过去几年天猫着力推动的全渠道打通，在天猫平台上完成“三通”的门店已经超过 10 万家。以数据为基础的商品、会员和服务全面打通，将给未来提供更多新零售场景和基础。“三才”指的是人、货、场，新零售是基于互联网对“人—货—场”的重构，围绕这三要素以大数据、新技术、互联网为驱动不断演化产生全新的反应，从而能够使消费者获得全新的体验。“三化”，一是“强化”，以百联原有的购物中心、便利店、标准超市为例，原有功能得到强化是基础；二是“化学反应”，通过化学反应让原有的业态经营变得更有效率；三是“孵化”，看看能不能产生大家觉得似像非像、从未见过的业态。

事实上，阿里巴巴已经孵化出了新业态，打造了新零售的样板。一是盒马鲜生，它是阿里巴巴对线下超市完全重构的新零售业态，是“生鲜食品超市+电商+餐饮+物流配送”的综合体，其门店类似超市区域又似美食广场，采购、销售、配送、仓储全链条自营。消费者可到店购买，也可以在盒马 APP 下单，而最大的特点就是快速配送。盒马主要服务三类人群：晚上大部分时间在家的家庭用户，基于办公室场景的白领，周末会带着孩子去超市走走的用户。与传统零售最大区别是，盒马运用大数据、移动互联、智能物联网、自动化等技术及先进设备，实现人、货、场三者之间的最优化匹配，从供应链、仓储到配送，都有自己的完整物流体系。

二是素型生活（Simple Style）馆，它是阿里巴巴基于大数据改造的。素型生活摘掉了零售 O2O 模式的面纱，解决了线上零售的价值体验缺失，以及线下零售的同质化与价格虚高问题，解决了这两个问题，流量入口的条件就自然形成了。线上线下商业融合的要点不在于流量的争夺和索取，而在于资源共享。在这家品牌集合店内，总共有 46 个品牌，其中有 41 个都是在淘宝上受欢迎的“淘品牌”，以前只能在网上看图片购买的服装、配饰，都可以在店内试穿试戴，过去在网购中缺乏的“体验感”在实体店内得到了解决。而消费者在店内选好商品之后，可以选择由快递配送到自己指定的地点，不用自己搬回家。而对于在网上下单的顾客，实体店也可以实现就近配送，最快几小时就能将商品送到消费者手中。

三是淘咖啡无人门店。阿里巴巴的无人零售店“淘咖啡”大约 200 平方米，集商品购物、餐饮于一身。只需打开手机淘宝扫描二维码便可进入无人零售店“淘咖啡”内。扫码通过闸机，身份识别完成后，手机便可收起并不再取出，就像平时购物那样，用户可以随意在店内选货。离店前会经过一道“支付门”，它由两扇门组成，在通过“支付门”的几秒时间内，用户就会被自动扣款。除了零售功能外，无人零售店“淘咖啡”还兼具餐饮功能。在点餐区，只要对服务员说出需求，就会迅速被语音识别系统捕捉，并进行下单。“这是您要的东西，确认支付吗？”当被这么问时，你只要回答“确认”，相应款项就会自动从支付宝账户中扣除。对着大屏说出你想点的餐食，系统会自动生成一份菜单。在等餐时也不会无聊，咖啡厅内所有人的影像都会投影到一块公开的大屏上，每个人旁边都带有相应的取餐时间提示。等餐区也有可以自动分屏的互动桌，以便了解更多信息。在技术的串联下，除了线上线下零售相结合之外，对蚂蚁金服支付解决方案与芝麻信用体系的推广也有帮助。

这三种新业态都是阿里巴巴用行动对新零售的诠释和定义，通过一系列的动作，阿里巴巴在线下零售的布局已经比较完善，在新零售的逐鹿中，抢占了先机，占领了制高点。阿里巴巴在 2017 年网商大会上宣布成立“五新执行委员会”，由 CEO 张勇担任委员会主席，统筹包括阿里巴巴集团、蚂蚁金服、菜鸟网络等阿里生态体系内的所有力量，全力投入建设“五新”（新零售、新金融、新制造、新技术、新能源）。马云表示，互联网进入了最关键的应用 30 年，而未来 3~5 年是关键中的关键，很多产业，行业将会被重新定义。重新定义后产生的“五新”将会对社会的方方面面带来巨大影响，“五新”也将会全面切实推进“新供给侧的建设，促进中国消费市场”。以“新零售”为突破口，通过天猫与苏宁、银泰、百联等传统零售企业的深度合作，阿里巴巴已打破线上线下界限，将中国零售业带到商业形态全面革新的大门口。

3.3.2 弯道超车：京东的反击

阿里巴巴以眼花缭乱的场景为“新零售”落地创造着话语权，一直不甘示弱的京东也并没有束手就缚，刘强东这次仍然选择弯道超车，在新零售上开启了新一轮“猫狗大战”。作为阿里巴巴的资深对手，京东似乎早已摸清阿里巴巴的心思，在阿里巴巴联姻实体的同时，京东的实体店也风风火火地开张了。不同于阿里巴巴“高举高打”的战略布局，京东线下实体店低调而隐秘。京东的线下实体店名为“京东·京选空间”，是藏在永辉超市里，主打 3C、数码类产品及海外商品的店中店，很容易让人联想到永辉京东 2015 年两大巨头的牵手。

（1）牵手永辉，共同升级

2015 年 8 月 7 日，京东与永辉超市达成战略合作。京东以每股人民币 9 元的价格认购永辉超市新发行的普通股，交易总金额为人民币 43.1 亿元。交易完成后，京东持有永辉超市 10%的股权。在当时，京东方面就表示，要和永辉在联合采购、仓储物流、打通线上线下 O2O、金融、信息技术等方面探索合作。京东“联姻”永辉超市，后者业绩不断攀升。2016 年，永辉超市的业绩亮眼，净利润翻倍，其财报显示：全年营业收入为 492.32 亿元，同比增长 16.82%，归属于上市公司股东的净利润为 12.42 亿元，同比增长 105.18%。

永辉超市与京东的结合之所以渐入佳境，其主要原因是它们最开始就是“优势互补、强强联合”。京东的优势主要集中在互联网流量、物流和仓储；而京东的劣势也很明显，在生鲜和熟食等电商不好覆盖的领域。京东想要保持和巩固在电商领域的江湖地位，一定要实现电商平台全覆盖。于是，京东找到了一个与自己最匹配的“切合点”——永辉超市。永辉超市的目标是想以生鲜为切入点，做全品类的零售商，其最大的优势也是京东最大的劣势所在，即生鲜、熟食等经验成熟。永辉超市的劣势则在于，线上流量缺乏，最后一公里配送覆盖不足，这又恰恰是京东的优势。两者优势互补，形成了“永辉超市供应链+就近的门店+京东的入口流量+京东最后一公里的配送”的解决方案。这样大大提高了永辉超市生鲜食品的吞吐容量，扩大了生鲜食品的覆盖范围。此外，“牵手”之后，“版图”的扩张带动收入增长。扩张带来规模效应的持续释放，供应链的资源整合，从而使单位采购成本下降，毛利率得到不断提高。两者联姻之后，携手打造了零售新业态：超级物种和京选空间。

- 超级物种：超市餐饮化

2017 年年初，永辉超市的最新业态超级物种首店温泉店在福州开业，这家店将超市与餐饮的融合发挥到了极致，500 平方米的空间不仅销售商品，还引进了 8 个精致美食工坊，而且这些工坊都是永辉超市的自营餐饮品牌。超级物种的诞生是永辉 2016 年来不断孵化与进化的产物，为什么取名超级物种，永辉给出的解释是超级物种就是未来“超市+餐饮”，让消费者更能寻味未来生活。

第一家永辉会员电商超级物种体验店位于鼓楼区福州广场东北侧，属于福州最中心繁华的五四路商圈附近，可谓是商贾云集之地，人口密度大，外国友人多。作为多重餐厅的结合模式，提供新鲜、安全、高性价比的全球优质食材，打造超级美食梦工场。其中融合了永辉目前孵化的 8 个产物：鲑鱼工坊、波龙工坊、盒牛工坊、麦子工坊、咏悦汇、生活厨房、健康生活有机馆、静候花开花艺馆。超级物种 8 个产物曾单个在永辉其他业态做过尝试均取得不俗成绩，晚上营业到 11 点的超级物种店临近闭店依然顾客如梭，但是本次聚合一体成为新的业态未来还有待观察。超级物种在福州试水成功后会迅速在全国扩张，计划两年后扩展到 3000 家门店。

京东和永辉为什么联手在“超级物种”上发力？永辉能在竞争激烈的零售市场以生鲜打出自己的一片蓝海，每一次出招都是应时应景的。永辉董事会秘书张经仪前不久的谈话或是最好的解释，“而今商品极大丰富了，消费模式已经是消费者主导了。顾客可以到线上购物，可以到其他店购物，甚至可以去国外购物。选择权多了，服务就重要了，特别是对于中高端的用户：如果你的服务不好，失去的不仅仅是一个用户，而有可能是他的整个朋友圈。”这种未来“超市+餐饮”的全新业态是互联网化和全球化的结果，是体验消费发展的必然选择，而永辉在全球商品供应链的优势和生鲜管控的水平则使其业态蝶变成为必然。同时，对京东来说，这既是携手永辉后线下零售的重大动作，也是对阿里巴巴盒马鲜生业态的反击。

- 京东・京选空间：是新零售还是小苏宁

京选空间是京东在线下“新零售”的一次探索和尝试，在京选空间实体店里所展出的商品主打 3C、数码类产品，这与京东整体的竞争优势相符合。从展示柜台看，整个店铺面积不大，约有 20 平方米左右。整个购物流程分为店内陈列商品和非店内陈列商品两类，都可以通过线上扫码支付的方式下单，店员可以帮助完成操作。目前没有公布任何销售数据，当然，也有人质疑这样的店中店，其实就是“苏宁 mini”，看不出京选空间与苏宁线下门店有何不同。

笔者却不以为然，结合京东的优势和商业模式，未来有更多可做的文章。在京东商业模式中，物流一直是刘强东非常看重的一块，他也一直认为自建物流是自己的优势。在当下零售业的新探索中，也出现了一些更强调门店配送的模式，比如沃尔玛推出了 188 元以上订单 3 公里以内免费配送的政策。在这样的情况下，传统的零售卖场功能也发生了变化，与其说是一个门店，不如说是门店和仓的结合体。这样一来，门店的用户体验会更加接近于电商，用户不用出门就可以收到货物，购买和支付行为在线下也实现了分离，而这正是电商的特点。在京东京选的模式中，很明显也在植入自己的物流体系。努力培养用户“到店购买”，然后回家等货的习惯。店员特意强调，你现在下单，第二天上午就可以送到家。京东·京选空间体验店旨在探索线下新零售模式，“让京东更贴近用户，服务线下用户，扩大消费群体，增强京东的品牌影响力和口碑。”

图 3.3-1　京东京选空间

（2）阿里巴巴向左，京东向右

在新零售的落地上，京东发力的重点与阿里巴巴不同。京东很早就布局了便利店，2014 年 3 月，京东宣布与北京、上海、广州、哈尔滨等 15 座城市的数万家便利店进行战略合作，包括快客、好邻居、良友、美宜佳、每日每夜、人本、中央红、今日便利等连锁便利店，这些店铺在入驻京东网上平台之后，将会在信息系统、会员系统、消费信贷体系和服务体系等方面与京东深度整合。

- 农村电商实体化：京东帮

刘强东认为渠道下沉、贴近服务客户、增强客户体验的才是新零售。京东在三四线城市还有一种名为“京东帮”的实体店，京东帮是指汇集各类优质电子商务外包服务商的一个平台，这些服务商可为京东商城第三方入驻卖家提供个性化电子商务产品及服务，从而促进卖家经营活动的良性运行及更快发展。其品类和经营模式都与“京选空间”不同：品类上，京东帮以家电为主，京选空间是京东全品类；经营模式上，京东帮在三四线城市，为客户做配送，维修等服务，京选空间在永辉超市的网点，做客户的产品使用体验、导购、宣传、客户维护等服务。无论是京选空间还是京东帮，都是京东“渠道下沉”战略实践的方式。

京东帮是建立在县级城市，具备大家电“配送、安装、维修、营销”四位一体功能的京东授权服务合作商。配送是客户订单由中心仓转运到服务店，由服务店完成最后一公里的配送及收款工作。安装是通过京东授权认证及厂家授权结算的方式，承接京东家电全品类、全品牌、全区域安装业务，实现送装同步。维修是受理京东和品牌厂家分派的维修服务任务。营销是借助服务店本地化优势，通过口碑传播、品牌宣传、会员发展、乡村推广、代客下单等形式，激活 4~6 级市场消费者购买力，促进单量增长。作为京东物流渠道的“支线运输”，是承上启下的重要节点，承担着“最后一公里”物流任务：农村的网络普及程度低、百姓的自助购物操作能力弱，让“代客下单”成为必然。配送服务费用、代客下单佣金，加上代理商/销售商的传统“安装服务费用”和“销售返点奖励”，这是加盟商的四大盈利来源。由此可见，“京东帮”是京东农村电商模式的线下实体化。2016 年京东帮开店数量已经突破 1700 家，大家电配送服务范围超过 44 万个行政村，中国大陆行政区县已实现全覆盖，广大县乡级市场的消费者都可以方便地在京东购买大家电产品了。

图 3.3-2　京东帮服务店

- 百万便利店计划

2017 年 4 月京东集团 CEO 刘强东宣布，“百万便利店”计划出炉，未来五年京东将在全国开设超过一百万家京东便利店，这一百万家便利店当中将有一半在农村，要做到每个村都有。2015 年年底，京东就宣布成立新通路事业部，为店铺提供配送支持、门店营销、数据分享等解决方案。而所谓的一百万京东便利店，并不是京东去布点开新店，而是把以前已经开设多年的各种小商店逐步发展成京东便利店。京东掌握进货渠道，仓储物流，做批发商，这些店覆盖实体人群，帮助京东完成销售，覆盖以前网络覆盖不了的人群。

百万便利店计划，让逐渐没落的“夫妻店”焕发了第二春，开在小区和社区的附近、没有明显的招牌，如果不是专门找，街头巷尾的夫妻店似乎是一种不起眼的存在。在零售业整体下滑的当下，这些散落在各处的传统小商铺、夫妻店，在电商冲击下似乎难逃被淘汰的命运。但颇具戏剧性的是这些默默无闻的夫妻店，近日来频频受到京东等巨头的关注。随着 2017 年阿里巴巴、京东等互联网平台“新零售”战火的蔓延，一些夫妻店纷纷被“收编”，成为打通社区零售“最后一公里”的战略要塞。刘强东这个百万便利店的计划听起来是很吓人的。100 万不是什么小数字，要知道，中国的行政村一共才 50 多万个。

业界对于人均 GDP 和便利店发展趋势的普遍关系有如下结论：当人均 GDP 达到 3000 美元时，便利店进入起步发展阶段，消费者开始接受便利店的概念；当人均 GDP 达到 5000 美元时进入成长期，便利店的形态与顾客的需求开始结合；当人均 GDP 达到 1 万美元时进入竞争期，同业竞争加剧，品牌开始整合；当人均 GDP 达到 2 万美元时进入成熟期，品牌进一步集中，出现主导品牌寡头垄断的市场格局。目前我国人均 GDP 已达 7590 美元，预计到 2020 年人均 GDP 将达到 1 万美元，如此看来，中国便利业态将经历一个黄金发展期。2016 年中国便利店市场规模达到创纪录的 1000 亿元，但更振奋人心的数字也许还没到来。在日本，便利店和超市的市场份额比例约为 54%:46%，中国这一比例目前大致是 8%:92%。对便利店市场的研究显示，它在人均 GDP 达到 3000 美元、5000 美元、1 万美元、2 万美元阶段都会有实质性变化。这也是城市变革的关键节点。如此看来，刘强东在便利店扩展上如此发力，也是符合经济发展规律的举动。

- 刘强东的思索

在路径上的差异，源于领导者对新零售的理解不同，思想的源头就有差异了。在 2016 年的“互联网+”峰会上，刘强东表示京东一直就在做新零售，未来的零售无边无界，不分线上线下。他按照演进顺序将零售业态划分为四种模式：集贸市场、大商场式、连锁店式和“互联网+零售”模式。四种模式不断地演进更替的原因，除了不断提升的用户体验之外，每一种新业态能取代上一种业态的背后都是跟成本和效率有关。互联网技术为包括零售在内的传统行业降低成本，提升效率。对于“互联网+零售”能否取代连锁店成为零售业的第四种业态，刘强东以京东为例，从成本和效率两个方面做了回答。京东成本费用率从未超过 12%，第一次把整个渠道的成本降到了 12%以内。在效率方面，传统零售库存管理只有 5 万种，最多不超过 15 万种，沃尔玛全球的产品总数只有 15 万种。但京东管理着超过 200 万种的库存产品，全国 200 个库房，京东依然能把周转天数控制在 40 天以内，是很有效率的。

成本和效率，一直还是刘强东布局新零售最看重的两个点。那么，为什么京东要搞百万便利店呢？这得从京东的财报说起，从京东最新的财报来看，京东的增速在快速下滑。京东 2016 年 GMV 增速是 47%，而 2015 年是 84%，2014 年是 107%。这个下降速度是惊人的，按照这个速度，几年后京东的 GMV 就会停滞，甚至负增长。从收入角度来看，京东也是七个季度增速一直下滑。显然，线上市场的增长已经快到头了，而京东刚刚实现盈利，还是非美国通用会计准则下的盈利。同时，京东物流的成本居高不下，京东的履约成本从 2015 年的 140 亿元增加到 209 亿元，增速 50%，快于同期自营部分 GMV 的 46%，物流成本越来越高。京东的盈利一直是不好看的，支持那么高市值的希望在于增长率，而增长率停滞下来，利润又不行，京东的投资价值就没有了。所以，刘强东现在要拼命扩展渠道，这个百万便利店计划就是准备线上线下一起来。线上增长停滞，那就覆盖线下以前覆盖不到的市场，特别是农村市场。想要利用线下市场，强行把营业额拉上去，同时把自己的仓储物流尽可能的利用起来，维持住高增长。

京东的布局，已经取得了初步成效，在 2017 年的“京东 618”狂欢节上大放异彩。“京东 618”全民年中购物节累计下单金额达到 1199 亿元，数据非常亮眼，要完成所有下单商品的配送，快递小哥共需要走约 5 亿公里，相当于往返地球与月球 651 次。抛开华丽的数据，2017 年的“京东 618”

将成为整个中国零售的分水岭，一来因为与主要拼“价格”的“双 11”相比，这次的消费者更注重品质、品牌。更重要的是，这是马云提出新零售概念后的首次电商大促，也是京东布局新通路项目后的首次大放异彩。“京东 618”活动期间，全国有超过 3 万多家小店通过新通路项目，成为京东的线下载体，辐射影响了千万级的消费人群。值得注意的是，这数千万人原本是电商最难以打动的人群，他们生活在信息相对闭塞的 3~6 线城镇，没有网购意识，依然习惯所见即所得的实物购买。京东新通路通过服务低线市场的小 B 终端，借助数十万名店主的手，把电商最难啃的这部分市场也囊括进了自己的体系。根据京东新通路的数据，2017 年 6 月 18 日当日全天销售额同比 2016 年增长 2300%，活动上线仅 4 小时，销售额就超过了 2016 年的整个 6 月份。

（3）联姻沃尔玛，全面反击

2016 年 6 月份，京东对外宣布与沃尔玛达成深度战略合作，沃尔玛将获得京东新发行的 1.4 亿股 A 类普通股，以当前京东的股价，该笔交易的价格大约是 15 亿美元。此外，京东将拥有 1 号商城主要资产，包括“1 号店”的品牌、网站、APP。对沃尔玛来说，长期亏损并逐渐缺乏想象空间的 1 号店，很大程度上只是和京东达成战略合作的筹码。对京东而言，与沃尔玛达成战略合作，看重的是其丰富的采购经营、供应链资源、品牌效应及线下实体网络。

京东与沃尔玛的合作，是想通过沃尔玛在零售方面的资源优势强化京东在 O2O 领域的业务布局，借势沃尔玛的海外资源实现全球化战略，并通过 1 号店弥补京东在华东地区的市场短板。作为 3C 起家的电商平台，京东通过价格战先后在图书、家电等领域取得不错的成绩之后，日用百货成了京东下一个主攻战场，在 2017 年“京东 618”大促中，百货正是京东的主要战场，因此拿下 1 号店将能为京东带来渴望已久的超市品类资源，可以有效地抵挡来自天猫超市和苏宁的进攻。对京东来说，与沃尔玛达成合作，能够接力沃尔玛的资源快速全球化，将有利于强化供应链，强化商超类产品的价格优势。长远来看，不仅会对阿里巴巴形成竞争压力，还将对抗亚马逊在全球的市场份额。

京东与沃尔玛实现了线上线下库存信息共享、商品存量打通，消费者在京东平台下单某商品后，如果系统判定商品从沃尔玛的门店进行配送为最优路径，后台订单管理系统会下发指令给到对应的沃尔玛门店，随后由沃尔玛门店的工作人员进行商品出库及打包，同时京东快递也将在每天指定时间去沃尔玛门店提取商品并进行配送。换句话说：我们上午下单，中午就可能收到商品。“88 购物节”是京东与沃尔玛联手为消费者奉献的一次线上线下全面融合的促销节日，其特点就是京东与沃尔玛实现“三通”，用户、库存及门店互通。消费者在沃尔玛全国 400 多家线下门店购物，通过扫码就能领到各种京东的满减优惠券。在深圳的部分门店，顾客在京东网站下单后，还可以选择距离最近的沃尔玛门店进行提货。这次尝试取得了巨大成功，沃尔玛官方旗舰店、沃尔玛全球购官方旗舰店、ASDA 全球购官方旗舰店三家店铺的总销售额创新高，比之前最高日销售额高 13 倍。同时，京东到家沃尔玛当天订单量比上月日均增长超过 200%。

虽然京东的路径有所不同，但是在新零售的战略布局上双方都是不遗余力的，都以自己的方式创造未来。无论阿里巴巴还是京东，新零售变革必将是一场电商和实体零售业之间的一次次合作的尝试。

3.3.3 万达的小目标

2012 年“CCTV 中国经济年度人物”现场颁奖对话中，王健林和马云有一个对赌：10 年后，如果电商在中国零售市场份额占 50%，我给他一亿元人民币，如果没到他还我一亿元人民币。在信息经济时代，这个赌局估计早已被很多人遗忘了，然而笔者作为长期关注零售业发展的研究员，却一直关注着赌局的变化。马云在云栖大会说纯电商未来会消失，只有线上线下和物流结合在一起，才能诞生真正的新零售，并在线下疯狂布局，似乎是预感自己要输了。时代的变化总是会超过计划，无论之前线下实体对电商的冲击有多不满，线上电商对线下的指责有多无奈，现在是时候停止互相伤害了，需要的是重新真诚地拥抱合作，只有如此才有双方新的未来。万达似乎也没觉得自己会赢，王健林对于线上的布局也是锲而不舍，屡败屡战。

（1）先定一个小目标

2016 年年初，王健林把万达商业的销售额目标，从上一年的 1600 亿元，下调到 1000 亿元。这背后，是想要把房地产企业转型成服务型企业，把一个地产公司变成一个集商场租赁、文娱体育和网络科技产品等为一体的服务商。如果说阿里巴巴是线上的“商业地产之王”，那么万达就是线下的商业地产之王：一个靠广告流量，一个靠租金。拥有庞大线下零售资源和网络的万达早就以开放、共享的平台化思维开始了零售业的转型实践。万达集团宣布成立“万达网络科技集团”，旗下包括飞凡信息公司、网络数据中心、快钱支付公司、大数据征信公司等，被称为中国唯一的“实业+互联网”大型开放型平台公司。成立之时，喜欢定小目标的王健林就说“万达电商会员一期的发展目标是 1 亿人，几年后要达到几亿各活跃会员，要涵盖几十万个连锁商家”。

万达飞凡自成立以来一直在探索新零售时代的商业模式，是给整个线下零售消费产业提供 IT 服务的平台，如今已经覆盖了上千家大型购物中心，三千多家影城、四百多家大型医院和两千多家高端酒店。已经帮助绿地集团、步步高集团、欧亚集团、红星商业集团以及万达广场等在内的 6000 个商业项目、50000 家商户实现了线上与线下的打通，注册会员总数超过了

1.8 亿人，其中活跃用户数将近 8000 万人。飞凡模式之所以得到了实体零售企业的支持并迅速站队，笔者分析，除了万达在实体零售强大的号召力外，更重要的是切中了零售业的痛点。

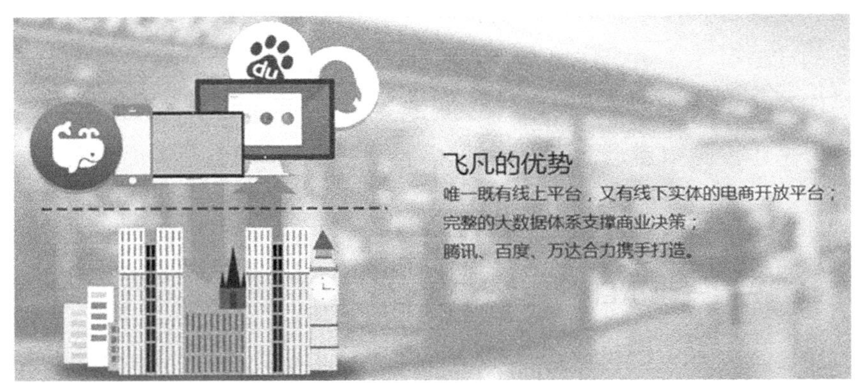

图 3.3-1　飞凡的优势

- 痛点 1：场景同质化

消费体验的升级主要是对场景体验提出了更高的要求，飞凡模式对实体零售最直接的改造就是线下场景的升级。目前，用户可以在飞凡商业联盟旗下的购物中心、百货超市等流畅体验停车、找店、排队、支付等智慧化升级的服务，未来还能借助虚拟试衣镜、智慧橱窗、智能储物柜等智能设备体验从线上到线下更便捷的信息服务和购物过程。

- 痛点 2：营销同质化

传统零售的营销手段有“两大一小”的特点，大字报、大喇叭和小传单。这些手段尽管有效但相比电商的“造节”缺少了点时尚感和活力，而飞凡模式很好地将互联网营销与传统零售的营销模式相结合，创造了线上平台统一活动与线下互动定制化营销相得益彰的个性化营销活动，受到了消费者的欢迎。2017 年的“飞凡 618”期间，飞凡商业联盟共吸客 5 亿人次，线上线下累计实现销售额达 120 亿元，这可以强有力地证明这一营销模式的成功。

- 痛点 3：运营系统亟待升级

互联网时代下，传统实体的思维和模式都会成为零售业发展的阻力，因此，飞凡提供全套互联网解决方案包括了实体零售的软件和硬件，飞凡先进的会员、营销、积分等服务管理系统和运用云计算、大数据分析等手段优化形成的新型运营模式。这种服务解决了单个实体企业投入大量转型成本却事倍功半的风险，也为实体企业注入了互联网基因。

（2）曲折的转型路

2015 年万达百货关店 46 家，2016 年仍有一些门店在关闭，同时万达百货的业绩也已经从万达年报中删除。大力扶持的飞凡平台，三任 CEO 都相继离职，这让很多人对于万达的新零售业态并不是特别看好。不过作为一家传统的地产、商业集团，在线下实体零售整体下滑的大经济形势下，万达表现出来的转型魄力还是值得其他所有传统零售实体学习。对于线上的布局，万达早有战略布局，早就在为万达飞凡打下基础，即使转型之路并不是那么顺利。

第一步是金融支付布局。相比阿里巴巴和京东来说，万达在金融和支付领域也是较为薄弱的，尤其是第三方移动支付。2014 年 12 月，万达出资 3.15 亿美元收购第三方支付公司快钱 68.7%的股份，为其新零售生态打下了金融基础。万达整个板块集合起来，每年大约有 20 亿人次的流量，预计未来几年能达到 30 亿到 50 亿人次。这个流量入口和支付的衔接在什么地方？线下付款就是最大的流量入口。万达在过去这些年，积累了大量的数据，比如广场里设置了很多 Wi-Fi，从而能对客户在广场内进行精确地定位和消费行为习惯分析，这些数据与支付在未来的融合中想想空间是巨大的。

第二步是弥补线上与新技术。与阿里系和京东系相比，万达系的优势在于他们的线下资源，而弱势却是他们的线上资源和互联网新技术。2015年7月，万达正式推出飞凡，开始借助飞凡打通线上线下的结合，同时结合互联网新技术，通过搭建 Wi-Fi、Beacon 等信息化基础设施，为其合作的线下购物中心提供大数据等服务。尽管一开始飞凡的试水并不是特别理想，但是依托于万达旗下超过 100 家以上的万达购物中心，万达的新零售业态实力还是不能让阿里巴巴和京东小觑的。与此同时，飞凡还与万达之外的五洲国际集团、步步高集团、新华百货集团等超过 300 家购物中心达成了战略合作。

王健林在 2015 年万达年会上特别提及未来万达互联网业务的发展，主要有几个指示：一是确保成都云计算中心 10 月之前竣工，支持电商全国联网运行。二是搞好技术研发，完成已确定的 15 个智慧产品研发，同时要制订今后 3 年更多的技术研发目标。三是做大支付规模，全集团要为快钱的发展提供支持，不仅万达电商用快钱支付，万达广场商家也要用。四是万达电商基本成熟后，要考虑向社会开放，力争做成一个开放的平台级电商。五是强化互联网思维，管理层要敢于拥抱互联网，而不仅仅把互联网看成工具。从目前的成果来看，不得不佩服万达的执行力，基本全部都实现了。

（3）跨越电商，直接新零售

万达视角下的传统商业与互联网结合，并非基于“互联网+”，而是“实体+互联网”，基于实体商业、人或场景的数字化，来助推实体商业数字化转型升级。万达网络旗下的服务运营商“飞凡”就是“实体场景+互联网技术”的集中体现：通过为不同的购物中心搭建信息化基础设施建设，以及停车、找店、排队和电影等服务，积累消费者大数据信息，并反馈给商家调整销售、服务策略，从而增强消费者线下购物体验。万达还希望将旗下遍及全国的 187 个万达广场接入云平台。除了连接入驻商户外，将借助 LBS（基于地理位置的服务）连接每天来万达广场消费的个人，打通万达拥有的乐园、购物、娱乐等多种消费内容。

在路径选择上，万达则是“跨越电商，直接新零售”。基于线下实体，将互联网视为提升消费者体验的重要工具，是万达第一次理清实体商业与互联网之间的关系。万达的“实体+互联网”具体化为四个特点：第一，场景即产品，消费不是人们的某种单一需求，而是在实体环境下的综合需求。第二，用户即流量，改变以运营产生用户及交易的模式，在实体场景中在线连接的用户就是流量，就能通过数据匹配对其进行针对性服务。第三，硬件即连接，传统互联网时代，需要通过网页才能发生连接，而现在，连接不再只产生在屏幕，而是无处不在，Wi-Fi、停车场智能闸机、餐饮店排队机、支付 POS 机都会成为人们的数据连接，让商家知道消费者是谁，需求是什么。第四，数据即商业，场景中诞生的数据都会成为用户的标签，用来指导商家的经营与服务。

万达利用自己的优势，在零售上也摸索出自己的一条路，跨越了电子商务的过程，直接进入新零售的征程，虽然任重而道远，但是未来还是很值得期待的。更重要的是，万达作为线下巨头，给电商巨头的新零售布局造成了“鲶鱼效应”，对整个新零售的竞争与发展也是有利的。

第 4 章

升维体验（Lift Experience）：新零售的商业模式

战略是权变的，商业模式却是恒定的盈利逻辑，零售企业之间的竞争，不是产品之间的竞争，而是商业模式之间的竞争。在新零售时代，企业更要以升维思考的方式，提高认知力，形成对竞争对手的降维打击。升维体验的商业模式会告诉你，新零售的正确打开方式是什么。

4.1 新零售商业模式分析

商业模式是企业恒定的盈利逻辑，是企业面对商业逻辑变革的打法，新零售的商业模式是怎样的呢？跟旧零售和纯电子商务有什么不同呢？我们首先还得从商业模式的历史说起。

4.1.1 商业模式的前生今世

商业模式的概念，是 20 世纪 90 年代后期才开始流行，商业模式由客户价值、企业资源和能力、盈利方式这三方面构成，是指为实现客户价值最大化，把能使企业运行的内外各要素整合起来，形成一个完整的、高效率的、具有独特核心竞争力的运行系统，并通过最优实现形式满足客户需求、实现客户价值，同时使系统达成持续赢利目标的整体解决方案。商业模式的多样化是基于新经济模式，从交易成本学说上看，在新经济模式下由于战略单元中加工、储存和共享信息变得越来越便宜了，使得公司在经营方式上有了更多的选择。价值链被分拆并重组，众多新型的产品和服务出现，新的分销渠道出现，更广泛的客户群体出现，这带来了更加激烈的竞争，同时也带来了许多新的经营方式。换言之，今天的公司在面对做什么、怎么做、为谁做这些问题的时候有了更多的选择。企业经营者比较倾向于将商业模式的讨论定位于方法，而研究者比较倾向于将商业模式描述为一种模型。总体上看，商业模式是一个非常宽泛的概念，跟商业模式有关的说法很多，包括运营模式、盈利模式、B2B 模式、B2C 模式、“鼠标加水泥”模式、广告收益模式等，不一而足。

（1）商业模式画布（Business Model Canvas，BMC）

商业模式画布是由瑞士洛桑高级商业研究院的亚历山大·奥斯特瓦德

(Alexander Osterwalder)和伊夫·皮尼厄(Yves Pigneur)两位教授提出来的，这个概念出自销售过百万册、被翻译成30种语言的畅销书《Business Model Generation》(中文译为“商业模式新生代”)的核心思想。BMC设计简单易懂，主要用来帮创业者建立、可视化、测试自身的商业模式的可行性，从而避免挥霍资金或者盲目地叠加功能。BMC是用来描述和分析企业、组织和个人如何创造价值、传递价值、获得价值的基本原理和工具，它能够帮助企业看清楚自己的商业游戏规则，它从九个方面分解企业商业模式，如表4.1-1所示。

客户细分(customer segments)：即公司所瞄准的消费者群体，这些群体具有某些共性，公司能够针对这些共性创造价值。例如电商品牌对用户进行细分，按照是否对价格敏感，分为敏感型用户和不敏感型用户；还可以按照用户对品牌的态度来划分，一组是通过穿戴名牌来提升自己的形象，另一组不大考虑品牌。通过这样的一个细分，你就可以改变你单一目录的营销方式，对价格敏感的用户目录强调折价促销，而注重形象的客户则强调潮流和时尚。

价值主张(value propositions)：即公司通过其产品和服务所能向消费者提供的价值，价值主张确认了公司对消费者的实用意义。例如，滴滴出行是最便捷的出行方式，只需要轻轻点击专车为你服务。你的司机知道你想去的位置，下车后可以直接走人，无需现金支付以及找零这些耽误时间的事情。滴滴并没有很直白地表达自己的价值主张，但是却很巧妙地凸出了传统出租车的出行缺陷，突出了其便捷服务的价值主张。

渠道通路(distribution channels)：即公司用来接触消费者的各种途径，阐述了公司如何开拓市场，涉及公司的市场和分销策略。例如，很多外卖平台会在公司大楼下面发传单，这些人就是他们平台的目标用户，通过这样的一个渠道来触达自己的目标用户；在各大安卓市场进行分发，上架应用商店，这些也是产品触达用户的一个渠道。

客户关系（customer relationships）：即公司同其消费者群体之间所建立的联系，我们所说的客户关系管理即与此相关。例如，小米手机的米粉论坛，互联网的会员系统，理发店的年费会员，星巴克的会员卡，这些都属于客户关系管理。客户关系管理有两方面的考虑，一个是如何与客户建立联系，例如罗永浩做锤子手机的时候，由于他的个人魅力，就已经与客户建立联系。第二个就是如何与你的客户长期保持联系，只有绑定用户你才能更好地变现。

核心资源（core capabilities）：即公司执行其商业模式所需的能力和资格。

重要合作（key partnerships）：即让商业模式有效运作所需的供应商与合作伙伴的网络关系。

关键业务（key activities）：即保障商业模式运行，企业所需要做的最重要的事情。例如，唯品会的关键业务就是奢侈品电子交易、自建仓库、售后服务。这里面涉及两个关键要素：买和卖。唯品会拥有嗅觉灵敏的买手团队，负责从商品中挑选受欢迎的品类，同时唯品会的仓储和物流效率极高，由于是特卖模式，其库存周转率极高，而传统电商是长期售卖模式，同时唯品会的物流标准化程度极高。

成本结构（cost structure）：即商业模式运营引发的所有成本。

收入来源（revenue streams）：即公司从每个客户群体中是如何获得收入的。

表 4.1-1　商业模式画布

KP 重要合作	KA 关键业务	VP 价值主张	CR 客户关系	CS 客户细分
	KR 核心资源		CH 渠道通路	

续表

KP 重要合作	KA 关键业务	VP 价值主张	CR 客户关系	CS 客户细分
C$成本结构		R$收入来源		

BMC 遵循这样的运行逻辑顺序：首先要了解目标用户群，再确定他们的需求（价值定位），想好如何接触到他们（渠道），怎么盈利（收益流），凭借什么筹码实现盈利（核心资源），能向你伸出援手的人（合伙人），以及根据综合成本定价。

（2）新零售的商业模式六要素

商业模式画布是通用的商业逻辑，结合零售行业自身的特点，以及新零售的发展特征，BMC 的九个组成要素不见得有同样的意义。一是客户细分没有必要。全渠道的新零售是吸引诸多的角色用户，在从中挑选高转化率的付费用户进行定制化服务和定向营销推送。原则上，只要是进店的客户，无论你是谁，都是目标群体。况且，零售商品的价位段也涵盖了全价类，各类群体都可能成为消费者。二是渠道通路和关键业务走向趋同。渠道通路上，线上线下融合是新零售的趋势，触达消费者的方式几乎都会走向雷同，要么电子商务、要么实体门店、要么广告推送，大家都会以各种方式来超链接消费者，自然在渠道通路的实质上不会产生太大差别，特色只能体现在形式上。关键业务上，零售的本质没有变，以高效的方式为消费者提供极致体验的实质没有变，业务上要么打造优质体验的消费场景，要么用数据做好精准营销，要么提供贴心的社群服务等，关键业务也走向趋同。

同时，在收益获取和成本结构上，各个零售企业也大同小异，差异点主要在于方式上，在前端，通过建立和谐的客户关系，提供准确的价值主张；在后端，利用自身核心资源，整合重要合作伙伴的社会资源，服务于前端。因此，零售企业的商业模式画布，会有如下的变化，如表 4.1-2 所示。

表 4.1-2　零售企业商业模式画布

KP 重要合作	C$成本结构	R$收入来源	VP 价值主张
KR 核心资源			CR 客户关系

按照阿兰·奥佛尔（Allan Afuah）等学者的说法，商业模式是由不同组成部分、各部分之间的连接关系以及系统的“动力机制”三个方面组成的系统。商业模式组成部分是指表 4.1-2 中的六要素。商业模式各部分之间的连接关系是指各部分都围绕着一个目标来构建，好的商业模式，各组成部分之间是相互促进，而不是相互冲突，可以实现 1+1>2 的效应。商业模式的动力机制是指让各要素发挥作用的力量及商业运作机理，让利益相关者都有好处，形成合力。新零售的商业模式就是在以上六要素的组合下，产生化学反应，从而建立起恒定的盈利逻辑。

那么，新零售商业模式又需要具备怎么样的思维方式来进行顶层设计呢？

4.1.2　互联网经济的升维思考与降维打击

猎豹 CEO 傅盛说“互联网时代，升维思考，降维打击，找到破据点，要花时间，把一件事情想清楚，站在比别人更高的维度想清楚方向，执行的时候比别人更凶狠。” 降维打击的核心理念就是把竞争对手拉到一个更低维度的竞争模式中，会让对手因为失去一个原有的竞争维度而无所适从，并最终被打败。

（1）降维打击在商业上的应用

企业竞争力可以体现在若干个维度的累加上，这些维度包括核心技术、成本优势、管理优势、人才优势、地域优势等多个方面，具有更高竞争维度思维的企业，主动将竞争对手的某一核心维度的竞争力降低，并跟对手在自己更具备竞争优势的维度内进行竞争，往往很容易实现以小搏大、以弱灭强的商业竞争结果，这就是企业竞争中的“降维打击”。降维打击经常体现在企业以低价对抗高价，免费对抗收费，极简战胜繁琐等方面。当一个弱小或新生的企业，借助一个新的竞争力维度，利用非常规的手段，与巨无霸企业竞争或挑战时，这时候就会出现“降维打击”。如果将互联网思维比作高维，那么工业思维就是低维。当高维的入侵者去毛利率、去库存、去渠道、去营销、去管理，将这些独立的维度都降为零，低维所受的攻击无疑是毁灭性的。

比如 360 杀毒、卡巴斯基、瑞星等以杀毒技术为核心优势的企业业绩断崖似地下跌，在低维空间里无法生存，360 通过免费杀毒赢得用户入口后，靠广告、游戏增值等其他业务实现盈利。小米的成功也是如此，积累了一群技术发烧友作为冷启动用户，高配低价、极致的用户体验让小米手机逐渐垄断中低端市场，手机硬件不赚钱，却通过小米整个生态圈的发展去赚钱，这就是典型的降维打击。当今的互联网时代是变革的时代，“降维打击”无处不在，想要生存就先要“升维思考”，不要总想着通过信息不对称，价差这样的所谓优势维度去打击竞争对手，价格战已经是很低的维度了，把自己从这个圈子里跳出来，站在更高的维度、更多的维度去思考问题，找到核心优势和爆破点，一击必中。

（2）如何进行升维思考和升维打击

“降维打击”最初来自刘慈欣的《三体》，说的是如果人类适应了三维，去掉一个维度，那么人类就无法生存。如果一个企业适应了三维，去掉一个维度，同样无法生存。互联网出现以后，很容易去掉某些维度，造成的结果就是，打击异常惨烈。反之，如果一个企业从原来的一维，增加一个维度，甚至到三维，也会比竞争对手获取更强的竞争优势，从而赢得市场，这就是升维思考。升维思考就会形成升维攻击，这是《三体》里面没有提到的，反而是现实商业中更加常见的。升维打击是指在同一个领域里面，利用不在同一竞争层面、高于同行业竞争者的技术或模式创新对其进行不对称打击，从而更快地占领市场。实现“升维”打击战略的关键是将高级别的技术和行业标准应用到低级别的行业，例如将军用技术应用到工业领域，将工业技术应用到民用领域，等等。利用“高维世界”中压倒性的技术优势对“低维”市场的对手进行“藐杀”。

升维思考与“罗辑思维”提倡的“双眼论”，有异曲同工之妙，围棋中的“眼”，是指被棋子围住的空白交叉点。围棋有一个基本规则：一盘棋，如果只有一只“真眼”，就是死棋；如果有两只“真眼”，则是活棋。这个道理其实不难理解，对弈开始时，可以落子的地方很多，天高地广，到处是机会。但随着局势的发展，环境的制约越来越强，生存空间越来越少。到最后，比拼的就是个人独有的空间，也就是“真眼”。如果只有一个“真眼”，一旦遇到强敌的猛攻，这个领地瞬间就可能丧失，往往会导致“气尽棋亡”；但是如果有两只“真眼”，就有了生存和立足的基础，就能以此为根据地不断向外拓展，扩大优势。“一只眼死，两只眼活”，这就是“两眼论”。这里的“眼”，投射到商业领域，就是升维思考。很多成功的公司，在宣扬核心理念的背后，往往都有极力发展的第二只眼。比如，亚马逊的一只眼是电商，另一只眼是云计算；苹果的一只眼是硬件，另一只眼是软件系统 iOS；京东，一只眼是电商，另一只眼是快递业务。几乎所有成功的大公司，都有这样的两只眼，两个绝活和优势，这都是升维打击的玩法。当你只有一个独家优势的时候，无论是环境变化，还是敌人太过强大，这个优势瞬间就能丧失。但是如果有两只眼，也就是有两种优势的时候，在求存的过程中，就有了腾挪的空间。所谓东方不亮西方亮，两只眼组合起来的动态优势，大大增强了生存的概率。再比如，特斯拉 SUV，有一个很独特的鸥翼门设计，就是后座的两只门打开的时候，像翅膀一样张开，而不是像其他车那样是向两边拉开。为了这个设计，特斯拉的创始人埃隆·马斯克，不惜推迟销售这款车，为什么？因为埃隆马·斯克深深明白，特斯拉的两只眼是“电动车+豪华车”的新品牌。特斯拉不仅是在和其他电动车竞争，它还在和宝马、奔驰这样的豪华车竞争。一只眼死，两只眼活，三只乃至更多的眼位，才能活得更自由，升维思考就是不断地增加企业自己的“眼”，在复杂的商业环境中建立竞争力。

升维攻击就是从简单的、贵的、小规模的、单维度的，发展到复杂的、便宜的、大规模的、多维度的商业策略。升维攻击是面向目标客户群，提供超越当前消费级别的产品和服务（例如给二线城市客户提供一线城市的产品服务，或者给中等收入客户群，提供高收入人群的产品与服务），并且能够通过管理、创新、技术等手段实现目标客户群基本能够接受的价格水平，攻击现在目标客户群所使用的产品与服务，这个就叫升维攻击。因为原来的产品与服务受限于生产力、消费理念等，客户规模比较小，无法放量，所以成本比较高，伴随着社会发展，不断出现这些放量的机会，谁能够抓得住，找到可以降低成本的产品与服务，做大做强，就有可能成功。为用户提供多维度的体验，是升维打击的核心，例如，以前用户只能享受到“价廉”或者“物美”，现在不仅两者可以兼得，还可以高效地获得“物美价廉”的商品和服务，就获得了升维体验，原来低维或者一维的体验就会被淘汰。又比如，商品的“多、快、好、省”在以前几乎是无法兼得的，在互联网等技术的推动下，可以实现“鱼”和“熊掌”的兼得，完成“升维供给”，形成对对手的升维打击。

（3）升维打击的三种模式

升维打击革新了互联网时代先进的商业模式。传统的销售模式存在了上千年，互联网时代来临，电商平台面对传统零售商，具有无可比拟的技术优势，于是横扫千军，很快把传统的商业零售模式冲击得七零八落。电商平台相对于传统的商业零售平台采用的就是升维打击。在互联网平台竞争日益激烈的今天，大部分的电商平台还停留在传统的以产品为中心的商业模式里面，其竞争者都是在同一维度厮杀，而新的模式以用户为中心、共享经济等新模式、新技术的出现为代表，利用其商业模式优势对传统的电商模式进行“高维”打击，势必会引发新一轮的竞争。在商业逻辑变革的互联网时代，零售企业的升维打击通常有三种“打法”。

- 体验升维

从产品展示向服务体验转变，在红海之中挖掘蓝海，在同一领域创造机遇，升维打击往往更有效果。例如当前电商服务清一色的产品展示、价格战，除淘宝、天猫、京东等为数不多的成功者外，跟风的电商平台数不胜数，却鲜有成气候者。究其缘由，是因为阿里巴巴、京东等经过前期跑马圈地，市场渠道、品牌意识都已成熟，如果仅仅是从产品展示销售这一角度切入与之争锋，往往阻碍很大。在消费日益成熟和多元的今天，消费者从最初的买便宜货，逐步转向追求产品价值和服务体验上去了，客户买的不是便宜货，而是占便宜的感觉。新的电商平台，在商业平台打造上从产品价格这一维度上升到用户体验这一更高的维度，只有制造更多客户差异性的服务体验才能在竞争中立于不败之地。

- 营销升维

从产品广告吸引消费者流量到共享利益吸引消费者。传统电商平台请明星或者以产品打折为噱头，吸引客户来购买，形成客户流量，这种营销方式和传统的营销没有什么区别。今天，共享经济的出现，让越来越多的厂家意识到，让消费者参与利润分配是未来发展的趋势，而互联网技术的成熟，让这种分配方式成为可能，让股权投资也迎来了新的发展机遇和转变。人类从农业社会、工业社会到信息社会，就是一个不断升维的过程。对于农业社会而言，工业社会就是升维；对于工业社会来讲，信息社会就是升维。信息社会与工业社会之间的竞争，不是在一个维度，更不在一个层次。工业化城市升维到信息化城市，而信息化城市的重要标志之一，就是高度数据化。城市的基础设施、经济、社会、政务、生活等都将在“升维”的过程中实现高度的数据化：一切都将“用数据说话、靠数据决策、依数据行动”。

新一轮工业革命引发人类从 IT 时代到 DT 时代的转型，推动人类从数据耦合时代、数据库时代、数据分析时代进入大数据时代，人、货、场等世界万物皆在云计算中数据化，在线大数据正在加速重构客观物理世界。在今天的零售、商业、批发、生产、制造环节中，实际上分成两个世界，一个物理世界，一个 DT 的世界。在天猫的场景下，每个商品都挂上了条码，每个用户在天猫上都有一个账户，每个商家也都有自己的账户体系和后台系统，每个交易、每个消费者的行为，天然构成了一种数据化链路。数据能不能打通，形成一个全数据链路，这是关键和核心。如果不能利用数据去塑造一个新的商业模式，所谓商业模式的创新也只是在过去的模式上的一个翻版。今天要把数据同商业实践、消费者行为结合起来，用算法绘制消费者画像、挖掘消费意愿，产生更高层次的消费场景。消费者很多时候并不知道自己要什么，但如果能够基于其过往消费行为去寻找到他们的意愿，把意愿变成选项给到消费者，这时候消费就进入一种不自觉、由消费意愿所驱动的状态，这是未来商业实现升维打击非常重要的一个发展趋势。

- 价值升维

从产品价值向社区价值转变。传统平台强调的是产品本身的价值，“90后”“00后”的时代到来，这些群体拥有与父辈截然不同的生活环境。还以父辈的口吻告知他们产品有多好、多值得买已经行不通了，他们需要的是自我社交的需求，体现个性价值。消费者不仅需要产品，还需要一种生活方式，所以企业要从供应链转向需求链。在社群的交流中，探求用户的需求，创造商机。新的电商平台需要考虑如何打通消费者社交圈子，利用互联网工具，形成不同的社会群体，借助社区来传播产品。

4.1.3 新零售就是围绕升维体验的零售变革

前文中提到，消费者为体验买单，消费变革、渠道变革和技术变革都是围绕着重塑用户体验的过程。因此，用户体验是新零售最核心的要素，新零售呈现的女性主义特征也告诉我们没有体验就没有交易，换句话说“**没有体验的新零售就是耍流氓**”！

用户的消费体验来自于三个维度，第一个维度是消费场景，在这里消费者与产品直接发生连接，愉悦、轻松、舒适的购物环境让消费者更容易产生购买欲望，也让他们更加认可这家门店，从而形成更多的流量。比如宜家通过打造更多的“场景”，让不同的“场景”之间形成互补，从而让更多的人流量能够以不同的方式进入宜家，这是宜家在努力打造的一个增加流量的法子。第二个维度是数据赋能，大数据的意义可以用一个公式来说明，即“有价值信息=大数据+算法+云计算”。通过场景的数据采集和云端的数据分析可以让商家更加了解消费者，从而进行更精准的营销和更精细的服务，让消费者获得更全方位、更定制化、更贴心的服务体验。第三个维度是会员营销，通过建立会员体系，让消费者形成一个社群，大家有共同的标签，形成一定的价值认同，获得一种被关爱、被尊重、有互动的体验。

传统零售提供体验是单维的。优质体验的消费场景、可以持续获取资源的云端数据赋能、让人愿意归属的会员营销，企业对三个维度任选其一，深耕到底。新零售则以互联网技术为基础，将不同维度的体验进行升维，形成体验之间 1+1>2 的协同效应。同时，在互联网经济中存在一个“体验付费守恒定律”，即有体验，必然有付费，用户可能不愿意为一个平常的体验付费，但是体验越丰富、越稀缺，付费可能性越大。以前不愿意付费，总会在以后付费，体验和付费之间永远是相等的，谁能率先用体验打动用户，让他们掏腰包，谁就能获取之前制造体验的收益。我们先来看看，单维体验和升维体验模式的不同玩法和背后不同的商业模式逻辑。

（1）单维体验的商业模式

我们先仅仅选择一维探讨其商业模式设计，以便为我们探讨升维体验的商业模式打下基础，并更好地理解升维思考的“打法”。

- 玩终端——消费场景

这一维的商业模式中，零售企业的关键业务是消费场景打造，所有资源全部投入到终端建设上，以此吸引流量和促成交易。这也是零售企业的传统打法，就是设计好门店、规范好陈列、标准化流程。这种商业模式的逻辑是，不论如何，门店都是一个流量的入口，必须以门店为主导，和客户建立更紧密的关联。在新零售时代，作为终端的消费场景必须具备和发挥六大功能。

产品销售功能：这是终端最基础的功能，产品销售是核心，也是零售客户最关注的需求。为消费者提供多样化、满足需求的一系列商品。

宣传促销功能：在强化消费者认知、促进品牌销售上有着不可替代的作用。有效利用店内空间展示广告，设置消费体验区，并利用广告视频播放、展示板、海报、宣传页和宣传手册等媒介对不同商品品牌和品牌文化进行生动直观地展示，或通过服务员在商品销售过程中运用一定推介策略引导顾客消费意向，从而促成消费者对商品的认同并购买。

信息采集功能：作为采集数据的触点，一方面实时搜集商品进销存的数据；另一方面获取消费者属性和行为数据，为大数据分析和消费者全息画像绘制打下基础。这就要求门店实现数字化，首先要求门店需要互联网化，门店需要上线。只有门店上线了，门店互联网化了，才能更好地实时获取顾客数据。需要结合互联网技术，将实体店逐渐优化改造成“数字店铺”，最终实现消费者与实体店之间从“弱关系”到“强关系”的转变。

消费跟踪功能：甄选固定消费者，动态记录其购买频次、品牌规格、价位等，分析研究消费者购买规律和行为偏好，定期邀请他们进行现场尝试体验，只有通过让消费者亲身体验，促成消费者对新品牌的认知和认同，才能更好地引导消费者的消费倾向。同时，实时跟踪和更新他们的消费数据和行为，描绘更加精准的用户画像。

形象展示功能：零售终端的形象展示并不仅仅是搞一个终端形象展示柜、塑造店面形象那么简单，而是要引入“视觉营销”，刺激消费者购买，实现品牌形象展示和传播，起到沟通互信的作用。为发挥典型示范作用，根据零售终端展示功能的要求，通过个性化陈列，生动形象地展示零售的商品。

消费体验功能：消费可分为两大类，一类叫提袋型消费，一类叫体验型消费。提袋型消费就是购物。现在商家做广告，多是男女两个年轻人，拎着几个袋子，显得很高兴，这就是提袋型消费。体验型消费有广义和狭义之分，广义的体验型消费包括文化、旅游、体育、娱乐等。狭义的体验型消费，指发生在商业中心内以感官体验为主的消费，如看电影、打电玩、健身、餐饮等。终端要让消费者有体验的全过程，在体验过程中理解和认可商品或品牌。

基于消费场景的六大功能和产品独特的定位和主张，在对消费者的营销推广中通过传播“特定的消费场景”，建立起场景与品牌之间的一对一关联，这种可以激活消费的场景，可称之为场景按钮。香飘飘奶茶的“小饿小困”系列广告，就为消费者设置了几个场景按钮，例如：下午上班的时候没精神，疲累困乏，在此场景下就能轻易联想到"小饿小困，喝香飘飘"；再比如非饭点时候，有点小饿，又不适合大张旗鼓地吃，怎么办？又想起了"小饿小困，喝香飘飘"。当消费者在特定的场景之下，能够轻易地联想到特定的品牌，这就是激活了品牌的"场景按钮"。把品牌与明确的场景进行关联，能够给消费者清晰的消费指令；场景越明确，指令就越清晰有效。

- 玩算法——数据赋能

这一维的商业模式中，零售企业的关键业务是云计算，所有资源全部投入到数据算法上，这也是核心竞争力。阿里巴巴 CEO 张勇说每个企业都要走向数据公司，才是新零售，亚马逊现在就是典型的大数据公司。要在数据赋能方面做到极致，需要做好四方面的基础工作。

建立大数据云平台：终端采集的数据实时传输到云端，形成自己的数据资产，数据类型要涉及用户社会属性、生活习惯和消费行为等多维信息。要掌握繁杂的数据源，包括用户数据、各式活动数据、电子邮件订阅数、线上或线下数据库及客户服务信息等。比如当你浏览某网站时，其 Cookie 就一直驻留在浏览器中，对用户触及的动作，点击的位置，按钮，点赞，评论，粉丝，还有访问的路径，可以识别并记录所有浏览行为，然后持续分析浏览过的关键词和页面，分析出短期需求和长期兴趣。此外，还可以通过分析朋友圈，非常清晰地获得对方的工作、爱好、教育等方面信息，这比个人填写的表单，还要更全面和真实。这些数据被采集后，都需要存储，云平台就是最好的数据仓库。

持续迭代算法：Google 的网站每天要处理 10 亿次以上的搜索，Gmail 要储存几千万用户的邮箱，Google Earth 要让数十万用户同时在地球上遨游，并将合适的图片经过互联网提交给每个用户。如果没有好的算法，这些应用都无法成为现实。数据好比食材，算法就是厨艺，需要不断升级自己做菜的方法，才能让做出来的菜味道更好。零售企业要不断迭代算法，让输出的结果更加贴合事实，更加精准科学。

全息消费者画像：在互联网逐渐步入大数据时代后，不可避免地给企业及消费者行为带来了一系列改变与重塑。最大的变化莫过于，消费者的一切行为在企业面前似乎都将是“可视化”的。随着大数据技术的深入研究与应用，企业的专注点日益聚焦于怎样利用大数据来为精准营销服务，进而深入挖掘潜在的商业价值。于是，“用户画像”的概念也就应运而生。用户画像（User Profile）作为大数据的根基，它完美地抽象出一个用户的信息全貌，为进一步精准、快速地分析用户行为习惯、消费习惯等重要信息，提供了足够的数据基础，奠定了大数据时代的基石。用户信息标签化是关键，就是企业通过收集与分析消费者社会属性、生活习惯、消费行为等主要信息的数据之后，完美地抽象出一个用户的商业全貌作为企业应用大数据技术的基本方式。用户画像为企业提供了足够的信息基础，能够帮助企业快速找到精准用户群体以及用户需求等更为广泛的反馈信息。

精准策略：有了用户画像之后，便能清楚地了解需求，在实际操作上，能深度经营顾客关系，甚至找到扩散口碑的机会，再根据客户需求精准营销，最后追踪客户反馈的信息，完成数据赋能的闭环。大数据最大的价值不是事后分析，而是预测和推荐，拿电商举例，“精准推荐”成为大数据改变零售业的核心功能。譬如服装网站 Stitch Fix 的例子，在个性化推荐机制方面，大多数服装订购网站采用的都是用户提交身形、风格数据和编辑人工推荐的模式，Stitch Fix 不一样的地方在于它还结合了机器算法推荐。这些顾客提供的身材比例，主观数据，加上销售记录的交叉核对，挖掘每个人专属的服装推荐模型，这种一对一营销是最好的精准服务策略。精准策略的意义有两个，一是完善产品运营，提升用户体验，改变以往闭门造车的生产模式，通过事先调研用户需求，设计制造更适合用户的产品，提升用户体验。二是对外服务，提升盈利，根据产品特点，找到目标用户，在用户偏好的渠道上与其交互，促成购买，实现精准运营和营销。

- 玩社群——会员营销

这一维的商业模式中，零售企业的关键业务是会员营销，通过打造忠实的粉丝群体，深度挖掘固定流量的价值。会员营销是一种基于会员管理的营销方法，商家通过将普通顾客变为会员，分析会员消费信息，挖掘顾客的后续消费力，汲取终身消费价值，并通过客户介绍等方式，将一个客户的价值实现最大化。通过会员积分、等级制度等多种管理办法，增加用户的黏性和活跃度，使用户生命周期持续延伸。企业做好会员营销，让用户有情感上的投入，那么对于他来说就有独一无二的个性化体验，他们不仅会被产品牢牢地黏住，甚至还愿意为这种体验支付高价。形成社群的基础是什么？克莱·舍基在《无组织的组织》中讲得很明白：共同的目标，或者是纲领，通俗说叫“调性”，人群通过纲领、调性已经做了有效的区隔，基本上能做到让对的人在一起。这也是为什么在PC时代社群比较难以建立的原因，而微信、微博这些实时工具，使得协同变得非常容易。做好会员营销就要形成共享价值观的群落，就要做到以下五个方面。

会员维护：会员维护是从满足会员心理需求的角度，加强核心客户群的品牌忠诚度，并引导会员的消费行为，从而为企业带来更大的商业价值。通过会员维护可以满足会员的心理需求，同时植入品牌理念，形成会员的忠诚度与归属感。

积分营销：积分营销作为提升会员忠诚度的主要手段，越来越受到企业的重视。通过网络成员间的积分流通，形成积分封闭式的良性循环，为企业带来海量的体验式消费者以及大幅度的销售业绩提升。

会员分级管理：根据会员的消费习惯和消费能力的不同将会员分级管理，建立会员等级制度。不同的会员等级可以享受不同的优惠折扣，并且低等级的会员消费到一定额度可以升级到高等级。这样做首先是方便店铺对会员更为精细化的管理，提高会员黏度。其次对于高等会员，让其更有一种至尊独享的优越感，对于高等会员店铺应该尤为重视，因为这类会员才是店铺的核心会员，才是店铺高端产品消费的主力军，也是店铺营业额的主要贡献者。将会员分级管理，商家更方便对会员做出个性化营销，店铺上新可以根据会员的消费习惯推送促销信息，使商家的营销服务更精准、更贴心。

会员消费追踪：如何减少会员流失的关键在于会员管理的后期维护，维护好后期的服务才能更有效地勾起会员进店消费的欲望。商家可以通过会员管理系统将会员筛选出来进行电话回访或者短信回访。店铺有活动可以给会员发放优惠券，及时和会员保持联系是会员进店消费的关键。做好会员营销不完全是简单的会员信息采集，简单的打折优惠，还需要分析筛选会员消费习惯、爱好等有价值的信息，优化调整店铺会员营销制度，才能发挥店铺会员的最大价值。

会员增值服务：既然是店铺的会员，客户消费过程中商家应该体现出会员的重要性。这里既包括产品价格的优惠，也有服务过程中给会员的感受。在价格方面店铺的产品应该做好等级区域价格，低级会员消费到达设置额度升级为高等会员。通过会员消费加强会员的等级意识，会员意识的加强也是增加会员进店消费的机会。

互联网行业的竞争，其本质是对用户和流量的争夺，而相对于用户来说，“会员”是一个黏性更高、更具价值的群体。挖掘会员经济，满足用户需求，实现针对会员的精准营销，这对于有着庞大会员数量的电商巨头们，无疑具备极为重要的“拉动内需”的作用。再者，挖掘会员的需求，其实质是建立起与会员的情感连接，让松散的会员组成有着统一价值观的社群，形成电商平台与会员间真实的闭环互动关系。

（2）升维体验的商业模式

卫哲说，好的商业模式用两把尺来检验，即“两个凡是”：凡是对用户体验不能成倍提高的，不是好模式；凡是对企业效率不能成倍提高的，也不是好模式。新零售要实现体验的跨越式提升，必须升维思考，形成对旧零售和纯电子商务的升维打击，这就需要在传统单维体验的商业模式基础上进行叠加，形成升维体验的商业模式。升维体验商业模式通常有四种：消费场景+数据赋能，即终端+算法；消费场景+会员营销，即终端+社群；数据赋能+会员营销，即算法+社群；消费场景+数据赋能+会员营销，即终端+算法+社群。结合之前单维体验的 3 种商业模式，零售企业的商业模式可以分为 7 种，如表 4.1-3 所示，显然，新零售的商业模式应该是升维体验。

表 4.1-3　商业模式分类

用户体验	商业模式	代表企业	类型
单维体验	消费场景	海澜之家	单维体验商业模式
	数据赋能	亚马逊	
	会员营销	小米之家	
二维体验	消费场景+数据赋能	素型生活馆、宏图 Brookstone、良品铺子	升维体验商业模式
	消费场景+会员营销	宜家家居、兴隆大家庭、名创优品	
	数据赋能+会员营销	孩子王、拼多多、百度糯米	
三维体验	消费场景+数据赋能+会员营销	盒马鲜生、国美零售、王府井	

互联网是新零售商业模式的催化剂，它真正使各维度体验实现化学反应的升维，而不是物理层面的叠加。首先，互联网技术让人、货、场实现“在线”，一是消费者“在线”，消费者被数字化、标签化，实现可识别、可洞察的可能；二是商品“在线”，商品信息被传送到云端，结合对消费者的全息画像，实现精准推荐，实现可触达、可服务的可能；三是场景“在线”，

人工智能、人脸识别等技术让终端成为智慧门店，动态地纪录消费行为，并实时将数据传送至云端，实现“热备份”。

此外，互联网技术让运营效率更高。无论是打造消费场景，实现数据赋能，还是进行会员营销，都需要借助互联网以及移动互联网的平台，让数据交互、社群互动等更加容易和高效。这一过程中，互联网的作用无可替代，主要原因有三：其一，只有基于互联网，才能汇聚足够多的信息，否则，数据就是储存在本地，而非上传至云端；其二，只有基于互联网，数据和信息才能实现所有接入的个体充分共享，通过算法有效地匹配供需；其三，只有基于互联网，才能聚集分散的计算能力，通过云计算处理大数据，挖掘用户深层次需求，并实现精准营销。因此，新零售出现在电子商务下半场的时间节点上，也是跟互联网技术的发展息息相关的，没有这些基础技术的夯实和变革，新零售也就成了无本之木，无源之水。

那么，升维体验商业模式的运行逻辑是什么？需要遵循什么样的规律？升维的维度是越多越好吗？

4.1.4 “新零售之锥”模型

用户体验取决于消费场景、数据赋能和会员营销三方面，也就是零售企业要学会玩终端、玩算法、玩社群，打造有趣、有心、有爱的升维体验。如图 4.1-1 所示，用户体验的打造就像是用一个“锥”钉入消费者内心，消费者的体验程度可以用“体验面积”来表示，体验面积越大，获得的体验就越好。体验面积取决于打造体验的三个维度，一是终端，消费场景打造越好，用户购物体验就越好，新零售之锥的“底面”就越大，钉入消费者内心更深，体验面积就越大。二是算法，数据赋能越强大，精细服务越精准，用户被理解、被尊重的体验越好，新零售之锥的“高”越长，钉入消费者内心越深，体验面积就越大。三是社群，会员营销做得越好越贴心，消费者内心认可度和忠诚度越高，新零售之锥的“顶面”越锋利，钉入消费者内心更深，体验面积就越大。

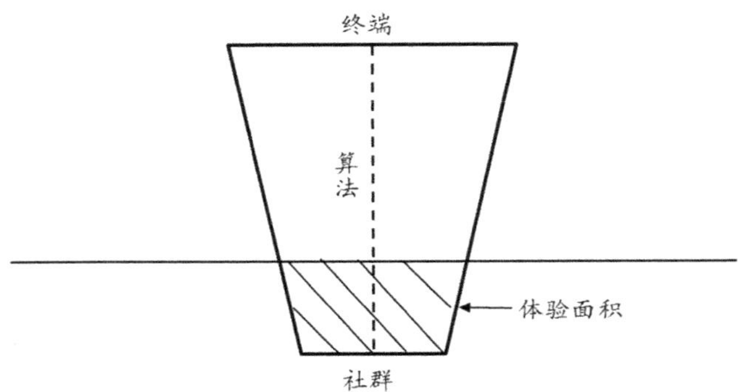

图 4.1-1　新零售之锥模型

可见，单维体验只能强化某方面的力量单层发力，要求该维度做到越极致，钉入消费者内心才会越深，用户体验才会更好。升维体验是多个维度的多层发力，更容易深入消费者内心，创造更好的消费体验。以上是从单个消费者体验的角度分析，如果从市场获取的角度来分析，也会有类似的结论。

零售企业通过打造消费场景、优化数据赋能和实施会员营销来抢占市场份额，就好像用一个“锥”钉入市场，如图 4.1-2 所示，钉入面积越深，则市场占有越大。夺取市场的大小也取决于三个维度，一是终端，消费场景是流量的入口，场景体验越好，消费者捕获率越高，新零售之锥的“底面”就越大，钉入市场的能力越强，交易规模越大，市场面积就越大。二是算法，数据赋能做得越好，对供给与需求的匹配越精准，服务也越到位，重复购买的可能性也越大，新零售之锥的“高”越长，钉入市场能力越大，市场规模就越大。三是社群，会员营销做得越好，对“老顾客”市场价值挖掘就越深，也更充分，反复消费的可能性也越大，新零售之锥的“顶面”越锋利，钉入市场能力越强，市场份额就越大。

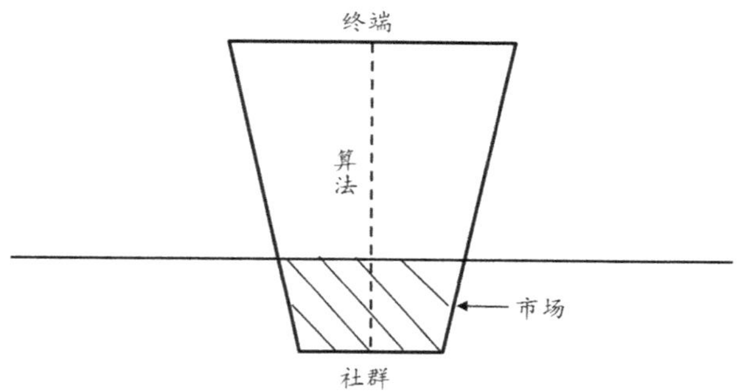

图 4.1-2　新零售之锥模型

由此可见，不论是从消费体验的角度，还是夺取市场的角度，升维体验的商业模式都是多层发力的叠加效果，比单维体验的单层发力效果要明显和持久，新零售就是一种升维体验的商业模式。那么，企业在构建升维体验的商业模式的时候具体是怎么操作的，又取得了什么效果呢？接下来的章节将会用模式分析和案例分析的方式，给大家介绍新零售时代，四种升维体验商业模式的玩法。

4.2　升维模式 1：消费场景（终端）+数据赋能（算法）

零售企业打造消费场景和用数据赋能，是新零售升维体验商业模式的典型之一，转型后的素型生活馆、宏图 Brookstone、良品铺子、王府井百货等就是这样的模式代表。

4.2.1 模式分析

在这一种升维模式中，零售企业利用消费场景作为端口导入用户吸引流量，再通过云端数据赋能更加精准地满足用户诉求，并实现再次的精准推荐，促成二次和多次交易，同时，基于消费画像的精准服务也增加了终端的吸引力。

（1）商业模式要素

价值主张：通过打造完美的消费场景为用户提供极致的购物体验，借此吸引流量；通过数据赋能，实现更加精准的推荐和服务，进一步强化体验，导入流量。

客户关系：与用户形成的是类似“亲人”的关系，首先，通过功能出色的终端吸引用户，实现相识；其次，通过数据全面了解用户，以便更好地照顾他们，实现相知；进而，随着时间推移，在持续升维体验下更加亲近。

收益获取：主要是商品的销售，以及为联营的品牌商搭建的消费场景的终端平台上的返点收入。

核心资源：最基础的是终端吸引用户流量，以及由此产生的大数据流，一个是交易的基础，一个是算法的基础。

重要合作：一是供应链后端的厂商同盟，二是促成实现线上线下一体化的体验物流网络的支持；三是部分零售企业无法实现算法，则需要找大数据挖掘公司合作完成数据赋能的过程。

成本构成：首先是传统的商品进货成本，其次是打造极致化体验的消费场景的成本，以及建立数据采集、储存、分析的大数据云平台信息系统的成本。

整体商业模式六要素形成的商业模式画布如表 4.2-1 所示。

表 4.2-1　模式 1 的商业模式画布

KP 重要合作	C$成本结构	R$收益获取	VP 价值主张
供应商同盟 物流网络 云计算企业	商品进货成本 场景打造成本 信息系统成本	商品销售 联营扣点	极致消费体验 精准营销服务
KR 核心资源			**CR 客户关系**
终端流量 数据资产			亲人关系

（2）商业模式运行逻辑

随着经济环境的异常活跃，大量竞争者（包括大量跨界者）进入零售行业。企业之争，拼的是自己的综合实力，单单拥有特征，优势不仅容易被模仿，也容易在变化无常的环境中沦为劣势。因此，企业需要在多种要素上获得优势，多维度上锻造核心能力，盈利才能够获得“系统逻辑”的支持，这种逻辑才具有不可模仿性和持续性，才能在激烈的竞争中立于不败之地。系统逻辑的优势发挥，需要将商业模式六要素组合形成协同效应。

如图 4.2-1 所示，价值主张与客户关系是前端，直接面对客户，通过前端形成收益获取，两者也是一对相互依存、相互促进的关系：价值主张能够强化客户关系，客户关系又反过来凸显了价值主张。核心资源和重要合作是后端，通过相互协同支持前端，为前端赋能。核心资源是形成重要合作的基础，企业利用自身独有的优势去整合外部资源，形成合作生态；同时，合作伙伴的支持也能进一步强化企业自身的核心能力。这是前端和后端的内部逻辑，那么前端和后端之间的逻辑是怎样的呢?

后端的核心能力和重要合作既决定了价值主张，也决定了客户关系，会有两个逻辑链条。一是“核心资源—价值主张—客户关系—收益获取”，这是企业用自己的核心资源打造消费场景和数据赋能，创造极致体验和精准营销的价值主张，逐渐形成与用户直接的“恋人关系”，进而获取收益。比如宏图 Brookstone、良品铺子等企业将自身的终端打造成消费场景，并自建信息系统采集数据并实现数据赋能。二是“核心资源—重要伙伴—价值主张—客户关系—收益获取”，企业还是专注于零售本身的核心竞争力，打造优质的终端场景，将数据赋能的工作交于外部合作伙伴。例如素型生活馆，就是与阿里巴巴合作，利用对方云计算方面的强大实力，将数据分析和应用工作“外包”出去，自身则专注于完善终端功能，做好零售最本职的工作。

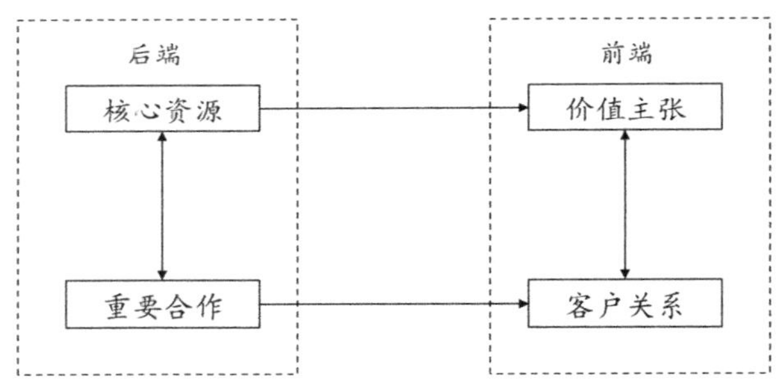

图 4.2-1　前后端运行逻辑图

该类型商业模式通常由线下零售企业发起，在传统的终端层面发力，发起场景革命，最大化地吸引流量；在稳定的流量形成之后，再借用数据的力量更加精准地做好服务，既稳定存量市场，又进一步开发增量市场。从终端和算法两个维度上发力，打造升维的用户体验，形成“消费场景+数据赋能”的升维商业模式，我们来看看素型生活馆、宏图 Brookstone、良品铺子是怎么做的。

4.2.2　素型生活馆：用大数据做消费场景

素型生活馆在全国一二线城市的商场里已开设了 30 余家门店，实现年营业额 1 亿元，是 O2O 平台里鲜有的没有靠烧钱获取流量，并已实现盈利的 O2O 项目。未来几年里，素型生活馆计划每年拓展 1000 家，3 年内实现 3000 家的目标。它的横空出世并且迅速得到了市场的认可，究竟有什么特色呢？

现在的实体店生意为什么难做，很大一部分原因是因为消费者的比价心理。很多消费者到实体店看了产品后，会和线上商家对比价格，同样的产品线上的价格更便宜，当然会选择在线上消费。消费者在素型生活馆可以发现价格和线上一样的，而且同样可以 7 天退货，这些在以前的传统零售里是不可能的。素型生活馆不仅不怕消费者比价，反而希望消费者进行价格对比，真正认识到它实现了线上线下同款同价，从而进一步提高消费者的黏性和连带率。而且，你可以看到，在大约 2000 平方米的店里可选商品很多，产品从设计到质量都很好，且对比同商场内同类产品有明显的价格优势，印象最深的是这些商品在传统店铺里都是没见过的，各有特点，几乎没有一件商品是近似的。在用户的升维体验上，素型生活馆是怎么做到的呢？

（1）数据赋能：卖什么，大数据说了算

在数据赋能上，素型生活馆选择与阿里巴巴合作，在开店之前，首先根据阿里巴巴的大数据，包括淘品牌的消费排名、关联销售等，对购物中心方圆 5 公里的用户数据源进行了调取，对消费偏向、消费属性的画像进行了分析和需求整理，以此确定素型店的商品结构、价格带以及店铺选品。对用户进行了“全息画像”后，就可以知道周边的消费者平时在淘宝上购物时最关注哪些品牌、哪些类型的商品，并根据数据分析合理配置店内的品牌和商品。不仅如此，店内商品如何摆放，如何搭配销售，也有大数据作支撑，例如，平时购买女装的消费者，在买完衣服后，大都会挑选一些相应的配饰，经过数据关联分析，店内商品在陈列时就会将这两类商品摆

放在一起，同时带动这两类商品的销量提升。

有了数据的赋能，素型生活馆在品类管理上十分大胆，可以说完全不同于传统的模式。例如，店内商品品类有 VR 暴风眼镜、基本生活的茶具、名创优品的秤、雅梦的美容仪、罗辑思维的书籍，这些看似与服装店不搭的商品都集合到了素型生活馆。所有品类都可以套选，陈列都是复合型的，比如浓郁森林系为主题的女性受众服饰店，搭上了部分意树品牌的男装；香薰、精油、美妆洗护、家居家纺、食品咖啡、茶品等大面积出现在这家以服饰为主的门店，甚至还有书吧、咖啡吧等。这些品类的跨界混搭给门店贡献的关联销售也比较可观：生活区销售可以占到 28%的比例，茶品占非标品类每月销售份额的 20%，家居品类占非标品类销售份额的 15%。

除此之外，在这家品牌集合店内，总共有 46 个品牌，其中有 41 个都是在淘宝上受欢迎的“淘品牌”，以前只能在网上看图片才能购买的服装、配饰，都可以在店内试穿试戴，过去在网购中缺乏的“体验感”在实体店内得到了解决。消费者在店内选好商品之后，可以选择由快递配送到自己指定的地点，不用自己搬回家。对于在网上下单的顾客，实体店也可以实现就近配送，最快几小时就能将商品送到消费者手中。不仅如此，体验店内的商品实现了线上线下的实时同价。商品标牌上的价格只是一个参考，每件商品上都有一个专属的二维码，只要扫描二维码就可以看到该商品在网上的实际售价，如果网上搞促销活动，那么所有的优惠在店内购买时也都可以同步享受到。

另外，通过阿里巴巴后台，可以实时监测哪些商品可能不太受消费者喜欢，或者即将过季。那么店铺可以及时将这些商品调整到打折区，刺激这些商品的销售。实体店给消费者带来的体验感是过去的电商渠道无法实现的，但体验感对于很多品类的商品来说是非常重要的。对于消费者来说，这些产品摸起来是否蓬松、用起来是否舒适，仅靠文字和图片无法真实地传递，通过进驻线下实体店，能解决过去电商模式的“痛点”，也能给品牌带来更大的发展空间。总之，大数据分析在选址、选品、陈列、物流等方面都发挥了重要的作用，在哪里卖、卖什么、怎么卖不再是老板凭经验说了算，而是数据说了算。

（2）个性化消费场景：打破千店一面的传统

走进素型生活馆的第一感觉是，整个店面的装修风格在视觉上很有质感，灯光和主色调都十分温暖，服装陈列并没有中规中矩，却也井井有条，如图 4.2-2 所示。重要的是，除了个性鲜明的各类服饰，还能看到家纺家居类生活用品和随处摆放的绿色小植物，以及很多极具特色的创意物件和艺术品。越是往里走，越是发现别有洞天，里面还设有一个书吧，可以坐下来喝喝咖啡、聊聊天。最重要的是，女装以简约、优雅、时尚、品位的设计理念，坚持在用原创的语言、独特的视角去注解服饰文化和设计理念，在众多布衣类服装中脱颖而出。从而形成自己独特的风格，在不经意间打动和温暖着都市人越来越冰冷的心。

图 4.2-2　素型生活馆

素型生活馆在终端消费场景的打造上，从三个层面入手，成就最美生活综合体。首先是设计层面，在素型生活馆的世界里，美包容一切，没有年龄的分界；简约而携带最新潮流、大气中流露时尚、平凡中蕴藏品位；讲究宁静与热情、含苞而绽放的美学境界。其次是品类层面，它经营商品准则是品质为先，永远提供健康、环保、时尚而不随波逐流的商品。主要商品有服饰类：女装、童装、男装、饰品、鞋子、包包；家居类：香薰、时尚吊灯、台灯、陶瓷、茶具、竹编、木雕、手工皂、环保布艺家居、艺术陈列品等多样化陈列售卖。最后是布局层面，简约有品位的消费空间，跨界的服务方法，中央服务区有水吧台，免费提供柠檬水、茶、现磨咖啡、书、休闲阅读区、O2O 模式体验区，并为 VIP 提供健康环保的有机蔬菜、新鲜水果、食用油、蜂蜜等无公害农场产品。这一切都有别于传统服饰的经营模式，旨在为进店的消费者打造一种独一无二的消费体验。

阿里巴巴在素型生活馆上做的新零售试验，寻求的是全新商业场景化的解决方案。目前主要的手法是依靠大数据，基于顾客 LBS 地理位置为线下店做客群定位、选品匹配和关联销售，最终用有联想的、体验式的场景陈列，勾起消费者强烈的购买欲望。用线上优质的产品资源和价格优势，加线下渠道可看、可听、可嗅、可尝、可触摸的终端体验，实现体验的升维。

在商业模式上，素型生活馆从终端的消费场景打造和算法的数据赋能上双层发力，虽然在数据能力上借助了合作对象阿里巴巴的优势，却也真真正正打造了升维体验，得到了市场和消费者的认可。数据显示，作为阿里巴巴新零售业务的全国首个线下集合店，成都素型生活馆人流量同比 2016 年增长了 5 倍，销售业绩提升了 3 倍，坪效提升了 3.5 倍，连带率也从 1.3 上升到 3.8。

4.2.3 宏图 Brookstone：另辟蹊径的新零售

宏图 Brookstone 的转型和创新，也为新零售未来的发展方向带来了新的启示。宏图 Brookstone 门店内的一切都依托“新奇特”的属性，打造独特体验的消费场景，并以用户为核心进行场景构建，借助大数据重新定义了客群、内容、场景、服务和生态，对新零售进行了全新诠释。

宏图三胞从 2016 年借助 Brookstone 供应链启动转型，提出了商业 4.0 版本战略蓝图，在产品、门店、服务、专业化、全渠道五个方面入手。从宏图三胞 PC MALL 转型为宏图 Brookstone，不断融入独特理念和创新技术，向零售上下游延伸，业务也将全面覆盖新奇特产品、智慧生活产品、智能工作产品、智能穿戴、无人机、机器人、众筹众创产品等领域，构建“新奇特”产品生态系统。这样的另辟蹊径，是否得到了市场和消费者的认可呢？根据公布的数据显示，上海徐家汇店开业首日斩获了 1200 万元的销售业绩，南京店开业当天单店销售额突破 900 万元，2016 年，宏图 Brookstone 共开了 11 家店，遍及南京、上海、苏州、扬州等地，所到之地均引发业界广泛关注，并取得瞩目业绩。

（1）用数据打造“新奇特”生态圈

在宏图 CEO 辛克侠看来，新零售需要依托与众不同的内容，提供与众不同的价值，才能够打动消费者。在跨界和共享的互联网时代，各行各业更要“抱团取暖”才能最终笑傲江湖。基于此，宏图 Brookstone 重新打造和定义自己的“新奇特”生态圈，先后与炫控电竞、乐客 VR、京东众筹、太火鸟等企业签约“生态联盟”。在这个“新奇特”产品聚合平台上，宏图 Brookstone 通过资源共享创造品牌叠加效应和升维体验，连接更多的用户、场景、产品和服务，更以消费大数据为支撑，线上线下整合发展，实现新零售营销闭环，形成“新奇特”体验服务模式的生态圈（如图 4.2-3 所示），为中国消费者带来全新的消费体验与生活方式。

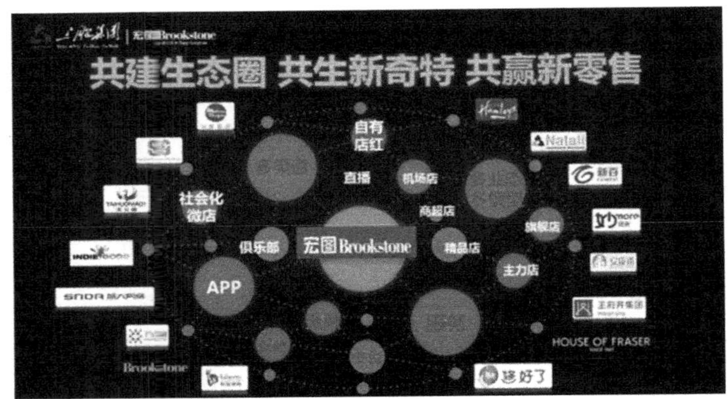

图 4.2-3　新奇特生态圈

当然，生态圈的打造都是基于数据分析，用数据来重新审视消费市场，基于消费年龄结构年轻化和消费市场多变化，用数据对新型消费者进行“画像”，进而重新定义产品内容：新奇特产品+设计精细化。当下消费结构已经发生了很大的倾斜变化，未来的消费主力人群是“90”“00 后”，消费更显年轻化、去品牌化、自我感觉良好化、私人定制化。中国的年轻群体的消费市场极其的庞大，这庞大的消费力也是未来新零售真正的消费主力军。新零售是一个全新的时代，整个企业、市场、行业也要发生相应的转变。宏图三胞历经 16 年，2000 年从 1.0 版本 PC 大卖场，到 2.0 版本 PC 连锁，到 3.0 版本 3C 产品 PC MALL，到现在宏图三胞战略蓝图中 4.0 版本宏图 Brookstone，根据商业生态的变化，借助于数据赋能，实现了从单业态店面向多业态店面的重大转变。在数据应用上，用信息化、智慧化、数据化的工具跟踪、分析、采集、黏住人、分析人，用大数据精准匹配，业务深度融合，建立多场景嵌入式的理财、金融、保险等业务，用数据打造了生生不息的“新奇特”生态圈。

（2）重构场景体验：以消费者为核心的多样化场景体验

整个店面按照功能设计，划分为七大新奇特体验板块：时尚影音、潮玩酷品、品质酒具、舒适家居、健康生活、商旅出行、难找的工具，更设有 VR 体验区、无人机体验专区等高科技产品专区。相较传统零售店的参观式消费，宏图 Brookstone 店内每件商品都是鼓励体验操作的，每个区域都给顾客留下足够的体验空间。通过沉浸式的产品体验，与消费者建立情感连接，让“新奇特”生活方式成为一种习惯。

在整体场景打造上，宏图 Brookstone 打造了五大主题场景：品质生活场景、游戏娱乐场景、惊喜服务场景、健康生活场景以及金融理财场景。它打造场景的逻辑是：场景为了体验，体验为了互动，互动为了给用户创造惊喜，产生高满意度和体验度，从而增加收入。这样的设计也得到了消费者的认可，500 平方米的店面，用户进店的滞留和体验时间大约是同行的 5 倍。“无互联，不商业”，基于这样的理念，宏图还创新性地提出了“实体+”的概念，即以实体线下为基础，加上互联网技术、供应链和消费金融、全渠道支付、体验和场景化销售、满足人们消费的社会化精神需求，形成一个满足现代消费需求的完整商业体系。门店体验的打造，宏图 Brookstone 秉承着极致思维，就水游城一个店面，不到一年的时间，就改了十几次，更重要的是就连每一个店面的展示柜台都有着不同的样式和尺寸，根据产品进行独家的设计，并且拿到了专利。

在客户服务上，从单一的服务维修变成社会化、平台化、共享化的服务专业平台，这也是中国第一个基于到家上门专业化的 3C 和新奇特服务的社会化的生态平台。服务体系承诺“5 分钟响应、2 小时上门和 1 小时维修完成”，并要求做到极致、专业、到家、面对面。服务内容也将从过去的产品安装调试、维保维修升级延展至玩家培训、智能帮教、服务金融、O2O 全渠道服务等。入驻北京，“修好了”服务也将实现五环以内全覆盖。门店工作人员由之前的导购角色转型为体验引导，不推销产品，只为消费者提供操作的指引。相当于，店员从导购员变成了行家和玩伴，他们与消费者一起探讨各种新奇特产品的玩法，感受世界前沿科技的炫酷与惊喜。

（3）让零售商品会说话：创造游戏化体验

宏图 Brookstone 产品以新奇特著称，聚焦于商务生活、娱乐生活、健康生活、旅行出游生活，比如 VR、PC 游戏、记忆枕、懒人拖鞋、按摩仪、睡眠仪、防盗行李箱、醒酒器等生活用品，同时提供有趣的、互动式的购物体验。宏图在产品选择上，不仅要求有用，更要求有趣、好玩，以符合年轻消费者追求时尚的好奇心。例如一款气泡水机灌入饮用水，按下按钮，2 秒之间，就形成了气泡苏打水，这通常以 20 多元一小瓶的高端价出现在精品超市货架上。产品独特、功能性强之外的高性价比，是宏图 Brookstone 晋升新零售“网红”的核心竞争力。在布局商品时，会有三个要求：一是产品足够让消费者惊喜；二是体验商品的场景足够给力，使他们能和产品发生感情、发生关系；三是性价比高，好货不贵。

有一些做新奇特的门店，为什么“叫好不叫座”？核心原因就是没有自有的核心产品、缺精神、缺灵魂。只要内容不改变，产品不改变，没有把原来商业的店面变成场景，用户的经营思维不改变，技术不改变，服务不改变，对消费者心智洞察力不足，用传统的手段去做表面的改变，就不可能取得成功。宏图 Brookstone 的做法都是围绕消费者的“痛点”和“喜点”，以及市场的“热点”展开。产品研发聚焦新一代的消费者，而不是围绕工厂来。

宏图 Brookstone 在中国消费和商业历史上建立了首个新奇特的概念，并开拓了新奇特这个细分领域，成为新奇特的代名词，成了中国零售业传统企业转型新模式的践行者和独角兽。目前，在行业内，在市场上，以及在消费者心目中，已经成为与盒马鲜生并驾齐驱的新商业模式。其商业模式定位于年轻消费者的利基市场①，通过数据完善目标消费者画像，并根据他们的特性挑选和制造商品。同时，基于数据赋能把终端的消费场景打造

---

① 利基市场指那些被市场中的统治者/有绝对优势的企业所忽略的某些细分市场或者小众市场。

为有趣的地方，这本质上也是从“终端+算法”上打造升维体验，同时这也是宏图 Brookstone 的核心竞争力。

4.2.4 良品铺子：零食的数字化革命

在探索新零售的潮流中，不乏新锐公司，互联网弄潮儿，也不乏传统企业，但很多公司对新零售的把握只在皮毛。比如，有的成为技术控，为技术而技术；有的成天玩营销、拍电影、玩 IP，而对于产品研发创新和用户体验没有足够的重视。在这一潮流中，良品铺子无疑是实体零售创新转型的最佳案例之一，是新零售的现实代表。

（1）扬帆起航：转型线上，布局全渠道

与中途砍掉线下店铺专注线上，近期又回归线下的“百草味”不同，从 2006 年成立之初，良品铺子就没有放弃线下实体店面的建设，到如今已经拥有 2100 多家门店。2012 年起，良品铺子开始涉足电商，实现线上与线下的全面融合。如今，在中国的休闲零食品中，良品铺子已然名声在外，在《中国糖果》杂志发布的 2017 全球 100 强糖果公司排名中，良品铺子以 60 亿元的销售额位列全球第 26 名，在中国的休闲零食品牌中则荣登榜首。之所以能获得如此的成绩，全都得益于其“全渠道”的发展模式。在很早的时候，其创始人杨银芬的发展理念就是：只有线上线下都做到第一，才是真正的第一品牌。

全渠道的商业模式由门店、本地生活平台、社交电商、第三方电商平台、APP 等 5 类渠道组成。线下 2100 多个实体零售门店覆盖湖北、湖南、江西、四川、河南五省。线上销售网络主要由一系列电商平台组成，包括天猫、淘宝、京东及 1 号店等第三方线上平台，以及自有的 B2C 网站和微信商城。开辟的渠道有实体门店，线上电商平台，本地生活平台如饿了么、

美团外卖、口碑外卖、百度外卖等，良品铺子的 APP、微信、QQ 空间、百度贴吧等社交电商，合计渠道 37 个。

在门店体系上，良品铺子又创造了“云货架”的模式，采用门店扫码预购的方式，打通线上线下的销售前端和供应链体系，充分发挥了其电商平台下单的便利性，而利用门店体系的就近配送能力，将线下的门店全部变成全渠道领域的分布式枢纽。这样一来，不管是线上还是线下，都将成为良品铺子的流量入口。这样的模式，加上合作的“极速达”物流，真正实现了“线上下单，门店发货”，提高效率的同时，给予了用户更优的购物体验。对于消费者而言，买零食就可以像点外卖一样，不管你是在看剧、聊天还是打麻将，都可以随叫随到送货上门，而其在营销方面的优势也不容忽视。良品铺子的产品特性，加上其“线上+线下+物流+营销”的模式，勾勒出良品铺子的新零售蓝图。

（2）砥砺奋进：数字化运营，大数据赋予竞争力

与阿里巴巴的合作让人看到了数据的威力。2016 年“双 12”支付宝、口碑和线下商场良品铺子合作，通过对用户画像的分析，了解用户的消费习惯，消费频次，通过活动营销的方式把消费者引到某一个门店或者某一个业态下，帮助线下商家实现精细化管理。真正的全渠道不是把所有的渠道集合在一起就万事大吉，其核心还在于借助数据的力量把生态链各要素打通，包括客户信息、促销、产品、订单、物流等。

良品铺子联合 SAP 和 IBM，投入巨资，历时数年最终实现了全渠道的打通。这个系统的核心意义在于把良品铺子的会员、商品、促销、物流、订单全部进行打通，把数据收集起来，并且把一开始的非结构化数据进行清洗、整合、建模，让其成为结构化的数据。有了大数据的支持，良品铺子无论在产品和服务上，都能够做到有的放矢，针对客户痛点，从而形成竞争力。

全渠道信息流、资金流、物流等打通之后，效率的提升，客户体验的提升，可谓一日千里。比如在线上下单，就近店铺取货；在网上拿到红包，到线下店消费兑现，等等。目前，很多商家在电商热时，纷纷关闭线下店；在新零售受宠时，又重新打造线下店，只做渠道的简单叠加，有一些线下零售企业，再弄一个平台电商，就号称全渠道了。真正的新零售，并不是简单的加法，而是技术和线下、线上、物流的升级、融合，最终提升的是消费者体验。对此，良品铺子董事长杨红春说“经营的核心环节将是数字化，所有跟良品铺子发生交易和互动的顾客行为和环节，全部都会被记录下来，商品卖给了谁？他为什么感兴趣？回头率有多少？有多少利润贡献？包括核心会员对美食的评论，对健康的评论，对旅游的评论，良品铺子的系统都会记录、抓取，进行精准分析”。

目前，良品铺子的线上线下注册用户数量达到 3000 万人，这些会员积累起的消费数据以及用户画像非常可观，这是一个数据富矿。这对于未来的精准营销、智慧物流、门店选址甚至是新口味零食的开发都会有着非常重要的作用。

（3）乘风破浪：产品和服务升级，成就极致客户体验

放眼当下零食界，爆款和网红产品能够像良品铺子的，可谓说凤毛麟角。之所以能打造如此强悍的产品，很重要的一点就是良品铺子的升维思考。在产品生产上，通过和供应商的深度合作，深入原产地，甚至扶持供应商和农户，从而保证优质原料的供应，在品质、特色上有很强的竞争力。在产品研发上，针对客户群体实现差异化，场景化的一整套解决方案。产品研发时会考虑这些问题：一款产品是针对什么人群？儿童还是孕妇；产品时节是主打情人节、春节还是生日？产品任务是用来送礼、即食还是待客？产品使用是旅途必备，还是办公室陪伴，或者是娱乐追剧？确认了这些之后，就进入社会化协同产品研发阶段，通过消费者参与、专家团队以

及良品铺子食品健康营养研究院，开始完成立项、概念、方案、研发、评定和首发的过程。

在商品营销上，差异性地对待不同年龄段、不同区域的用户购买零食的习惯：大城市的年轻人喜欢在线上电商平台购买零食，三四线城市的父母喜欢在线下帮孩子挑选零食；女生在逛街时看到果脯在门店摆着，很可能会勾起她的食欲。良品铺子多个渠道全面覆盖的做法，才能真正满足不同用户的在不同生活场景下的需求，而不是单纯地线上线下的打通。在提升客户体验方面，典型的是“1 小时到家”服务，线下 2100 多家门店通过饿了么平台的承载，直接缩短消费者购买路径、送达时间，降低了购买的成本。和饿了么之间的合作特别能看出良品铺子的理念：买零食往往是冲动消费，晚上在家看电影、打游戏时就是那么一瞬间特别想吃薯片、喝饮料，过了那个劲就没胃口了。欲望来得快，去得也快，因此非常考验物流的时效性。良品铺子和饿了么牵手，发挥了自家门店的优势，也把互联网的渠道、物流优势发挥得淋漓尽致。

在商业模式设计上，良品铺子一方面借助线下店铺的天然优势，布局全渠道，最大化终端的价值；另一方面，在大数据云计算上发力，用数据的力量改造消费场景、创新产品研发、升级物流体验；其本质是通过“消费场景+数据赋能”打造升维体验，为用户提供极致的体验。

当然，其良苦用心也得到了消费者的充分认可，2016 年天猫“双 11”，良品铺子作为线上线下最大的零食品牌，全网销售 1.53 亿元，其在微信社交移动端销售 1200 万元，同比增长 500%，O2O 业务单日订单量高达 227862 单。更重要的是，以“双 11”为起点和试验场，零食大王良品铺子 2017 年率先践行落地了它眼中的新零售。

4.3 升维模式 2：消费场景（终端）+会员营销（社群）

零售企业在终端上打造消费场景和实行会员营销打造社群，是新零售升维体验商业模式的典型之一，宜家家居、兴隆大家庭、名创优品等就是这样的模式代表。

4.3.1 模式分析

在这一种升维模式中，零售企业利用消费场景作为端口导入用户吸引流量，再通过会员营销做好优质的社群服务，充分挖掘忠实消费者的价值，促成二次购买和多次购买，甚至是唯一购买（在同类商品上只在这里消费）。有数据显示：开发新客户的成本是维护老客户成本的 6 倍，足见服务好这些会员能产生事半功倍的效果，也能促进成本效率的快速提升。

（1）商业模式要素

价值主张：通过打造完美的消费场景为用户提供极致的购物体验，借此吸引流量；通过会员营销，对流量进行筛选后，进行重点的关注和服务。

客户关系：与用户形成的是类似“朋友圈”的关系，通过功能出色的终端吸引用户，在此基础上，通过筛选来形成社群，在会员社群的基础上互相熟悉、了解、交流和共享等。

收益获取：主要是商品的销售，包括非会员收入和会员的收入，会员方面还可以通过 VIP 卡充值、增值服务等模式获取服务溢价。

核心资源：最核心就是优质的会员作为客户资源，这既是收入的来源，也是传播口碑和扩大品牌影响力的主体。

重要合作：为了服务好会员，在产品设计、品类管理、增值服务等方面都要有差异化，那么与供应商和设计师之间的无缝合作就显得尤为重要，是关键的合作对象。

成本构成：一是传统的商品进货成本，二是打造极致化体验的消费场景的成本，三是对会员的服务成本。

整体商业模式六要素形成的商业模式画布如表 4.3-1 所示。

表 4.3-1　模式 2 商业模式画布

<table>
<tr><th>KP 重要合作</th><th>C$成本结构</th><th>R$收益获取</th><th>VP 价值主张</th></tr>
<tr><td>供应商同盟
设计师联盟</td><td rowspan="3">商品进货成本
场景打造成本
会员服务成本</td><td rowspan="3">商品销售
服务溢价</td><td>极致消费体验
贴心社群服务</td></tr>
<tr><td>KR 核心资源</td><td>CR 客户关系</td></tr>
<tr><td>终端+社群</td><td>朋友圈关系</td></tr>
</table>

（2）商业模式的运行逻辑

在内部运行逻辑上，前端的价值主张通过打造好的场景体验和优质的服务体验，与用户尤其是忠实用户之间建立一种亲密的“朋友圈”的客户关系，这种特殊的客户关系也促进了对体验的满意度和容错度，强化了价值主张。后端的核心资源则围绕着会员这一珍贵的流量价值，“挟会员以令同盟”，与重要的合作伙伴共同开发、共同服务、共创价值、共享收益。

在前端与后端之间的逻辑上，主要是“核心资源—重要伙伴—价值主张—客户关系—收益获取”的逻辑链条。围绕着“终端+社群”的核心资源，一方面自身做好服务和开发，另一方面通过核心资源整合外部合作生态的力量，共同做好服务工作；在价值主张上打造“极致的消费体验和服务体验”，从而建立起与用户之间的“亲人关系”。

这样的商业模式，通常也是以终端为基础，在消费场景上发力形成巨大的流量，并在此基础上通过筛选出忠实会员，形成稳定的社群，通过资源倾斜和重点服务发展成粉丝，最大化流量的价值。本质上是从终端和社群两个维度上发力，打造升维的用户体验，形成“消费场景+会员营销”的升维商业模式，我们来看宜家家居、兴隆大家庭和名创优品是怎么做的。

4.3.2 宜家家居：软销（Soft Sell）模式的领导者

中国人对宜家的喜爱，从一组财务数据中可见一斑，2016 年宜家集团总收入达 351 亿欧元，比上年增长了 7.4%；宜家中国销售额超过 125 亿元人民币，比于去年增长了 18.9%。宜家集团 2017 年全球商场共计迎来 7.83 亿人次的到访，宜家中国每分钟就会迎来 339 位顾客，比 2016 年增加 20%。在该公司全球 28 个市场中，中国增长最快。宜家最为人称道的就是它极致体验的门店、贴心的会员管理和人性化的产品设计，都是为了升维客户体验。

（1）极致的场景体验营销：门店就是家

体验式营销是指企业将有形产品作为载体，采取差异化服务方式，关注消费者的情感，重视消费者的体验，满足消费者的个性化需求，把消费者行为放在社会场景当中，让消费者在情感和心理上都获得深刻而美好的体验，是关注消费者和企业之间形成一种良性互动的创新营销方式。宜家家居极致的体验式营销甚至被外界称为软销（Soft Sell），是一种对消费者不施加压力的推销术，是一种兼顾对方感受，顺应其个性风格、满足其需求或助其达成目标，赢得信任的“合作式”传播，这无疑是对它极高的评价。

宜家一直以“门店就是家”为理念，秉承着为消费者提供功能齐全、设计精良、物美价廉的商品的原则，尽可能满足消费者情感和心理实际所需，把体验式营销做到了极致，把门店打造成了家。宜家门店既提供产品整体展示、设计、试用和体验等，还在具体操作环节，让消费者感受到情感关怀，这种体验式营销的方式更能满足消费者实际心理和情感需求。

- 创造购物与休闲的双重体验

宜家受欢迎的不只是它的家居用品，还有宜家的食物，缘于食物的味美价廉，许多人都慕名而来。购买家居用品往往是一件累人活，但是能在购物的过程中停下来品尝一下美食该是一件多么惬意的事情，所以宜家增加了食物区，不仅吸引了客流，而且为消费者创造了购物与休闲的新体会。在宜家餐厅最受欢迎的产品名单中，瑞典肉丸、三文鱼、冰淇淋名列前三。其中，15 元 1 份的瑞典肉丸，1 元 1 个的冰淇淋，成了宜家餐厅独一无二的特色。不在主业的宜家餐厅贡献超过了 10 亿元的销售额，占到了宜家中国总销售额的 10%。2015 年宜家中国餐厅接待了 3100 万名顾客，销售了 600 万份肉丸和 1200 万个冰淇淋。

- 营造温馨如家般的感觉

宜家的营销方式是展览式营销，用各种家居用品布置成一个个完整的客厅、卧室、厨房、浴室等，让消费者仿佛看到了自己的家就应该是这样子的，简单温馨但又处处透露出设计者的独具匠心。在宜家参观或购物时没有导购员在一旁推销，质量款式就在那里看得见、摸得着，并鼓励消费者在卖场拉开抽屉，打开柜门，在地毯上走走，或者试试床和沙发是否坚固。这样，你会发现在宜家的沙发休息有多么舒服，你也可以很清晰地看见对各种商品进行检测的测试器的系数值。没有商家的自吹自擂，却能让消费者发自内心地喜欢和满意。

在宜家商场当中，消费不是消费，是体验，家具不是家具，是家居。贩卖生活模式在各个国家都十分流行，为了让整个宜家商场看上去更加和谐而亲切，为了让消费者的购买体验更真实、更舒服、更深刻，宜家把多种产品采取多种方式予以组合，设计不同风格的样板间，如“复古”“现代”“欧式”“中式”等，每件产品在现场摆放效果是怎样的，在家中就是怎样的，给消费者不仅带来亲身体验的满足，还能给予消费者以装修的灵感。

- 专设儿童乐园，带动“全家消费”

刚进入广州宜家，喧嚣声、玩闹声便充斥在整个一楼入口，色彩鲜艳的儿童乐园映入眼帘。宜家会在每个商场入口处为孩子们开设免费的儿童乐园，由专人看管。顾客可以放心地把孩子留在这里玩耍，然后安心去购物。同时，卖场内也专设儿童活动区和儿童用品区，为儿童开辟了一个小天地。从娃娃抓起、以儿童体验为原点，由此展开的消费半径延展至爸爸、妈妈、爷爷、奶奶等，形成“一拖 N”的效果，带动“全家消费”。

除此之外，宜家的服务处处体现着人文关怀：设计师现场设计指导、轻巧简便的购物袋、随处可见的分类垃圾桶、随处可得的购物单及各种专业的小册子，上面不仅有购物路线图、设计指南，还对在家装过程中遇到的问题作出了详尽的解答，为顾客购物提供最专业便捷的服务指导。

（2）消费者教育：从会员到粉丝

消费者教育就是通过一定的手段，将公司、产品、服务、政策、策略等期望消费者了解的信息传播给消费者，并获得认同的过程。它的好处就是可以创造忠诚客户并使新产品和服务得到比较大的投资回报。宜家通过消费者教育，把会员发展为粉丝，让宜家销量的 40%～50%都来自会员！

宜家会员卡的申请是完全免费的，目的就是“招募更多的会员”，然后再培养和提升其对宜家品牌的忠诚度。这种低门槛的入会方式，让大量消费者趋之若鹜，而会员卡只是宜家获得消费者数据的开始。现在，宜家俱乐部在中国已经拥有超过 1000 万会员，为了提高用户忠诚度，宜家使用目录册和会员店两种营销方法，这也是宜家最经典的两个营销方法。据统计，其目录册的发行量已经超过《圣经》，达到 2.08 亿册，成为全球发行量最大的出版物。宜家的所有营销活动几乎都是围绕会员进行的，会员在宜家会获得各种的待遇和优惠，不是之一，而是最好。如果要搞季节性大促销，也会提前 3~5 天提醒会员，可以提前购买，所以，宜家的会员都会有很强的被尊崇感。但宜家一个月最多只给会员发两次短信，邮件也不会频繁到被默认成垃圾邮件的地步，但这些信息对会员应该很有用，比如最近的冬季大减价开始了，并且提前 3 天对会员开放 ，如果你不想和所有人挤在一起购物，那这个消息就很及时。

当宜家在做营销活动的时候，俱乐部的经营人员会随时对消费者的消费记录进行评估，并对数据进行分拣、分析。比如，把购买了某款沙发的用户归为一类，当有新货品进入后，俱乐部的经营人员便会结合进货品类和会员信息，为不同需求的会员定制不同的短信通知。更重要的是，宜家在推广会员卡的同时也推销了宜家的信仰，会员的思维也在变得宜家化：家的装修是宜家风格，因为有设计师提供免费咨询；软装也是宜家风格，因为有专门的家装培训；甚至连咖啡也是宜家风格了，因为有特设的咖啡馆。

（3）价值观传递，获取认同感

宜家是来自瑞典的一个家居用品品牌，也是传承了斯堪的纳维亚风格的一个代表。它宣扬人文关怀、避免过于刻板和严谨的几何形式，既注重功能和生产工艺，对产品要求又不忽视形式对人们生活和心理产生的影响，节制、有度又不失情趣，体现了北欧文化对爱与和平的追求。宜家面向的是年轻一代的消费群体，秉承“富有创意、巧用空间”的设计理念，如图 4.3-1 所示。年轻消费者大多追求创意，喜欢新奇有趣的家居布置方法，既满足了追求独特的心理又富有美感。更重要的是，年轻人一般住的是比较小的房子，那么怎么最大化的使用房子里的空间就是个问题了。宜家的家居设计很多都体现了这一要求，像可折叠餐桌、床、各式各样的储物柜等就很好地满足了这些目标消费群体的需求。

图 4.3-1　宜家家居设计展间

此外，宜家崇尚环保和低碳，家居用品很多都体现了当前社会发展的潮流，商品都带有标签，里面详细地记录了产品的材料、产地、保存和清洁方法等。甚至，里面的灯罩或者其他很多事物都是废品回收利用做成的，例如纸做的灯罩、重熔的玻璃花瓶、破旧衣物做的布条窗帘等。着重强调产品的纯天然加工过程。这一理念很好地迎合了消费者追求健康环保的需求。清晰的价值诉求，既笼络一大批消费者，又让一部分 VIP 形成了具有共同价值观的社群，从而更加认可宜家的产品设计和服务体验。

在商业模式上，宜家以“体验”为核心，通过如家的消费场景打造和贴心的会员营销，塑造了极致的升维体验，达到了提升用户体验和获取市场份额的双赢。

4.3.3 兴隆大家庭：得会员者得天下

在零售业遇冷的背景下，兴隆大家庭凭借着“打造商业迪士尼”的愿景和“得会员者得天下”的经营理念取得了不菲的成绩。2016 年度，兴隆集团销售 156 亿元，为国家缴纳税金 6.4 亿元，员工总数近 6 万人，在“中国零售企业（集团）”中，排名第 19 位，在“中国连锁百强”中，排名第 37 位。作为一家区域性零售企业，是怎样做到这样业绩的呢?

（1）打造“商业迪士尼”的消费场景

全球闻名遐迩的迪士尼主要业务包括娱乐节目制作、主题公园、玩具、图书、电子游戏和传媒网络。但同时，它也是一家零售企业，它自有商品销售额超过 150 亿元，而迪士尼在全世界总共才六个店。以迪士尼为模板，兴隆大家庭把商场做成城市的商业迪士尼，在消费者场景的打造上强调建设成为好玩的综合休闲购物中心。例如，璀璨大境 29 万平方米的休闲购物中心，包含星级酒店、高端百货、大型超市、五星级影院、美食城、室内体育公园、儿童主题乐园、真冰溜冰场，成为全东北最大的休闲购物中心。同时，还拥有别墅、洋房、小高层，高层形态的上品华宅、金街旺铺等，俨然有一股“中国版迪士尼”的气派。

打造商业迪士尼，核心就是创造一种商业的消费生活，让购物更休闲、更生活化。在这样的消费场景下，消费者不再只是为了购物，更是为了休闲，为了玩起来，购物只是附带属性。更重要的是，在这样的环境氛围中，消费都是不自觉的，而且是相当愉快的，“花钱也花得开心”这是商业迪士尼的核心理念。

（2）带着会员玩起来

得会员者得天下，一直是兴隆集团董事长李维龙的经营理念，把商场命名为大家庭也是传递一种家文化。李维龙说过“不管多大的区域，多大的城市，都要带着顾客玩，玩起来就是商业的本事，有了人心，就有了财心，商业也就成功了”。在会员营销方面，兴隆集团也下了不少功夫，主要有三方面的特色。

一是增加会员卡的功能，比如零钱袋的功能，方便消费者购物。将消费卡与会员卡相结合，一卡在手消费全兴隆，省去消费者出门带很多卡的麻烦。拥有会员卡的消费者可以享有与其他消费者不同的低价位，充分体现会员的特点，从而吸引更多的消费者来参加兴隆的会员团体，增加了固定消费者。从而提高销售额、提高知名度、提高企业形象，使其成为兴隆的特色。

二是带着会员一起玩。兴隆大家庭开启过的六店联动“会员大狂欢、积分当钱花”活动，活动期间，兴隆大家庭微信会员消费享受商品实卖价基础上再送多倍的积分，积分将兑换成现金，直接打入微信会员账号当现金花。更准备了精彩的 4 大狂欢和 3 大会员之夜活动。开展了独享沙龙、美妆课堂、品质生活、穿搭导师等交流活动。还有会员“天籁之夜·沈阳交响乐团”会员专享演出，带会员走进高雅艺术殿堂等活动。

三是把会员当家人。2016 年兴隆电商——兴隆大院隆重上线，之所以取名“大院”，就是把会员当成是自己的家人和亲人。大院是一种情怀、一种传承，在当今大家族减少、人际关系淡化的社会大背景下，兴隆大院着眼于“实体店+”，借助互联网的技术，拓展更多的经营内涵，打造不一样的电商：带会员玩的电商、管家式服务的电商、家庭会员制的电商。围绕兴隆大院的休闲板块，首推水晶、珍珠、黄金、翡翠、钻石等五大家庭会员卡。大院以家庭服务为切入点，建立全会员制电商平台，围绕辽宁省 1500 万家庭，把自己得天独厚的平台、购物、餐饮、影院、休闲娱乐以及丰富的社会异业资源整体打包服务、提供吃喝玩住游一体化解决方案，打造成家庭会员的“知己+保姆”，实现线上兴隆与线下兴隆交相辉映，共同发展。把会员当家人，大家自然也把企业当亲人，客户忠诚度自然也高，更能形成“自组织”主动为之宣传。

（3）跨界式营销：创造消费

兴隆大家庭“有节过节，无节造节”，带着会员玩，不断演绎营销神话，引领市场潮流。比如其创造的“全球感恩节大家庭感恩日”“圣诞 60 小时不夜城”“10 万瓶茅台酒大放送”“8.28 金色店庆”“端午归来”“七夕中国情人节千人相亲大会”“元旦全家购物乐”等营销策划方案，都成为当地市民热议的话题。

伴随现代商业风起云涌，由兴隆大家庭率先提出的“女王节”口号，因其独具特色的营销概念，正在被全社会广泛关注，并在全国市场迅速蔓延。从“妇女节”变身“女王节”，这种改变仅用了三年时间。如图 4.3-2 所示，这一独具兴隆特色的营销口号，在全国商业领域不胫而走，赢得了业界的赞誉与争相效仿，也收获了巨大的经济效益与社会效益。

在商业模式上，兴隆大家庭以“家文化”的理念打造好玩的综合式消费场景，同时把会员当成家人提供服务，从“终端+社群”上打造升维体验，把“商业迪士尼”和“得会员者得天下”的零售经营理念诠释得如此精彩。

图 4.3-2　兴隆大家庭创造的女王节

4.3.4 名创优品：颠覆传统零售的“鲶鱼”

名创优品（MINISO）在日本东京起步，营业模式获得日本消费者认可后，积极开拓国际市场，3 年时间全球开设实体店超过 1800 家，2015 年营业收入突破 50 亿元，2016 年营业收入近 100 亿元，年复合业绩增速超过 100%，被无印良品、优衣库和屈臣氏等列为“全球最可怕的竞争对手”。在中国市场，名创优品也被中国经销商视为“第一敌人”。其创始人叶国富曾对媒体表示，这是创新商业模式的胜利，是名创优品以“新零售”对传统零售的颠覆和革新。品质和价格是他手中所持披荆斩棘的利剑，而在外界眼中，十元一件的商品确实是其短时间崛起的优势。

（1）用价格创造超预期体验

消费体验不只是终端消费场景，能买到“物美价廉”的商品，对消费者来说也是一种愉悦的体验。名创优品的产品单价较低，其毛利率仅 8%到 10%左右，但规模效应下大量的销售额创造了可观的利润。名创优品的产品约有 80%从 800 多家中国工厂中直接定制采购，因此能保证价格上的优势。更为重要的是，如今在全国设有七大仓，产品不会经过任何分销层级，再加上低毛利，就保证了店里 70%的产品可以标价 10 元还有盈利。例如，在名创优品一种眼线笔 2016 年卖了 1 亿支，国外其他品牌同一产品定价在 50 元左右，但它的定价仅为 10 元。据 Brand Forward 组织的消费者体验报告反映，51.7%的消费者购买名创优品产品的动机是低价优质。表面看是低价，深入看是品质，对于市场上的各类产品，可以说都实现了最低的定价，价格为名创优品创造了令人尖叫的用户体验。

叶国富在演讲中曾说过零售行业的核心能力无非两个：用户体验和运营效率。用户体验关乎价值，包括更多的产品选择、优质的产品设计和舒心的购物便利；运营效率则关乎价格，那些拥有价格优势的零售企业，背后则是强大的供应链管理体系和运营效率，以及独特的商业模式。不管是电子商务还是线下零售，都要围绕这两个能力展开，甚至要利用各自的优势，构建一个线上和线下并重的零售网络，为用户提供一个全面的用户体验。名创优品以优质低价逆袭核心商圈，主打日用百货，全部为自主品牌，掌握设计、定价和终端零售环节，供货商多为外贸供货商，大规模定制化采购降低采购成本。践行类似优衣库似的“优质+低价+快速周转”的策略，注重高性价比，打造“爆款”，平均存货周转期 21 天，上新周期为 7 天。

（2）终端升级，产品价廉服务不价廉

虽然定价便宜，但是在终端建设和客户服务上，却没有秉着低成本的思想，相反，在消费场景上颇费心思并且投入巨大。选址在核心商业街或购物中心，捕获巨大人流量，重金投入门店装修、货架设计和产品陈列，营造购物体验。在环境服务方面，名创优品在商场环境挑选和店面环境管理两个方面都争取做到尽善尽美。在商场环境方面，作为一个大部分商品定价为 10 元的品牌，需要高流量带动才能收获规模效益，因此名创优品将店铺开在了各大购物中心、繁华步行街和 ShoppingMall 等客流量大且环境良好的地方。除了商场环境，各个店面的设计和装修都是精心打造的，如图 4.3-3 所示。名创优品的店面标准化制度已经升级到第 4 代，每家店铺的装修费用都在 30 万元以上，采用的都是最好的装修材料。例如，其货架的供应商是与 LV 等奢侈品牌相同的，可以保证 10 年不掉漆、不变形。除了环境之外，购物服务更是深得消费者喜爱。多数商品实行的是极简主义，顾客挑选喜爱的商品前往结账即可，购物流程简单、自主能力强。

图 4.3-3　名创优品店面设计

在陈列方面，名创优品继续秉承简约的美学风格，并融合仓储式的陈列原则，将原本稀松的超市陈列改造成有条不紊的展览式陈列，既考虑到产品陈列的美观度，又照顾到产品陈列的饱满度。与此同时，将产品体验的理念纳入陈列之中，要求按标准化实现终端店铺的陈列，构建产品体验区，搭建产品体验平台，让消费者现场把握产品的实用性和装饰性，买得放心，用得舒心。名创优品有专业的陈列手册，并为每个店铺配置专业的陈列导师。在铺货前，陈列导师会对店铺环境，包括商场周边环境、商圈内零售销售额、店面到车站的距离、顾客人数、物业承租者数量、区域消费者年龄层次及男女比例、商场的客流动向，以及周边是商区、居住区还是学区等细节进行考察和分析，制定最优的铺货方案，实现最理想的陈列方式。在面积 200 平方米左右的门店里，单品数量大概在 3000 种左右，在各个细节都体现了完美的人性化，这让客流量的快速周转成为可能。

（3）用公众号玩转粉丝经济

名创优品是零售界把粉丝经济效应一直放在首位的品牌之一，作为实体零售业，率先推出品牌微信公众号，成为粘住顾客、拓展经营的有力抓手。2014 年名创优品开始运营微信公众号，目前的粉丝达到 1000 多万人，不到两年的时间里，粉丝数呈直线上涨，每日新增粉丝近万人。公众号带来的粉丝经济，不仅给品牌在零售行业的重要地位奠定了坚实的基础，而且受到了诸多同属零售业品牌的关注，引领了同行业创办微信公众号的风潮。作为千万级粉丝数量的微信公众号，名创优品的一举一动都牵动着零售业的命脉和消费者的心，关注名创优品的每日资讯，成为许多企业家、投资商和一代年轻人的习惯。巨大的影响力来自于名创优品长期以来对于品牌管理和消费者心理的精准把握，在公众号酝酿期间，行业内首推“扫描微信号即可免费赠送购物袋”活动，以实在的福利引起粉丝关注，轻松开始了从线下往线上的导流。

在会员营销上，名创优品不断推出优惠活动，增加粉丝黏性，并吸引新粉丝的加入。为了回馈广大会员一直以来的支持，名创优品补贴 1 亿元话费开展名创会员福利活动，凡是名创会员话费充值均享受 9.5 折优惠，使用积分兑话费充值最高减 100 元，开启优惠的话费充值。数据显示，名创会员话费充值优惠额度是微信支付的 33 倍，是支付宝的 25 倍，通过最大限度让利会员，一上线就受到了无数消费者的热捧与好评。另外，围绕微信公众号，名创优品建立了互动渠道，专门推出会员积分、会员生日积分翻倍、优惠券、抽奖游戏等多重特权福利，还有送打车券、绿茶、话费等数重惊喜，令人眼花缭乱。同时，公众号内容的趣味性、新鲜感、实用性也深受年轻人的喜爱。例如，“香水的所有入门姿势都在这里了”“不止旅行，日常生活也能用到的 24 个小技能 get”等，瞬间击中年轻人的好奇心，为消费者构建了线上线下全场景一站式消费体验。

在商业模式上，名创优品始终秉承着“不求暴利，真材实料”的价值观，把设计、价格、体验都做到极致，使世界上每一个人都能花更少的钱用到更好的产品，以口碑为广告，不赚快钱，成为世界领先的零售品牌。极致的产品设计、极高的性价比与极好的购物体验使名创优品获得了零售业内少有的飞速发展，也颠覆了零售的传统模式，造成了“鲶鱼效应”。无论何时，收银台前总是排着长队，与商圈内其他店铺的冷清寥落对比鲜明，这便是叶国富“新零售”的独特魅力。无论是消费场景打造还是会员营销的粉丝经济，名创优品都创造了极致的升维体验，是“终端+社群”商业模式的样板。

4.4 升维模式 3：数据赋能（算法）+会员营销（社群）

零售企业通过数据赋能和会员营销，是便利店等小型业态和没有体验终端的互联网零售业态的升维体验商业模式，这些业态没那么注重消费场景打造，终端上主要基于便利和快捷，或者干脆没有实体终端门店，主要是通过打造平台撮合交易，用算法和社群打造升维体验，孩子王、拼多多、百度糯米等就是这样的模式代表。

4.4.1 模式分析

在这一种升维模式中，零售企业通过会员营销做好优质的社群服务，发展一批忠实消费者，最好成为铁杆粉丝。在获取足够信息后，通过数据赋能为之提供更好的服务，并通过打造双边平台，用算法高效地匹配供给和需求，并促成交易。

（1）商业模式要素

价值主张：打造平台，需求端整合会员，并提供智慧服务；供给端整合品牌商，提供智能推荐，用算法打造高效匹配供需的双边平台。

客户关系：与用户形成的是经纪关系，通过整合资源满足双边的诉求，并借助数据提供高满意度的贴心服务。

收益获取：主要是平台服务收入，商品的销售提成，以及基于平台外部产生的广告收入。

核心资源：生长在平台上的会员，在双方交易过程中积累的数据资产和科学精准的算法。

重要合作：供给侧供应商，这是繁荣平台的不可或缺的角色；愿意付费的第三方如广告商，通过平台进行广告宣传。

成本构成：一是打造平台本身的成本，有的是借助于原有平台上的业务拓展，例如百度；有的需要重新打造一个平台，例如拼多多；二是为繁荣平台的获客成本和会员服务成本；三是核心的竞争力，对数据处理的成本。

整体商业模式六要素形成的商业模式画布如表 4.4-1 所示。

表 4.4-1　模式 3 商业模式画布

<table>
<tr><th>KP 重要合作</th><th>C$成本结构</th><th>R$收益获取</th><th>VP 价值主张</th></tr>
<tr><td>供应商同盟
广告商</td><td rowspan="3">平台打造成本
会员服务成本
客户获取成本
数据处理成本</td><td rowspan="3">平台服务收入
商品销售提成
平台广告收入</td><td>“会员+智能推荐+智慧服务”平台</td></tr>
<tr><td>KR 核心资源</td><td>CR 客户关系</td></tr>
<tr><td>会员+数据+算法</td><td>忠诚经纪关系</td></tr>
</table>

（2）商业模式的运行逻辑

在内部运行逻辑上，前端的价值主张通过打造综合的服务平台，提供高效的撮合交易服务，与用户尤其是忠实用户之间建立一种忠诚的经纪关系；如此客户关系也使得平台运行更加顺畅和低成本。后端的核心资源则围绕着会员和数据，持续地优化算法，不断提升平台服务能力，用流量和算法资源整合供给商，并发展广告商。

在前端与后端之间的逻辑上，主要是“核心资源—重要伙伴—价值主张—客户关系—收益获取”的逻辑链条，基于资源打造平台，整合合作方来繁荣平台，形成多功能综合服务平台价值主张，以此形成与用户之间的忠诚经纪关系。平台模式是一种基于价值创造、价值传递与价值实现的商业逻辑。首先，平台企业为平台的双边（供应商和会员）提供各种形式的服务的过程，就是平台模式价值创造的过程；其次，平台企业还担负着为供应商传递产品和服务会员的责任，这一过程就是价值传递过程，也是平台模式的重要功能；此外，平台企业对来自会员的货币支付以某种契约形式与供应商进行分成，这一过程就是价值分配与价值实现过程。这一类平台型升维体验的商业模式，通过对大数据的处理来发现商机。一方面，推送商品，匹配资源供给企业和会员的供需；另一方面，推送广告，匹配广告投放企业和会员的供需。商机的多少决定了两类交易的机会，决定了平台的容量，取决于两个因素：一是平台沉淀的会员数量，用户越多，且产品的交互性或企业的社交性越强，用户数据就越多；二是一旦数据量确定，云计算能力可以无限扩张，发现商机就依赖于企业的数据处理能力。

该类型商业模式本质上是从算法和会员两个维度上发力，打造平台来提供升维的用户体验，形成“会员营销+数据赋能”的升维商业模式，我们来看孩子王、拼多多和百度糯米是怎么准确撮合交易并提供独特的用户体验的。

4.4.2 孩子王：经营顾客关系的数据公司

孩子王是一家数据驱动的，基于用户关系经营的创新型家庭服务品牌，主营母婴童商品零售与增值服务，为准妈妈及 0~14 岁儿童提供衣、食、住、行、玩、教、学等购物及成长服务的综合解决方案。拥有实体门店、线上 PC 端购物商城、移动端 APP 等全渠道购物体验。截至 2016 年年底，孩子王在全国 16 个省，80 多个城市拥有 170 多家实体门店，单店面积平均 5000

平方米，门店商品种类突破 20000 件，会员家庭一千万个以上。连续五年单店同比增长突破 50%，复合增长超过 100%；2016 年营业收入为 44.55 亿元，较上年同期增长 61.39%。

（1）盘活顾客的数据资产

在孩子王看来，未来纯靠卖商品已几乎没有生存空间：互联网发展如此之快，信息不对称越来越少，渠道极度扁平，未来一定是要在用户的使用过程中或某一个环节上创造价值，从经营商品到经营一个群体的生活、从提供选择到创造满足进行转变。成立伊始，孩子王就将自身定位为一家经营顾客资产的大数据公司，利用大数据思维和互联网技术来进行运营。

孩子王把营销和顾客的数据资产结合，精准地为顾客推荐所需要的商品。一方面，总部成立了精准营销部门，专门负责大数据分析；另一方面致力于打造全员育儿顾问模式，门店销售员都是持有国家颁发过证书的育儿顾问。孩子王所有员工都有一个叫人客合一的工具，通过它，员工可看到所管理顾客的购买情况，并得到大数据推送的一些分析，比如这位顾客是否达到当月预期购买值，其消费额在整个育儿顾问体系里的排名，奖金情况等，还会推送信息告诉员工，什么时间应该给这位顾客打个电话，某位顾客多久没有激活了，应该怎么激活。除了一些业务上的东西，也会做一些类似分享购的功能。育儿顾问不仅仅是销售员，在育儿方面知识和经验丰富，能给顾客提供专业的针对性服务。还会深入到社区给妈妈们讲课，对一些重点客户上门走访，有时在店里给宝宝免费剃头等。总而言之，每个育儿顾问都跟他的会员保持紧密的联系。

为保障数据赋能，孩子王还建立了数据中台，将资源数据化、电子化。根据领域不同，中台可以分为商品、商品池、用户、订单、库存、触达、支付、账户系统、积分系统、领券、发券、促销、红包等。一系列的举措，都是为了有效盘活顾客的数据资产，最大化数据的价值。孩子王经过这几年的实践发现，要让数据有“力量”必须有三个特点：第一是参与度，获得的数据不仅要让供应链参与进来，还要让消费者和相关利益者没有距离感；第二是温度，有效的数据必须是有情感的，如果获取的数据不是消费者的真实想法的话就只是滥竽充数；第三是黏度，通过数据的挖掘可以改变消费者购物的频率，而企业可以在消费者没有需求或者即将有需求之前创造满足，改变频率。

（2）社区商务（Community Business Mode）

社区商务是一种以社区范围内的居民为服务对象，以便民、利民，满足和促进居民综合消费为目标的属地型商业，所提供的服务主要是社区居民需要的日常生活服务，这些服务具有经常性、便利性，但不一定价格低廉的特点。孩子王的社区，是以意见领袖和孩子王育儿顾问、合作伙伴为主体的，让用户进行精神消费的一个场所，包括知识分享、社交、儿歌或故事分享、购物笔记、动态圈子、关注等内容。其中有个动态区域，也可称为妈咪秀或商品秀，让新妈咪或者宝宝们来秀的一个秀场，在这里，有一个社交的属性，可以互相关注，发微信、私信。孩子王社区商务的核心是把服务体验做好，来为会员提供更多的商品和服务，并把线上线下库存、用户、订单等打通，真正打造成为中国新家庭一站式的商品和精神消费平台：不仅仅能购买商品，还能通过社区给新家庭提供一个精神消费的场所，通过 APP 社区、微信咨询、会员动态，把文字、图片、声音、视频的各种形式，把育儿、生活经验、情感交流、互动分享的内容展现给用户。

为了打造好社区商务，还建立了独家的妈妈在线互助交流平台，举办各种亲子活动、DIY 手工制作活动、妈妈在线互助交流活动。这些系统化的独家活动，正是为了更好地培养孩子的多种能力，并且深入浅出，寓教于乐。首创了“妈妈后援团”，团员们全是 25~45 岁的妈妈，育儿经验丰富，她们负责配送，解决了陌生男性上门送货的种种不便。主要有三项工作：

一是准时送货；二是提供专业的育儿知识，近距离指导产妇遇到的一系列问题，必要的时候，她们还会为宝宝做推拿；三是为妈妈们提供全程顾问式关怀及产品导购建议，从孕妇第一次购物到孩子 3 岁前，团员们会一直跟进服务，所有的这些服务，带给了顾客全新的服务体验。孩子王还配置了 2000 多名育儿顾问提供专业化的贴心服务，注重人性化的关怀。如为带着婴儿购物的顾客提供全程陪护，为哺乳期的妈妈提供专区，以及售前了解顾客需求、售中做产品知识的全面介绍，售后交流育儿知识经验，这种“全程化”社区商务营销模式，在国内还是第一家。

孩子王有 500 多万名会员，在会员管理上，如何去了解会员的属性，这就需要给他们“贴”标签，比如一位住在高档小区的会员，年龄在 30 岁左右或者信息显示她是个年轻白领，那么这位会员就会拥有时尚辣妈的标签。从会员的角度来说，可通过各种数据采集，或者育儿顾问收集的信息，给会员打上不同标签，并对其进行分类，再根据其需求实行精准营销。孩子王连续 6 年单店增长超过 50%，销售额中 98%来自会员，足见其在会员营销上的成功。

（3）用研发提升产品体验

孩子王研发团队现约 220 人的规模，这么多的研发人员，要进行有效地管理和组织是一件挺大的事情，所以在研发管理上有一个平台基础研发部。基础研发主要是关于分布系统方面的，比如缓存，会做一个集群，把它分装一下，提供给所有中台系统去用，任何人不得私自弄一个缓存。现有一个技术研发能力特别强的团队在做这块，包括文件的存储、图片存储、非编的管理、ESB、监控，发布系统等。

多年来坚持数据挖掘分析，以 C2B 打造定制化供应链，针对家长打造基于情感的差异，针对儿童打造基于社交的差异，专注经营顾客关系，为顾客提供全方位增值服务，获得了业界与消费者的良好口碑。孩子王六年就干一件事，经营顾客关系，包含三个关系，即人和商品的关系、顾客和顾客之间的关系、顾客和员工之间的关系。孩子王从数据赋能和会员营销两个维度发力，塑造了升维体验，也得到了会员的认可。孩子王近期获得的最新融资主投方为高瓴资本，融资规模达 1 亿美元，美国华平投资集团跟投。孩子王估值已超过 10 亿美元，计划将于近期登陆资本市场，未来孩子王门店将超过 200 家。

4.4.3 拼多多：社交零售的领导者

随着消费者个性化消费需求的提升，移动电商的新逻辑是“社群流量—口碑推广—电商流量”，顺应“去中心化”“碎片化”“场景化”购物潮流，在移动端寻求多样流量入口，打造特定购物场景，强调社区互动交流，促使流量沉淀，并通过在社群中建立的口碑，有效地将流量转化为重复购买行为。拼多多是一家专注于 C2B 拼团的第三方社交电商平台，用户通过发起和朋友、家人、邻居等人群的拼团，可以用更低的价格，拼团购买优质商品。通过沟通分享形成的社交理念，形成了拼多多独特的新社交电商思维。

拼多多 APP 上线仅 4 个月，单日成交量就突破 1000 万元，仅 1 年时间，月成交量就达到了 10 亿元，相当于特卖网站唯品会成立三四年后的成交量，而拼多多只用一年就走完了唯品会好几年的路。2017 年上半年，拼多多商城斥资数亿元，赞助当下火热的综艺节目《极限挑战》《中国新歌声》等，“1 亿人都在用的购物 APP”的广告随处可见。目前，拼多多月 GMV 突破 40 亿元，估值达百亿元人民币，不仅扛起了国内社交电商的领军大旗，也成了名副其实的新兴独角兽。它是如何做到的呢？背后又是什么样的商业模式支撑呢？

（1）社交式零售：让购物更有温度

拼多多本质上是一种社交零售，即“社交+电商”的模式，社交零售从社交渠道引入流量，获取客户的成本更低，那是因为新客户与老客户很可能是社交朋友，那么商品信息推送将更为准确，成交率也更高。社交零售的优势在于，用户人以类聚，为了低价自发传播、自动拉新，提高人和物的匹配效率。当然，为了更高效地匹配供需，也离不开背后大数据的支持。

与其他自主搜索式电商不同，拼多多充分利用国内活跃用户数排名第一的社交工具微信，以拼团的模式抓住移动社交的红利，并在购物行为中融入游戏的趣味，用户通过朋友圈或者微信群等社交传播方式，向朋友、亲人、邻居等发拼团要求，获取更低的价格和更好的品质，让原本单向单调的“买买买”进化为朋友圈里有互动、有乐趣的“拼拼拼”，在拼团的过程中获得分享和交流的乐趣，享受全新的共享式购物，自然而然将社交流量变现为交易红利。这种朋友圈拼团的新颖玩法，不仅建立了庞大的拼团社群圈，同时，通过用户之间的口口相传的口碑效应引爆很多爆款商品，吸引了更多的消费群体。拼多多把不同的商品推荐给不同圈层的用户后，用户根据自己的需求来找自己想要的商品。此外，大量订单的迅速流入，使拼多多与供货商的议价能力更强，省掉中间环节，让价格优势更明显，真正实现“物美价廉”。

在拼多多上，每个商品都有单独购买价格和拼团价格，选择拼团购买进行商品下单，开团支付成功后获取转发链接，邀请好友参团，参团成员也可以将该团分享出去邀约更多的人参团，在规定时间内邀请到相应人数支付购买则拼团成功，等待收货。未达到人数则团购失败，系统会自动退款到付款账户。拼团流程如图 4.4-1 所示。

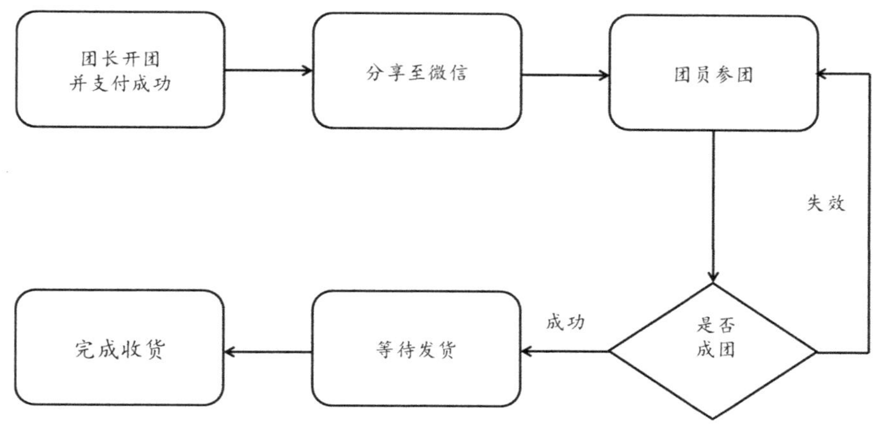

图 4.4-1　拼多多流程图

与传统的美团、百度糯米、拉手网等团购模式不同，社交零售享受低价没有人数的限制，1 个人和 100 个人买都是同一价格，而且是否真的低价消费者也无从知晓，简单来说就是一种长期的折扣销售，而拼团似乎更能体现团购原本的内涵：买家人数达到一定的数量优势，卖家价格有足够吸引力，买家和卖家双向吸引，最终成交，这也就应了我们那句老话“人多力量大”。拼单过程中，消费者为达到拼单人数，会形成一个自媒体，自觉帮助商家推广，形成一种病毒式传播，这种效果是传统团购不具备的，而这也正是拼团的意义所在。拼团的核心竞争力就是“社交电商+拼团让利”，在传播中又产生了对外的营销，一举多得。社交平台上，每个消费者的个人微信号都是一个传播节点，每条购买链接的分享都有可能为平台带来流量，于是多个微信群都自发分享，拼多多的传播也越来越广，这是一种让用户进行的“病毒营销”和口碑推广。

此外，拼多多的“拉微信好友参团”与“朋友圈分享”项目，是基于微信社交生态圈的熟人推荐，增加了可信度，也让营销方式更软，更有说服力。当用户关注度飙升之后，拼多多的社交外延也被不断拓宽。大家自发组建拼多多的微信群、QQ 群以提高拼团成功率。素未谋面的人们因为使用拼多多而相识，参团者已不再局限于亲友这种“强关系”范畴，用户的营销主动性和回购率也都有显著提升。之所以说社交零售是一种趋势，原因很简单，因为它有更高的利润，更低的成本，更高的效率，能把个性化的供给和个性化的终端进行一个有效的连接，而且它让利于消费者，让利于行业的从业者，只是收取少量的服务费。

（2）拼多多=社交+大数据

拼多多除了利用社交互动促进交易，还需要提升效率和体验，以更好地留住用户，并且更高效地服务用户，这就需要借助大数据的力量。社交平台产生的数据量是巨大的，Facebook 用户每天共享的东西超过 40 亿种，Twitter 每天处理的数据量超过 3.4 亿 GB。随着 UGC（用户产生内容）的不断发展，社交网络已经不断普及并深入人心，用户可以随时随地在网络上分享内容，由此产生了海量的用户数据。这些数据并不是我们想象中的那样冷冰冰、枯燥的数据，而是更加活生生、有趣的数据；这些数据不同于以往单纯的数字，它们声色结合、图文并茂。幸运的是，中国移动社交平台的规模、用户黏性、功能深度和最终对消费者生活方式的改变上，已经超过了美、日、韩等移动互联网强国。在一般商业前提下，社交大数据挖掘的目的，是投消费者所好，玩的核心是消费者洞察。拼多多在数据赋能上的应用主要体现在两个方面，一是为用户更精准地推荐可能形成拼团的商品，从而提高效率；二是为用户提供更精细地增值服务提高用户的满意度和黏性，从而提高体验。

做好精准推荐和精细服务首先要基于社交数据进行准确的消费者画像，并将消费者聚类，形成不同的圈层，并为不同群落的用户推送其最感兴趣、最可能形成交易的商品。社交平台上，每一位会员，社交账号就是其进入互联网的 ID，他的姓名、电话、邮箱、地址、收入等信息都会绑定起来，从而产生不同的“标签”。借助用户标签分析方法，对注册用户进行更精细化的分组管理，即根据用户在账号中点击的微信内容、询问的问题和互动的话题等，运营人员就能获得用户基本信息及购物偏好，再从消费能力、行为特征、兴趣特征等不同维度设置标签，最后借大数据技术为用户画像，为互动和精准营销提供重要依据。基于微信的社交行为数据和拼多多的购物行为历史数据，为品牌商提供目标消费群体画像和触达通道，实现精准商品推荐，提升再次购买率。

通过对用户行为数据的洞察、剖析和挖掘、描绘出每一个用户族群，用差异化标签在品牌和受众之间创建社会化的营销关联。例如，对于成熟妈妈与新生儿妈妈两个细分族群，其通过对大数据剖析得出差异化洞察结果：成熟妈妈经常是一群理智的玩乐女人帮，在娱乐应用上，她们最喜欢游戏、音乐和古装剧；在社交互动层面，她们以 QQ 群、鲜花工坊与日志为主。新生儿妈妈们则往往是社交活跃的时尚辣妈，可能会更关注数码产品的微博。除此之外，为了更好地促成交易，留住和取悦好会员，也需要为商家做好赋能服务，基于数据的支持，商家可以根据消费者的喜好自行设置活动商品、折扣价格、活动时效、成团人数等。

据估算 2020 年我国社交零售商户规模将达 2400 万户，市场规模将突破万亿元，未来 5 年行业将有 10 倍以上的拓展空间。目前社交零售以服装、鞋帽、美妆为主，未来将向母婴、食品、旅游、电子竞技、视觉素材用品等品类扩展。在发展机会上，拼多多牢牢地把握住了社交零售的黄金发展时机。在商业模式上，基于数据赋能和社交的会员营销，拼多多在没有终端消费场景的体验下，创造了一种独特的升维体验。这样的商业模式，算法和社群两个维度是缺一不可的，如果只有单维的体验，很难吸引大量用户，更难留住会员。

4.4.4 百度糯米：会员+智能推荐

2015 年百度糯米正式发布“会员+”O2O 战略，“会员+”是百度“连接人与服务”的关键环节，在用户端构建会员 VIP 体系，提升用户体验，在商户端构建线上会员体系，增强用户留存率和黏性，打通产业链，营造生态。为了完善这样的商业模式，百度 3 年追投 200 亿元欲颠覆产业格局。

（1）深耕会员：在存量市场挖掘增量价值

百度糯米“会员+”战略体现在产品端有两大特点：第一，在百度糯米客户端首页设置精选品牌专区，帮助商户搭建自我营销平台。精选品牌专区不是简单的团单展示，而是对接商户 CRM 管理系统，给用户管理和产品开发提供了更高的自由度。基于“会员+”系统，百度联合商户，开发出种类丰富的店铺页聚合、储值卡、到店付和百糯连等方式，打通百度糯米会员体系与商户 CRM 管理系统，利用大数据和用户行为数据为商家管理和营销提供精准决策依据，不断提高客户留存率和消费频次。第二，建立百度糯米 VIP 机制，用户在消费累积达到一定金额后，自动成为 VIP 会员，可在精选品牌专区享受折上再减，为商家多入口、多场景导流新用户，并提升糯米平台整体的用户黏性。

对商家而言，传统团购模式下，用户主要是价格敏感型消费，对商家的忠诚度非常低，久而久之，商家离用户越来越远。同时，由于商家在团购用户上获得的利润更薄，往往倾向于在服务中歧视团购用户，使团购用户的消费体验受损。在生态关系上，传统的团购模式已陷入低价竞争的恶性循环，商家和平台互相羁绊、争利博弈，平台进入补贴怪圈。百度糯米通过“会员+”的机制与商户共享客户信息，帮助商户建立自己的线上会员体系，培养忠实用户。商户在这一友好模式的激励下，将通过自身力量主动推广“会员+”，实现商家与平台互惠共赢的局面。北京著名粤菜馆“老广酒楼”联合百度糯米推出储值卡后，仅一家店试运营四个月就带来了百万元的新增流水。

（2）智能推荐：用数据做好精准营销

做搜索引擎起家的百度，战略目标就是要连接人与服务，既是要连接 3600 行，也是要向用户提供个性化的整体解决方案。通过获取会员多维的数据，利用自身擅长的“算法”，可以实现十分精准的供需匹配。为了有效地连接人与服务，人与产品，升级人与体验，基于算法的智能推荐成了最重要的工具。通过背靠百度提供的大数据技术，百度糯米智慧餐厅还实现了对用户的精准画像，设定用户标签，识别用户需求，更全面地掌握 O2O 到店人群，让餐饮商家更了解客人，实现精准营销。

在需求侧，千人千面的用户画像就是百度糯米大数据的主要产品。基于大数据分析，百度糯米对用户搜索、消费等行为数据进行分析，洞察 6 亿网民需求形成用户画像，为商户制定针对每一位用户的智能策略，通过挖掘受众潜在需求定向触达和场景拓展，实现有针对性的精准优惠营销方案。

在供给侧，店铺统计，是大数据应用的另一个产品。通过线下智能硬件产品高效捕获周边访客群体，完成店面的线下客流统计，在线上打通百度地图、百度搜索等百度系产品数据，通过线上线下的有效互补，精准识别到店人群的属性、兴趣偏好，为商户赋予智能运营的能力。

（3）赋能商家：打造共赢服务生态

对商家的赋能体现在三个方面，其一是拓展业务商机，商户通过店铺页自助开店和营销，而后台引力场进行活动竞争力预判，可以降低商户的试错成本，而通过储值卡和到店提醒，直通车的近距离精准导流将为商家带来更多商机。同时，百度糯米场景生态通过多品类串联进行智能推荐，为商家拓展商机。而通过大数据技术化营销造节，百度糯米实现了商户造节营销业绩的攀升。还可以借用新技术来实现升级，例如糯米 AR 场景营销产品，将通过 AR 图像技术开启娱乐化的网购模式，通过 AR 自助配置营销活动、开启 AR 营销推广、互动游戏引流到店等，让商家运营更加娱乐化，这种差异化的运营手段将会为商户吸引更多的客流。

其二是优化运营效率，通过“糯米+”联盟的 B 端服务联盟成员如美味不用等为商户提供在线点餐和排队功能，有效降低商家和顾客点餐与等待的耗时，提升店面就餐秩序的同时也提高餐厅服务质量。由百度糯米综合收银台提供的到店支付功能则为商家提高了收银效率，也提升了顾客的支付体验。与此同时，由客如云提供的 CRM 支持可以让商户无需额外支出客户管理成本，甚至连员工招聘，也有小美科技提供一站式服务。

其三是提升服务能力，基于大数据技术，为商户提供一站式智能解决方案，从而商户将更专注于提升自己的服务品质。通过社会化分工，让商户将更多精力用在钻研自身产品服务上，把开店、选址、线上线下装修、引流、营销、ERP 管理等事情，都交给糯米来做。尤其对小店来说，更能够提升商家服务用户的能力，解放生产力。

百度糯米的“智慧餐厅”也正式上线，作为百度糯米商户一站式解决方案的实体落地，智慧餐厅能够利用技术满足餐厅的排队、点餐、支付等一系列需求，为传统商户拓展业务商机、优化经营效率、提升服务能力。通过平台优势与强大的大数据能力，帮助传统餐厅实现点餐、排队、支付及营销等流程全面互联网化，真正实现智能化服务。只要用户在线上使用智慧餐厅的自助点餐功能，就能实现线下的无障碍消费。用户扫码即可点餐，服务员无需介入，这不仅省却了顾客的等单时间，同时自助点餐系统也在很大程度上节约了餐厅人力，同时提升了翻台率，继而提高餐厅的营业收入。百度糯米智慧餐厅的诞生，是为商户“赋能”的全面落地实施。

百度糯米依托百度系强大的资源、流量入口和全方位、高品质的服务，已经成为连接生活服务 O2O 中优质的、能洞察用户和商户需求的桥梁，将生活服务领域引向高端化、品质化，这是“会员+智能推荐”的初衷，也是互联网连接传统商户的意义。百度糯米依托背后百度提供的整体协同优势，通过大数据让商户更懂用户，以极致化的用户体验为商户提高运营效率。通过接入 3600 行中的更多第三方品类，共享内容和流量，百度糯米已成为中国品类齐全的生活服务平台。

在商业模式上，背靠百度的技术和大数据优势，百度糯米正在打造 O2O 新生态，这本质上也是从“社群+算法”上打造一种升维体验，实现企业、商户、用户的多方共赢，成功将 O2O 行业带入专业化、精细化和技术化运作的全新时代，最终让消费者实现智能生活。

4.5 升维模式 4：消费场景（终端）+数据赋能（算法）+会员营销（社群）

零售企业通过消费场景、数据赋能和强化会员营销，设计一种三维体验的商业模式，打造三位一体的用户体验。双维体验的模式能够产生 1+1>2 的协同效应，那么，三维叠加的升维体验模式能够达到 1+1+1>3 的效果吗？盒马鲜生、国美零售、王府井百货等就是这样的模式探索者。

4.5.1 模式分析

在这一种升维模式中，零售企业利用消费场景获取流量并提供体验，通过会员营销做好服务发展自己的粉丝社群，再基于获取的数据为终端建设和会员服务赋能，做好精准营销。体验层层叠加，不是物理式累加，而是化学式的融合，为用户提供三位一体的极致服务。

（1）商业模式要素

价值主张：有趣的消费场景，有心的数据赋能，有爱的会员服务，三个维度叠加的极致升维体验。

客户关系：与用户形成的是“恋人关系”，面对用户的时候，既要好看，又要贴心，更要懂他，形成亲密无间的“恋爱”。

收益获取：主要是商品销售收入，多半可能是会员贡献的；还有对会员差异化服务的溢价，通过价格歧视①充分挤压消费者剩余价值。

核心资源：因为是多维的打法，资源丰富性好，复合性强，终端的消费场景，社群的会员体系，数据资产及算法都是可以作为核心资源。

重要合作：主要是消费场景打造环节的商品供应商和物流配送网络，会员服务和数据赋能通常自己完成。

成本构成：一是场景打造的成本，通常这是最大的成本；二是对数据处理的成本；三是会员服务的成本。

整体商业模式六要素形成的商业模式画布如表 4.5-1 所示。

表 4.5-1　模式 4 商业模式画布

<table>
<tr><th>KP 重要合作</th><th>C$成本结构</th><th>R$收益获取</th><th>VP 价值主张</th></tr>
<tr><td>供应商联盟
物流网络</td><td rowspan="3">场景打造成本
数据处理成本
会员服务成本</td><td rowspan="3">商品销售收入
服务溢价</td><td>有趣、有心、有爱的极致升维体验</td></tr>
<tr><th>KR 核心资源</th><th>CR 客户关系</th></tr>
<tr><td>终端+会员+数据+算法</td><td>恋人关系</td></tr>
</table>

① 价格歧视又称价格差别，指厂商在同一时期对同一产品索取不同价格的行为。价格歧视既可以是对不同购买者索取不同价格，也可以对同一个购买者的不同购买数量收取不同价格。

（2）商业模式运行逻辑

在内部运行逻辑上，前端的价值主张通过有趣、有心、有爱的综合体验，塑造稳固的“恋人式”客户关系；客户关系又促进体验的进一步升级。后端的核心资源因为足够强大和综合，主要由自身完成，对重要合作的依赖度不高，因此在生态体系里面占有主导地位。

在前端与后端之间的逻辑上，主要是“核心资源—价值主张—客户关系—收益获取”的逻辑链条，利用自身强大的核心资源，形成三位一体升维体验的价值主张，建立用户之间的亲密关系。无论是有用的终端，还是有爱的服务，都是云端的基础，有了场景、有了服务就有流量，就有了会员，云端才有无限的精彩。虽然在提供用户体验上维度最高，但是对自身能力要求也高，在成本构成上投入也大，因此，一般都是由具有深厚基础的大型零售企业完成转型。

该类型商业模式本质上是从终端、算法和会员三个维度上发力，形成“消费场景+会员营销+数据赋能”的三位一体的升维商业模式，打造一种极致的体验。我们来看看阿里巴巴的盒马鲜生、国美零售、零售老大哥王府井百货是怎么做到的。

4.5.2 盒马鲜生：新零售的样板

盒马鲜生似乎天生就自带“网红基因”，2016 年年初开出第一家店到目前也就仅仅是一年半的时间，不仅“红”遍中国，而且已经“红”出国门，被日本、美国等众多国外媒体、零售同行所关注。而且不仅在零售行业红了，就连在政府、媒体、机构、厂家等诸多领域也是大红大紫。用盒马鲜生创始人侯毅的话讲，“盒马鲜生创建以来，没有打过一分钱的广告，却成了网红企业。”

不仅叫好，而且叫座，华泰证券数据显示，盒马上海金桥店全年营业额约 2.5 亿元，且坪效达到 5.6 万元每年，为传统超市的 4~5 倍，盒马实现用户月购买次数 4.5 次。每天单线上就达 4000 单，客单价 70 元，毛利率 25%，也就是每天线上销售额 28 万元，毛利 7 万元。普通 4000 平方米精品超市，只经营线下业务，通常日销 15 万~20 万元能盈亏平衡，毛利率 17%~26%，客单 60~100 元。也就是说精品超市每天毛利是 3 万~4 万元。盒马鲜生增加了线上业务，约占总业务的 45%左右，单线上业务每天毛利 7 万元，等于毛利提升 280%，即使减去线上业务的拣货配送成本 2.8 万元，毛利也能提升 168%。

不只是商业上的成功，2017 年 8 月，《哈佛商业评论》评出了年度新零售 TOP10，盒马鲜生光荣地位列其中，俨然成了新零售的样板。盒马鲜生做对了什么？其实本质上是打造“门店环境体验+商品体验+餐饮体验+到家体验+粉丝互动情感体验”的一种升维体验，满足顾客的多维体验需求。自从盒马鲜生首家“支付宝会员店”问世，便贴上各种特色标签：产地直采、品质上乘、新鲜到家、价格亲民、无现金支付，犹如潘多拉魔盒，种种标签让盒马鲜生显得足够神秘，它究竟是一种什么样的存在？

（1）“四不像”的消费场景

盒马鲜生集“生鲜超市+餐饮体验+线上业务仓储”三大功能为一体，业务模式是“电商+线下超市、餐饮”的结合体。其内部称之为“一店二仓五个中心”，即一个门店，前端为消费区，后端为仓储配送区，五个中心分别是超市中心、餐饮中心、物流中心、体验中心以及粉丝运营中心。实行线上线下一体化运营，线下重体验，线上重交易，围绕门店 3 公里范围，构建起 30 分钟送达的冷链物流配送体系。有人评价盒马鲜生不是超市，不是便利店，不是餐饮店也不是菜市场，阿里巴巴内部则把它叫做一个数据和技术驱动的新零售平台。盒马鲜生就是致力于打造“吃”为核心，为用户打造完美购物体验，真正做到了它所提倡的“新鲜每一刻，所想即所得，让吃变成一种娱乐，一站式购齐”的理念。

- 线下业务：生鲜超市+餐饮体验

线下门店基于场景定位，围绕“吃”构建商品品类，以消费者复购率极高的生鲜类产品为切入口，辅助标准化的食品，同时提供大量可以直接食用的成品、半成品等差异化商品，满足消费者对于吃的一切需求。餐饮不单单是体验中心，更带来了流量，增加了消费黏性。凭借加工能力，盒马鲜生可以为顾客提供大量半成品与成品生鲜，也丰富了互联网销售的品类。如果不想自己回家做饭，还可以体验盒马鲜生的“生熟联动”和“熟生联动”，如图 4.5-1 所示。消费者选购水产品后可以指定各个海鲜的做法，蒜蓉粉丝蒸、葱姜炒、马苏里拉奶酪焗等，如果消费者吃过觉得味道不错，还能直接买到制作食物所需要的调料，调料部分也是盒马鲜生自行配制好的，让消费者也可以自己回家加工，在盒马 APP 内也有相应的视频教学。

图 4.5-1　盒马鲜生餐饮体验区

在陈列布局上，盒马将生鲜水产放在入口处，营造档次感，同时较为自由。超市入口的大门头用的全都是 LED 屏，会根据季节的不同和活动不同做一些更改。商品品类上，售卖 103 个国家超过 3000 多种商品，其中 80%是食品，生鲜产品占到 20%，未来将提升到 30%。店内零售区域主要分为肉类、水产、蔬果、南北干货，米面油粮、休闲食品、烟酒、饮料、烘培、冷藏冷冻、熟食、烧烤以及日式料理等各区。同时，作为精品超市，各个细节无不体现优良品质，譬如，生鲜商品、果蔬均统一包装、无散装售卖，不支持拣选，提供净菜等契合现代都市人快节奏生活的高溢价产品种类。

- 线上业务：餐饮外卖+生鲜配送

线上业务端口为盒马 APP，APP 分为盒马外卖与盒马鲜生两个模块。盒马外卖主打专业餐饮外卖，盒马鲜生主打生鲜配送。生鲜是盒马的主打特色产品，生鲜占比大幅高于传统超市，生鲜区域面积在一半左右，品类齐全，中高端品类如波士顿龙虾、帝王蟹等占比高，也有一些其他菜品，休闲食品和日用品占比较少。盒马外卖区别于传统外卖形态，盒马外卖定位专业外卖服务，不提供堂食。盒马外卖目前在上海共有陆家嘴、人民广场等 10 家厨房，在北京三里屯等已有 4 家厨房，立足于各大 CBD，目标客户为白领阶层。据盒马外卖 CEO 介绍，单个厨房硬件投入在 500 万元左右，一般需要 2~3 个月建设，客单价 35~40 元。线上订单配送范围为体验店周围 3 公里内，配送时间为 8:30—21:00。

通过电子价签等新技术手段，可以保证线上与线下同品同价，通过门店自动化物流设备保证门店分拣效率，最终保证顾客通过 APP 下单后 3 公里内 30 分钟内送达。以蔬果生鲜为主，为了让购买者放心，并没有采用传统线上的方式，而是所有商品均由店员从店内的销售柜台上选取，保证新鲜度为第一，选购的商品统一在后仓的打包车间进行打包，不会对门店消费区域进行干扰，更不会影响门店客户的线下体验。通过线上线下的融合，盒马鲜生实现了商品、价格、营销、会员的四个统一，及线上线下的相互引流，创造出 1+1>2 的化学反应，带来单位坪效、人均效率及供应链效率的同步提升。

- 新技术运用提升体验

店面运用了大量新技术，旨在提升用户体验，自动化分拣及智能物流系统、电子标签等。几乎所有商品都已使用电子价签，电子价签的画质看起来像迷你版 Kindle，主要提供了品名、价格、单位、规格、等级、产地等传统纸质价签提供的商品信息及对应条形码，还可以通过 APP 扫码了解产品信息并加入移动端购物车。盒马鲜生主打水产、蔬菜、瓜果等生鲜产品，生鲜是一个价格变动相对频繁的品类。使用电子价签之后，店员只需在后台更新价格，便能完成盒马 APP 和实体店内商品的同时变价。电子价签的价值却远不止变价功能。从顾客消费体验来说，电子标签也有较大价值：一是顾客能通过盒马 APP 扫描条形码，快速获取更详细的商品信息、线上评价等，帮助其更好地做出消费决策，提升购物体验，增强顾客黏度。二是通过 APP 记录线下顾客扫码的商品种类、频率，并比对最后的购买行为等，亦可产生大量用户的行为数据，供盒马鲜生分析顾客消费习惯和偏好，从而提升商品选货能力和精准营销能力。

（2）打造会员消费的闭环

盒马鲜生为了培养用户的移动支付习惯，把盒马 APP 作为门店唯一的支付入口，消费者要想完成支付必须下载并注册会员，才能使用支付宝账户支付。从这个意义上讲，盒马鲜生其实是支付宝的会员体验店，通过这种较为强硬的方式引导非现金支付，是想依托盒马 APP 建立起完善的用户体系，便捷地搜集大数据信息。盒马 APP 聚合了一般会员卡的筛选用户、准入、支付和绑定用户等功能，将线下流量强行导流到线上。这样不仅利于培养用户使用盒马 APP 和支付宝的习惯，而且可以掌握用户数据，针对喜好和消费习惯进行精准营销。

此外，还通过精准的会员定位重构消费价值观。传统超市的目标客户群主要是为家庭采购的中老年人，而“盒马鲜生”的客户定位更接近于年轻人这一电商消费主体，目前消费者80%是“80后”“90后”这批“互联网原住民”，这群目标客户既有庞大的数量，又有特殊的消费需求。国家统计局数据显示，“80后”人数高达2.28亿人，“90后”人数高达1.74亿人。作为在成长环境优越、物质财富丰富年代生活的年轻人，他们更关注商品的品质和实际功能，对价格的敏感度相对不高，将成为促进中国进入新消费时代的中坚力量。“盒马鲜生”的目标群体对价格敏感度较低，这意味着能接受相对较高的价格定位，但是对价格的不在意一定伴随着对产品和服务质量的极高要求，以及对绝佳消费体验的需求。

为了满足会员的需求，“盒马鲜生”也设计了新的消费价值观。第一是“新鲜每一刻”，将售卖的商品都做成小包装，购物方便、配送快捷，完全可以今天买、今天吃完，并保证买到、吃到的商品都是新鲜的；第二是“所想即所得”，线上购买与线下购买的商品完全是同一品质、价格，为消费者提供了随时随地、全天候的便利购买；第三是“一站式购物”，线上线下高度融合，产品的种类非常丰富，即使在线下超市买不到的东西，也可以通过线上订购，甚至可以买到稀有产品——五千元一条的野生黄鱼；第四是“让做饭变成一种娱乐”，针对上班族没时间做饭的情况，可直接在超市购买并加工制作，这种新鲜、健康、即时的餐饮体验非常吸引年轻消费者。这样的价值观，让消费者认可度更高，更容易形成有凝聚力的消费者社群。

在会员管理上，目前，盒马鲜生有专门的活动区域，会定期组织活动，比如包饺子的亲子活动、厨艺比拼、大闸蟹试吃大会等。组织这些在线下有趣味，玩法多样的活动，能有效延长顾客的逗留时间，有助于提高顾客消费的可能性，同时有特色的社交互动有助于商家与顾客、顾客与顾客之间的交流，形成小范围粉丝群体，线上微信群运营等方式使得粉丝群体的运营比以往更加容易，群体内部信息共享，可大幅度提升顾客黏性和回购率。此外，D2D（Door To Door）的门对门配送服务，也可以获取忠实粉丝。通过电子价签等新技术手段，可以保证线上与线下同品同价，通过门店自动化物流设备保证门店分拣效率。盒马免费配送到家，短期来看成本相较于传统卖场偏高，但最终是为了实现对核心商圈客群的主动覆盖，一旦实现将快速颠覆传统卖场，实现规模效益，降低物流成本。盒马鲜生提供的数据显示，盒马用户的黏性和线上转化率远高于传统电商和零售企业，这就是会员营销的功劳！

（3）大数据赋能

阿里巴巴集团运营淘宝、天猫多年，在大数据和用户体系方面有深厚的技术积累，之前天猫超市对一个用户能贴上 180 多个数据标签，对用户画像进行精准构建。传统超市虽然也有收银机能采集到一定数据，但是一方面传统超市收银机的数据维度有限，另一方面这部分数据也相对独立难以提取和统筹分析。在阿里巴巴大数据基因的熏陶下，盒马鲜生在大数据技术的应用上可谓得心应手。开店有阿里巴巴大数据作为指导，可以针对不同消费阶层的活动商圈划定门店范围。从目前的门店选址可以看出，盒马鲜生所选的商场多为中高档精品生活广场，周边有写字楼、中高端社区等配套功能。附近楼盘价格偏高，居民消费水平偏中上，符合盒马鲜生的目标用户需求。消费画像上，主要用户人群是典型的互联网用户人群，年龄在 25 岁到 35 岁之间，其中已婚女性约占 65%。这个群体对商品的第一要求是新鲜度和品质，对服务也是非常看重的，反而对价格的敏感度并不高。从阿里巴巴大数据平台“阿里指数”可以看出，这部分人群占据了当前移动支付购买行为的绝大部分。

盒马模式背后有其完善的商业逻辑，通过线上线下的深度结合进行优势互补，线上业务提升门店效率，增加业绩，线上高客单价也能基本平衡履单费用。同时，线上业务能很好地搭建用户体系和搜集大数据信息。而线下用户的体验和档次感能为线上服务背书，进行引流。线下门店承担前置仓功能，保证配送时效，超市业态比传统仓库能享受更低廉的租金，能节省成本。“生鲜+餐饮”的模式筑起线下壁垒，生鲜品类消费频次高，电商渗透率低，是线下超市护城河所在，盒马也通过一些新手段降低生鲜损耗。餐饮增加客户在店逗留时间，同时方便临期生鲜产品的处理。盒马定位中高端，价格策略是靠高性价比生鲜产品吸引用户，靠其他品类赚钱。筛选出中高端客户，能通过线上高客单价平衡履单成本，保障线上业务健康发展。

在数据赋能的应用上，通过线上服务和线下支付获取的用户大数据。未来应用场景丰富，包括精准营销、商品结构调整和选址布局。通过线上和门店收集到的大数据可以对用户做到精准定位，能进一步进行针对性营销。对于流失用户定期监控，采取推送、送消费券等方式挽留用户，跟重新获客相比这种方式留住客户成本还是相对较低的。在商品结构设置上，也可以通过用户受欢迎程度、用户价格敏感度等大数据信息来进行调整。未来在门店选址布局方面也是大数据运用的一个重点，不仅需要企业和门店内部的大数据，还需要外部数据对备选门店周边客群特征，以及所在购物中心人流量、密集度等进行详细分析。

在商业形态上，它像商场又不是传统商场，像购物中心又不是传统购物中心，它是一个消费的社区又是一个吃喝玩乐的中心，又是一个消费者连接的中心，还是一个新的社区、社群，真正基于消费多场景，为消费者提供便利。这种“四不像”的模式，实际上是以“多维”的方式迎战传统零售业靠天气吃饭、靠促销吃饭的”一维”的格局。它创造了一个高品质的用户体验，不管是到店还是到家服务，实现线上线下协同；其次，针对目标客群提供一系列的极致产品，如波士顿龙虾、帝王蟹、法国生蚝等，进行标准化加工的成品或半成品；第三是提供一整套增值服务，开辟海鲜加工区域、提供线下堂食、体验厨房，3D 互动区等；第四，通过 APP 建立一个高黏性的用户圈层，特别是年轻白领阶层。

在商业模式上，盒马鲜生建构的是“IP+四大场景化入口（盒马餐饮/鲜生/集市/便利店）+APP”的模式，以追求 1+1+1>3 升维体验的效果。通过“消费场景+数据赋能+会员营销”三个维度上的共同发力，打造了一个三位一体的升维体验，自然既能赢得市场，也能赢得口碑，更能赢得消费者的心。

4.5.3 国美零售：重新定义零售

国美在成立 30 年之际，喊出了“重新定义零售”的口号，并且发布新战略，建立以用户为王、产品为王、平台为王、服务为王、分享为王、体验为王、线上线下融合的社交商务生态圈，形成对用户利益最大化的“6+1”新零售模式，以它一贯强势的风格开启了变革之旅。并且将公司名称“国美电器”改为“国美零售”，足见其重新定义新零售的野心。

国美零售公布的 2017 第一季度业绩显示，一季度国美电器实现销售收入 173.9 亿元人民币，同比增长 14.4%，其中国美在线自营部分的销售收入同比增长 41.7%。整体 GMV 与去年同期相比增长 31%至人民币 274 亿元。线上贡献 GMV 达到人民币 91 亿元，其中，移动端 GMV 同比增长 127%！

（1）以“场景变革”链接消费者

作为中国家电连锁企业的代表，国美对“新零售”的诠释是“重新定义零售”，实现线上线下的深度融合。国美最终通过回归零售本质的方式，将旗下的板块进行了重组，由过去单一的零售型企业转型成为全零售生态圈的综合产品加服务的提供商。第一件重要的事情就是场景变革，打造“全渠道、新场景、强链接”的终端，2016 年全年，国美有 100 多家核心门店完成了新场景改造，其中，半数以上的门店位于一级市场。改造之后的国美门店，消费者每走进一家门店都会有惊喜，因为每家门店都独具特色，借助不同的场景与消费者近距离沟通。

- 以“家”链接场景

传统的国美，留给消费者的印象是家电卖场。当用户有了新家，往往是从买建材到买家装、家居，最后才是购家电，像国美这样的家电卖场，是消费者构建“家”的最后一站。如今，国美正在以“家”为链接，构建新的生态产业链，建立整体家庭解决方案，融入水暖空调系统，实现国美门店从家电卖场向“家电+家装”提供商的转变，先一步布局家装、家居体验场景。国美做家装家居，并不是单纯的业务拓展，而是基于消费需求、对家的概念和家庭整体解决方案的理解，是零售业服务意识的提升。

国美要打造“家”的场景和方案，未来，在整体家装业务之外，国美还将引入软装、半包以及局部装修等多种家装业务形态，并将家电、智能物联与家装业务进行深度整合，为消费者提供“整体化+个性化”的真正意义上的完整的全屋定制方案，国美的门店是未来完美生活方式的场景化再现。以国美中塔店为例（如图 4.5-2 所示），在这里有个 118 平方米的烘焙体验区，消费者不仅可以在烹饪老师的指导下，使用各种厨房家电亲自制作甜点，还可以看到德国设计师的高端厨卫设计。在这里，每天都有妈妈们带着孩子亲手制作饼干甜点，在体验微蒸烤等全套电器操作的同时，更能享受亲子时光的快乐，烘焙教学课堂十分热闹。

图 4.5-2　国美烘焙工作室体验中心

如今国美正在由单一的商品零售商，转变为以家为核心的家庭整体解决方案提供商。为此，国美将家装设计、家庭水系统、空气系统、地暖系统等整合进入新场景，在国美门店内，可以看到东易日盛旗下的家装设计场景、A.O. 史密斯的地暖与净水系统场景、海尔的智能卫浴场景、格力的中央空调场景，通过这些场景，国美力图为消费者提供一站式家庭生活解决方案。

- 以场景链接年轻消费者

得年轻消费者得天下，国美的线下实体店覆盖全国 400 多个重点城市，店内拥有品类丰富的 3C 数码、家电产品，众多电竞核心及周边厂商产品汇聚于此，为国美打造优质电竞馆，举办精彩比赛，汇聚电竞爱好者提供了良好的条件。国美电竞馆并不以网咖为主体，网咖的收入仅占国美电竞馆总收入的 20%，国美电竞馆主要通过优质的内容吸引观众。这些内容包括电竞比赛、战队训练、主播直播、二次元展会、厂商新品发布，甚至包括泛娱乐方向的明星见面会、演唱会、签售会等。

国美中塔店1000平方米电竞馆体验区的产品全部由厂家直接授权，包括联想、华硕、戴尔、惠普等PC硬件厂商，如图4.5-3所示。产品展示区全部采用特别的主题设计，让玩家亲身感受到电竞的无穷魅力。此外电竞馆主舞台最大可容纳300人表演，灯光、音响、喷雾机一应俱全，且具备独立的化妆间，这里还兴办了规模盛大的COSPLAY二次元展会。在国美看来，电竞产业充满了未知和可能，随着全球年轻网络人群数量的不断扩大，电子竞技产业将更加规范和成熟，国美也将在与电子竞技游戏厂商、俱乐部、赛事方、硬件厂商多方的合作中不断积累自己的经验与资源，为年轻人延伸电竞梦想，探寻出一条适合中国国情的电子竞技未来发展之路。

图4.5-3　国美炫酷电竞专区

（2）打造社交商务生态圈

互联网时代下，实体零售转型“新零售”要建立人与人之间、人与产品之间、人与企业之间、企业与产品之间的广泛连接，形成社群关系，推动供给端与需求端的有效对接，推动更深层次的消费价值和产业价值的重构，这样才能源源不断地创生“厚价值”。因此，除了场景变革外，在会员营销上，国美也颇费心思。

用户为王，是国美重新定义零售的总原则，这表明国美始终坚持以用户为核心，挖掘用户的深层次需求，并予以满足。服务为王是新零售的必然延伸，以服务带动用户需求创生，并在商品全生命周期中为用户持续不断地提供专业的服务，这才是零售价值的真正边界。在国美新零售中，用户可以参与到产品从研发到回收的全流程中，在过程中可以分享品质、分享乐趣、分享利益，最终达成用户、品牌商和国美的共同增值，并实现互联网时代从免费经济向利益分享经济的转变。而让用户体验更好的目的和结果则又回到了最初的“用户为王”这一总原则，形成了完整的生态闭环。

国美特别重视会员管理，国美在整合线上线下上亿名会员数据的基础上，推出了会员细分模型系统 SAP-CRM，利用大数据评估体系多维度分析会员购物数据，为会员提供了多样化的产品解决方案。国美线上线下会员已超过 1 亿人，面对庞大的数据，国美将依托强大的 SAP-CRM 系统，从消费时间、消费品牌、消费频次、消费金额等多维度分析会员购买周期、高中低端会员价值、会员购物品牌倾向等消费特征，区分不同需求的会员群体，识别潜在客户群体，为会员提供专属的差异化营销方案，从而最大程度地满足不同顾客的不同需求。这种通过大数据分析，为消费者推送个人定制式产品的解决方案，不仅实现了与消费者的深度交互，更为消费者提供了超出想象的购物体验，增强了与消费者之间的品牌黏性。互联网的广泛应用改变着各个行业的经营模式，彻底改变了企业、客户与供应商之间的关系，同时也带来了更为激烈的竞争。在这种竞争中，谁能把握住客户的需求，并以最快的速度做出响应，谁就能在竞争中取胜。据内部数据显示国美会员消费活跃度迅速提升，会员再购率已达 40%，远超行业平均水平。

深耕会员营销，国美在线还打造了电商史上最大力度会员福利日。国美“尖峰 718”会员独“利”日活动，正是国美在线针对会员展开的一次有力的精准营销。

（3）国美 Plus：国美未来就是一个数据公司

“产品为王”意味着国美为消费者提供产品时从“猜需求”转变为“真需求”，能够精准满足用户的品质化、定制化、智能化产品需求。而“平台为王”，则表示国美将致力于形成门店为基础的线下入口端和以“国美 Plus 超级平台”为主流的线上入口端，将以“社交+商务+利益分享”为主导构建开放平台。

国美正在重点研究的成熟产品包括核心部件和智慧能力，通过大数据工厂对消费需求的精准洞察，与智能芯片厂商合作，自主研发具有国美特色的智能设备。并与 18 家知名企业进行了集体战略签约，合作范围涉及手机、家电、厨卫、智能穿戴等。国美以云服务为基础，结合标准链接协议、场景方案集成平台以及智能定制产品，借助后台，完成智能设备数据收集、分析，与用户形成交互，智能设备连接数超过 100 万台。同时，通过深化后服务内容，实现商品信息交互，在家电使用周期内提供一站式服务，形成销售服务闭环，提升家电零售竞争门槛和挖掘新盈利增长点。采用“云对云”的合作方式，实现国美超级 APP 与云平台直接互联互通，真正实现与智能家居终端跨品牌、跨产品的互联互通。与此同时，厂商可依靠云平台强大的数据分析功能，挖掘用户对设备的使用行为和操作习惯，通过对用户的分析，优化产品策略和市场策略。

为什么要推出国美 Plus？一个原因就是要实现对用户的分析与理解，最基础的就是数据。这些数据从何而来？除了历史数据的积累外，国美 Plus 将承载重要的使命。它现在虽然只是一个界面，但未来会实现集成化，还有瞳孔、指纹、语音、体感控制，最终形成整个物联。事实上，在此之前，国美已经有了多个电商 APP，比如国美在线等，推出国美 Plus 的根本原因在于国美决心要从数据的底层系统开始控盘，国美 CEO 杜鹃甚至说“国美未来就是一个数据公司和科技公司”。

面对国美“社交+商务+利益”分享，原有的信息系统很难承载这一使命，这让国美开始从底层系统自建新 APP 即国美 Plus。现在打开国美在线 APP 端，还可以进入国美商城，但它们已经变成次入口，不是主推品，未来主推品是国美 Plus，它最终将形成唯一的一个入口与线下连接。不仅如此，国美 Plus 实际上还在慢慢变化，因为国美互联网未来的定位在于，除了做电子商务以外还要做社交商务的生态圈，让用户利益最大化，所以它更多的是把商务跟社交、圈子融合在了一起，利用分享机制与用户建立高频密切的联系，比如说用户在这里面可以晒自己的乐趣，晒自己的喜好，可以分享自己的商品，分享实物，甚至可以分享自己的服务，等等。具体来说，用户可以把一些商家引进来，通过分享的过程，可以获得一些利益。当然国美更多的是想通过这个分享形成一个播撒的范围，就像“蒲公英”的形态，可以衍生出越来越多的融合模式，进而在这个平台上最大化地留下用户的数据。

作为国美线上形成的唯一导入口，与线下的场景结合会产生很多模式，比如说线下体验，线上下单，还有线上下单，线下自提。通过鼓励用户到线上成交，形成用户的行为记录。通过国美 Plus 形成的线上线下的融合，用户从线上到线下的成交，或从线下到线上的成交，所有数据都将被记录。通过线上线下的融合，结合线下的体验场景和线上的入口场景，形成人物的画像。从技术角度上看，这次整合是国美 Plus 推出的关键信息点，伴随线下的门店体验，形成多场景化，线上实际上也开始沿着以 Plus 为轴心，进行相应的生态布局。比如说国美管家推出了家电售后保养的服务，提供数据精准的产品，这些都可以形成新的产品的增长点，或是新的利润增长点。

在商业模式上，国美对新零售的发力是全方位的，在终端上不遗余力打造消费场景，在社群上通过会员管理和营销建立社交商务圈，在算法上通过 APP 整合数据并有效挖掘，塑造了“消费场景+数据赋能+会员营销”三位一体的升维体验商业模式。

4.5.4 王府井百货：零售大哥的全方位转型

王府井百货成立于 1955 年，有 60 余年历史传统，可谓是零售行业的老大哥了。现已在全国七大区域 30 个城市开设运营 55 家门店，年销售超过 300 亿元，并构建了拥有百货、购物中心、奥特莱斯、超市等覆盖全生活系统的多业态结构的零售商业格局，成为国内最具影响力的大型零售企业。中国连锁经营协会 2017 年 5 月 16 日发布了《2016 年中国连锁百强名单》，王府井以 275.9 亿元位列百货业绩排行首位。虽然是“大哥”，王府井百货却从未倚老卖老，相反，一直是不断“折腾”，不断转型，不断自我颠覆。

2016 年年底，王府井集团成立全渠道中心，从集团层面重新定义了未来零售的方向。全渠道中心主要做三件事，第一做触达通路，第二把门店现有的营销数字化，第三在做好前两者的基础上建设数字化的和数据驱动的新零售能力。立志要在新零售时代，将渠道畅通化，用户、营销数据可分析化，场景多样化。

（1）不可消失的门店

王府井集团的战略转型具体概括为“一个模式”“四大任务”。构建一个模式，其内涵是回归零售本质，重塑商品经营能力和顾客经营能力，构建线上线下高度融合的新商业模式，建立以客户为中心的生态圈。构建这个新的商业模式，要完成四大任务。第一大任务是两个能力的建设，包括商品经营能力和顾客经营能力；第二大任务是业态的创新和拓展，包括百货业态本身的创新和向奥特莱斯、购物中心等新兴业态的拓展；第三大任务是构建全渠道；第四大任务是组织变革与机制创新。王府井集团从战略层面重新定位了新零售，将电商的经验、移动支付、新的数字化技术整合服务于实体店，提升实体店的经营效率。

- 深挖门店价值

在王府井集团的四大战略转型方向上，业态转型已经上路，一店一策、本地化服务的门店升级也在快速推进。针对两三万平方米的百货物业，王府井正在将其原地翻牌转型为“城市奥特莱斯”，不同于大型的奥特莱斯概念，城市奥特莱斯更像品牌折扣店，服务于周边人群，转型后的单店营收同比增长了 40%多。

王府井的商业逻辑是，门店的价值第一是场景，有些体验终归是不能通过纯线上完成的，要围绕销售的商品运营一些场景化的内容。第二是本地化，围绕用户周边的服务会越来越深化，开在居民区的店不一定非要卖劳力士，也许应该卖高质量的排酸肉，围绕人群做品类调整。场景化和本地化决定了门店的不可复制、不可替代性，门店不仅不会消失，在流量红利逐渐减弱的商业时代，还能发挥更大的价值。王府井坚信零售业的繁荣离开了线下几乎不可能，只要是人在消费，不是机器人在消费，就一定需要线下门店。

- 打造“千店千面”

除了数字化门店的转型，在消费场景上，开始打造“千店千面”的特色终端，给不同的细分客户带来差异化的体验。转型的方向是根据商圈的特点，打造“千店千面”的消费场景，提供差异化的体验。例如，北京双安商场店，就转型服务周边的大学老师和学生，大量引入了自有品牌。长沙的王府井百货将商场一层打造成了“潮牌”层，引入大量“潮牌”。王府井百货大楼总店，还在五层开辟了一个美容专区，专门给一层的化妆品品牌开设了一个个小房子，服务于 VIP 用户的试用、体验。在洛阳店，还引入了小米，开了一个 200 平方米的小米旗舰店，该店不但引爆了客流，2017 年的销售额更是达到了 1 亿元！

特别值得一提的是，云南顺城王府井百货打造的中国手艺集合店，成为西南地区规模最大、最集中的中国传统手艺文化展厅，涵盖了手艺产品销售、手艺课程体验、手艺人现场展演、手艺产品定制四大主题内容，集手艺展示、体验、销售、公益活动于一体。这是中国传统手艺首次以品牌店方式入住城市中心圈，它旨在让传统手艺走进城市商业中心，与全球一线品牌共同展示，让广大民众近距离欣赏中国传统手艺文化之美，体验中国传统手艺文化的趣味及丰富内涵。

王府井金街店，将之前面对 20~35 岁消费群体的经营模式转变为以家庭为主体的经营模式。为了拉动家庭对婴幼儿用品的消费，在金街商圈的新中国儿童用品商店内，建立了北京乃至全国最大的婴幼儿用品旗舰店，并扩大婴幼儿用品经营范围，引进中高档品牌的产品，满足不同层次的消费者需求。这里汇集了婴幼儿服饰、母婴用品、童车、童床、汽车安全座椅等 5 大类、50 多个中外知名品牌、3000 多款式的商品。还增加儿童图书及文化用品，增设免费互动体验课程，形成一站式、体验式消费模式。

- 丰富业态，多元化消费场景

为了丰富流量入口，打造多元化消费场景，王府井百货不仅在线上发力，打通线下线上的渠道通路，还布局便利店等业态，让消费的流量入口不断丰富。在电商布局上，从 2012 年宣布投资 1 亿元做电商以来，王府井的电商已形成了天猫店、微信商城、官网多形态的布局，售卖的商品 90%都是自营，包括海淘产品、品牌直采等。除此之外，王府井百货最先尝试了门店发货，在全国已开通 6 个门店仓，可实现线上购买、门店发货，缩短了仓储配送路径、有效提高了用户体验。

在便利店布局上，2017 年王府井与河南爱便利合作在北京共建社区便利店，“打通最后一公里”，以连锁化的经营思维规范整合“夫妻小店”，同时将符合社区标准的店面进行改造，升级为标准自营店，并提供线上线下融合的全渠道服务，让社区居民足不出户便可享受规范专业的服务。在运营中，王府井爱便利将秉承“优质、低价、保真、方便、快捷”的经营理念，采取“便利店+油盐酱醋茶+蔬果肉蛋禽”的模式，充分满足社区居民高频、及时、便利购物的需求，推动“一刻钟社区服务圈”的便利化、规范化社区建设。以便利店为半径，会员卡为轴心，形成了一套完整的基于扁平化供应链（B2B）+连锁便利店（CCS）+社区深度服务（O2O）为核心的社区零售生态业务体系。

（2）打造精准营销的数字化平台

王府井集团副总裁刘长鑫认为，新零售要具备的五大新能力分别是：数字化和接入互联网的能力；线上线下全渠道贯通的运营能力；围绕顾客生活方式的经营内容组合能力；基于渠道价值转变的新盈利能力；开发共享的资源整合能力。数字化和接入互联网的能力一直是王府井的战略转型方向，在数字化建设上，构建了前中后三个 IT 的架构，整合线上线下商品资源和顾客资源，在整个全渠道的建设过程中形成了一个完整的闭环。

在库存管理上，通过运用大数据云平台，基于共享库存的不同库位管理，完成价格单品及 SKU 单品的统一库存管理，为全渠道提供库存支持和实时管理，以有效提升库存流通能力。统一管理 SKU 单品库存，设定不同库位信息，以管理单品在不同情况下的库存变化。商品库存数量低于最低库存或者高于最高库存时，系统将该商品库存标识为预警库存，系统每天定时将预警库存通过邮件发送给相关业务人员，提醒做商品库存的调整，确保不同销售渠道和用途库存的合理性。

在商品管理上，针对自营商品，由门店、区域、总部分别决定极敏感、次敏感和非敏感商品的价格。在系统计算出推荐价格后，对于极敏感单品，促销价格由各门店控价，在推荐的价格基础上，可以浮动指定比例（如 15%）的价格，各门店价格可以体现差异。在系统计算出推荐价格后，对于次敏感单品，价格由中心店商品部控价，在推荐的价格基础上，门店可以调整促销价，可以浮动指定比例的价格。对于非敏感单品，根据谁采购、谁控价的原则，由总部商品中心或区域商品部控价，系统将自动采用系统推荐的价格，门店无权调整价格。

在消费者触达上，王府井建立了自己的大数据中心，可以绘出全视角的消费者数字画像。最重要的是，完善了全客层与全行为的数据整合仓库，所有的业态，包括百货、超市、购物中心、奥特莱斯，以及电商，最终的结果都要形成数据仓、会员管理体系和商品体系。如此一来，利用第一方数据和第三方数据可综合实现五个精准的营销场景，包括潜客营销、品牌的促销、品类的促销以及品牌的精准营销等。

（3）“和而不同”的会员管理

因为涉及业态太多，所以需要建立一体化顾客管理体系，把顾客信息在各渠道做统一，无论是原先的会员卡会员、新媒体会员、微信会员，还是线下渠道的会员都可以在王府井做出识别。这样不仅可以帮助客户培养全渠道购物习惯，还能基于深度客户洞察，加强会员营销能力。在统一的标准化管理上，一方面，以会员制为载体，统一线上、线下各渠道会员认证与管理；建立以积分为杠杆，以客户洞察为出发点，以精准营销为手段，以提高客户忠诚度和带来长期回报为目的的忠诚度管理体系。另一方面，基于目标客群的特征和行为分析，制订有针对性的会员计划。

除了统一标准化的管理，在差异化服务上，还完成了各个门店服务号矩阵的建设。王府井百货有 55 个门店，每个门店都有一个自己独立运营的服务号，这些独立的服务号统一绑定在王府井集团的微信开放平台上。用户无论通过哪个服务号进来，都可以绑定到集团统一的会员管理系统，可以自动与王府井的会员体系打通。2016 年“双 11”，王府井集团公布了一组数据，通过电商和全渠道活动引流的销售额为 7447.52 万元，电商渠道销售额为 2150.89 万元，微信服务号粉丝新增 75464 人，微信会员卡的领卡人数 38780 人。

为了与会员互动，还会定期推送消费地图，这份消费地图分为两面，一面是卡通地图模式，以“小清新”风格勾勒出王府井商业街中各条街道、胡同和各类消费地点。另一面以文字为主，主要为消费项目坐标地和简要介绍。共收录了十大不可错过餐厅、十大舒适落脚地、十大北京印记、十大任性剁手地和十大趣玩部落等五十个消费坐标信息及分布情况，全面呈现了王府井商业街新潮的商业风貌。消费者拿到这份地图，每到一个商场或者酒店，就可根据地图中标注的彩色标志，找到散落在项目中的个性消费地。这份消费攻略，向外界传递出王府井商业街最前沿和个性的消费指导。

王府井的新零售转型其实就是做好了三件事，第一是连接用户，第二是留存转化，第三是频次复购。通过打造多样化的消费场景触达客户，用会员营销提升忠诚度和沉积率，通过大数据赋能促进再购、复购，本质上也是用“终端+算法+社群”的三位一体的商业模式实现升维体验，这是中国百货业的大佬用自己的行动对旧零售的道别。

4.5.5 新零售时代百货业转型的新选择

王府井升维体验的玩法，也为中国百货业的转型提供了新思路，让遭遇冬天的百货业在商业模式转型上找到了一个新选择。

（1）百货业的冬天

电子商务猛于虎！近年来，电子商务迎来了发展的春天。2015 年我国电子商务交易规模达 18 万亿元，同比增长 34.33%，是 2010 年的 4 倍。据中国电子商务研究中心最新监测数据显示，2016 年中国电子商务市场交易规模为 20.2 万亿元，增长 23.6%。天猫淘宝“双 11”单日就创造了总交易额（GMV）1207亿元的记录!

然而，百货业却遭遇了发展的严冬。全行业增长速度持续回落，企业经营业绩持续下滑。2016年上半年百货行业归属净利润同比下降18.94%，增速同比下降8.39个百分点。刚刚进入2017年，梅西百货便宣布将在2017年关闭100家门店，业内纷纷感叹零售业寒冬肆虐，而洋百货在中国断臂求生早已不是什么新鲜事儿。实际上，百货公司关店潮已持续5年之久，从2011年起，中国各大百货公司的业绩就开始急剧下降，2012年以来，几乎每年都有大量百货业关店。据不完全统计，近年来全国大型百货关店情况如下：2012年8家，2013年8家，2014年26家，2015年74家。根据联商网统计数据，2016年上半年，在单体百货、购物中心以及2000平方米以上的大型超市中，22家公司共关闭了41家店铺。2016年在12月初，上海人满怀那种依依不舍的心情，送别了淮海路上的太平洋百货。与此同时，营收下降的公司有68家，营收下降面为56%，比2015年的47%扩大了9个百分点。

面对这一组组数据，有业内人士自我开脱说是中国实体经济不行了，覆巢之下无完卵，经济下行必然造成消费萎缩，百货业萧条。然而，从国家统计局数据来看，2011—2015年，我国社会消费品零售总额逐年递增，其中2015年为309310亿元，同比增长14.69%。2016年1—11月份，社会消费品零售总额300560亿元，同比增长10.4%。消费市场并没有萎缩，正如马云所说“不是实体经济不行了，而是你的实体经济不行了”。那么，就是竞争对手太强了？电子商务来势汹汹不断蚕食着市场。然而，作为百货业巨头的银泰百货，2010—2015年收入从22.9亿元增长至57.6亿元，复合增长率20.2%。2016年上半年，新华都综合毛利率22.09%，同比增加1.12%，归属于上市公司股东的净利润4872万元，同比增长304.63%。他们又为什么可以逆势增长？因此，与其不断向外找原因，不如向内反思，制约百货业发展的，是不是自身的商业模式？

（2）商业模式的困局

- 联营模式已成明日黄花吗

从上世纪 90 年代开始，随着市场竞争越来越激烈，越来越多的百货店从传统自营模式转向由品牌商控制进、销、存过程的“品牌联营”模式。时至今日，这种模式已经成为我国百货业态的主流盈利模式，大约占到百货店总销售额的 80%~90%。

联营模式登上历史舞台，并逐步成为主流模式，有它的必然性和合理性。百货店通过联营模式有效规避了自营模式的种种经营风险，主要表现在降低了财务费用、削减了劳动力成本、没有过期过季商品“去库存化”压力、提高了商场的市场适应性，企业抵御市场风险的能力大为增强。联营模式本质是一种低风险、低成本、低收益率的平台商业模式，通过搭建销售平台，做好相关保障服务，“引商进店”或“招厂进店”，通过收取销售的扣点和相关管理服务费来实现盈利。

然而，随着消费升级和品牌商竞争的白热化，联营模式的缺点逐步凸显。一方面盈利空间薄如纸片。随着品牌发展的两极分化，一线品牌合作的话语权越来越强，同时，随着互联网、专卖店、商业综合体等销售渠道越来越多，对百货商场的依赖性越来越低。一线品牌尤其是国际品牌给百货店的扣点也是江河日下，以平均销售占比最大、平均扣点最多的服装品类为例，男装过去一般的扣点比例为 20%~25%，现在阿迪达斯、耐克等大品牌扣点已经低至近 10%。另一方面同质化竞争严重。品牌商进驻的选择是一对多，而百货招商是多对一，随着品牌集中化趋势，造成了商场严重缺乏差异化，不可替代性越来越弱。在消费者对个性化需求愈加追逐，同时大量年轻群体变得更懒更宅的背景下，缺乏足够吸引力的百货商场的线下流量不断降低，竞争力越来越弱。

联营模式虽然为百货经营者免去了买断商品的经营风险以及扩张过程

中的库存和资金压力，然而长期依赖于联营也让百货逐步退化为单纯的“二房东”，对商场中经营的品牌在其商品进、销两端都没有控制权，对品牌和消费者的第一手信息和动向的掌握弱化。最终导致既赚不到钱，也赚不到人，也算是“成也萧何，败也萧何”。联营是百货零售市场高速发展的时代产物，也为中国百货业发展立下过汗马功劳。但是，发展到新常态经济的当下，已经严重阻碍了百货业的发展。

- 自营模式只是纸上谈兵吗

自营模式似乎成了救命稻草。“自营还是联营”曾是日本业界和学界在上世纪 60 年代末到 70 年代初讨论和争论最多的问题，也一直是中国业内人士持续关注的热点，姓“自”还是姓“联”的争论也一直未停息过。不可否认，自营模式的确适应了结构转型和消费升级的发展趋势。一方面保证了商品质量，握住了品质保障的达摩克利斯之剑。在以消费者为中心，产品为王的互联网时代，信息越来越透明，传播速度越来越快，一个“差评”对营销的影响几乎是致命的。商品的质量是企业的生命，自营管理是直接进货，在进货过程中亲自检验商品质量，在品质上降低了经营风险。另一方面提高经营利润，自主定价、自主经营、自主营销，有助于商场更好地掌握货品资源，避免受制于品牌商和代理商，可根据不同季节、市场、消费群体，随时调整进销状态，灵活掌握库存。在联营模式下百货行业的纯利润已经低至 5%左右，自营模式下，百货零售企业的纯利润可以达到 10%以上。自营模式能够提高自身核心竞争力、改善毛利率水平、实现差异化经营，似乎的确是突破困局的可行之路。

与此同时，依靠自营的 Hi 百货、信誉楼、安德利等百货企业异军突起，成为当今百货业界的黑马，也为自营模式摇旗呐喊。安德利 20 年来也始终以自营业务为主，公司盈利主要来自购销差价，自营模式可以减少中间环节，使公司自营商品价格低于市场价 10%~15%，可以保证稳定的盈利空间，并实现差异化经营。近三年来自营收入占比均为 85%左右，公司综合毛利率 19.40%。2016 年 8 月 22 日，安德利挂牌上市走上了资本运作的舞台，成为自营百货第一股。在上交所上市后，连续竞价阶段股价瞬间暴涨 43.98%，至 16.86 元/股，达到上市首日涨幅限制，市场对自营模式的认可可见一斑。

如同硬币的两面，自营模式的高风险也是显而易见的，要做好自营必须战胜三座大山，否则也只是纸上谈兵。首先是资金。在实现自营的过程中，百货店将完成从“物业”到“经营者”的角色转换，采购、库存、管理、销售、服务等方面问题，需要大量资金运营周转。自营模式下的百货店需在前期有丰厚的资金积攒，抵御随后可能出现的高额买货成本、压货危机。其次是人才。尤其是职业买手人才的稀缺是百货店自营的一大障碍。职业买手的素养要求很高，不仅要懂品牌、设计，还要精通营销、美学等多学科。目前，百货店中传统的导购显然无法胜任，而职业买手的培养在短期内无法实现。职业买手不仅培育过程长而艰难，组成也非常繁杂。王府井百货集团副总裁周晴表示“百货店内商品品类繁多，领域细分明显，这就需要庞大的买手团队。不同区域需要不同的买手，更加加大了买手团队的培育难度”。最后是品牌商。国内现有的商品流通体系中，几乎所有的品牌都采取层层代理的分销体制。品牌商与零售企业始终处于相互博弈中，只有占据经营主导权才能提升利润。强势品牌商都已拥有非常成熟的行销体系，如果百货店买断营销，势必将打破原有的价格体系，品牌商不会把代理权下放给企业，放弃价格主导权。百货店自主品牌开发虽然是未来的必然趋势，但是需要足够的时间运营和沉淀才能得到市场认可，远水不救近火。

自营的梦想虽然美好，然而现实的三座大山，却让大量联营模式的百货企业对于转型望而却步。转型找死，不转型等死，敢问路在何方?

- 自营是中国百货业转型的必经之路

关于零售企业应该自营还是联营，自营为主还是联营为主，也都是舍本逐末的争论。应该回归商业的本质，那就是企业要以最高效的方式为消费者提供最优质的商品和服务，哪种模式能够更加顺应时代发展，更好地满足消费者的诉求，就是好模式。在新零售时代，自营模式是中国零售业转型的必经之路。

联营模式难以满足新零售时代的消费诉求。随着消费结构升级，消费者更加注重消费体验和品质，对生活质量提出更高要求，不仅要求商品“能用”，还希望商品“好用”甚至购物过程能带来“享受”。同时，消费习惯的改变，让消费者更加追求私人定制和高性价比，这对商品的品质和服务质量提出了更高的要求。自营模式是买断经营，在进货过程中直接检验商品质量，对于劣质商品严禁入店，保证了商品质量。同时，自营还可以有效地管控服务效率和质量，提升消费者满意度，打造核心能力，例如京东的物流服务就成了它的核心竞争力。自营可以有效提升消费体验，握住零售的命脉，回归商业的本质。

自营模式更能在买方市场和互联网时代锻造核心竞争力。在野蛮生长的卖方市场时代，社会需求大于社会生产能力，经济特征是以产定销，联营虽然自废武功，但是轻资产的运营模式也适应了当时的发展。然而，随着买方时代的到来，生产供应过剩，开始以销定产，对消费者的争夺由蓝海进入红海。尤其是互联网时代到来，让接触消费者以及整合资源更加快捷高效，筑巢引凤的联营模式让终端千店一面，受到天猫、淘宝、亚马逊等平台化互联网企业冲击越来越大，优势进一步被削弱，劣势则进一步凸显。在买方市场的红海竞争下，提供差异化服务是取胜的关键，通过自营可以不断地锻造自身采购、库存管理、营销等供应链整合能力，以提供更加优质的差异化产品和服务。联营模式则让企业作为渠道的核心竞争力逐渐丧失，失去规模化集中采购和价格谈判优势，让自身在发展道路上渐行渐远。

自营模式对外可以更好地满足消费升级的新诉求，对内更能锻造差异化服务的核心能力。因此，现阶段的中国零售业应该重拾自营之剑，在电子商务猛于虎的环境下，开拓新的辉煌篇章。

（3）转型之路：线下的阿里 or 线下的京东

阿里巴巴平台型商业模式帮助马云成功积累了财富，京东商城以自营为主，尽管已经上市，但是依然烧钱不止，盈利艰难。在线上，似乎平台模式比自营模式更胜一筹。

与线下截然不同，阿里巴巴和京东虽然模式完全不一样，但是没有人高调唱衰，京东也逐渐度过了黎明前的黑暗，未来已来。他们也为线下百货企业提供了两条发展路径：一是强化联营模式，打造大平台，繁荣平台生态，成为线下的阿里巴巴；二是转型自营模式，强势整合供应链，蜕变为线下的京东。

阿里巴巴式的平台模式柳暗花明。平台模式的显著特征是把资源拿出来引入第三方，这是一种“自组织”（Self-Organization）模式，即企业打造一个平台，成为一个交易的场所。平台越大，交易量越大，商铺越值钱，百货企业作为平台运营者的获利就越大。目前国内百货企业要由联营模式升级为平台模式还需要进行两大改造，一是打造大数据云平台，通过数据挖掘，高效匹配导入的用户和品牌商之间的供需关系，高效地撮合交易。利用大数据可两手抓商机：一手推送商品，匹配品牌商和用户的供需；另一手推送广告，匹配广告投放商家和用户的供需。这样一来，平台企业价值也更加多样化，收益获取也由原来简单粗暴的收取扣点，变为盈利渠道更多样化的中介服务。二是丰富共享生态，天猫和淘宝上小品牌商是主力商家，百货商场也可以不遗余力地引入更多的小商家，产生长尾效应。这样做不但可以提升差异化的竞争力，而且小品牌更需要借助平台进行营销，议价能力较低，让自己在收益上有更多周转空间。同时，通过实施多品种少数量、快进快消的战略，小步快跑，反复迭代，给消费者持续多样化的选择，差异化的体验，强化商场的吸引力。

京东式的自营模式任重而道远。自营模式的显著特征是端口企业自己玩数据，这是一种“他组织”（Other-Organization）模式，即企业调动自身资源，打造用户体验。百货企业在经营过程中则要凸显自营模式的两大优点：一是打造收益闭环，保证利益不外流。由于商场对于供应链的强力控制，可以挤出各环节大量的利润，物流环节做强后也能带来该环节的巨大利益，既可以大量节约成本，也可以向第三方出售服务能力。例如 2017 年刘强东宣布京东物流全面开放商业化，曾被外界诟病为压垮京东模式最后一根稻草的物流，不仅变成京东用户体验的核心竞争力，还可能变成利润中心。二是强化体验式场景，控制用户体验。自营让百货商场拥有了更多自主经营权，也确保供应链的强力整合，成了品牌出货的专用渠道，因此可以更精准地实现对用户的服务升级。

然而，以上两条道路只适合全国性的大型连锁百货。做平台模式需要体量，才能充分发挥双边网络效应；做自营模式需要资金，才能充分实现买断经营或者自我品牌开发。对于大部分地域性百货商场，线下流量没有充分的规模经济，资金周转也没有足够的账期，也只能望洋兴叹。那么，问题来了，是否还有更加符合实际的商业模式?

（4）升维体验：新零售时代的新选择

有！那就是做线下的聚美优品。笔者认为，一味地争论自营模式和联营模式孰优孰劣是舍本逐末的做法，应该回归商业的本质：物美价廉，优质服务；简单来说就是体验。商业模式专家穆胜提出互联网时代的玩法应该是叠加体验，无论是互联网商业模式还是传统商业模式，本质上都是在售卖三类体验，而用户也只会为体验付费。一是功能出色的“消费场景”，即“有趣”；二是让人有意愿归属的“会员社群”，即“有爱”；三是可以无限获取资源并完成数据赋能的“云端服务”，即“有心”。

聚美优品就是线上升维体验的践行者。首先，聚焦于女性化妆品的利基市场，提供物美价廉、高性价比的产品，打造消费场景。其次，将创始人陈欧塑造为品牌箭头，在消费者心中打造“我为自己代言”的深刻认知，培养了一批忠诚的粉丝群体，形成会员社群。第三，借助互联网平台收集海量消费数据，分析消费行为和偏好，通过聚类分析对各类型群体进行个性化的精准营销，高效匹配供需和刺激消费，实现数据赋能的云端服务。在这样的商业模式下，聚美优品成立 4 年即在纽交所正式挂牌上市，成为拥有超过 5000 万名注册用户、月销售超过 6 亿元的中国领先的化妆品电子商务网站，是近年中国发展速度最快的电子商务公司之一。

百货业转型的未来蓝图也应该是打造三位一体的升维体验。首先，打造功能齐备的消费场景。百货商场除了满足购物的需求，更是一种生活和社交的方式，应该打造为集合购物、娱乐、休闲等多种功能于一体的商业形态。即使是小型百货商场，也可以聚焦于某些甚至某个品类，打造成主题鲜明的消费场景，为顾客提供差异化的购物体验，比如童装乐园、女性之友等。同时，提供线上无法满足的服务，让电商“无场景、无体验、无保障”的缺陷充分暴露。更重要的是，回归零售的本质，真正做到极致的产品设计，即“产品好”；极高的性价比，即“价格好”；极好的购物体验，即“环境好、服务好”。名创优品正是抱着这样的理念，仅仅用 3 年时间而且只凭借线下就实现了从 0 到 100 亿元的突破，相比之下京东用了 6 年，唯品会用了 7 年，强大的阿里巴巴也用了 4 年。

其次，形成忠诚的会员群落。罗振宇在《时间的朋友》跨年演讲中提到认知将变成下一个战场，最稀缺的资源是治愈破碎达成的共识，谁能提出新认知，并达成共识，谁就将占领未来。商家要在别人的认知当中像一根钉子一样扎进去，挤出自己的空间，在用户的脑袋里植入一个你来定义的概念。百货商场应该要通过深挖以会员为基础的服务系统，建立自己的会员群体，形成用户黏性，并形成独有的认知，那就是自己的 IP。比如海澜之家构建的认知是“男人的衣柜”，商场也能构建比如“价廉物美的天堂”等认知，这些认知能够凝聚一大批粉丝。百货商场的辐射区域比互联网小多了，基本限于所在辖区，消费者的再购率和忠诚度是持续经营的保障，打造自愿消费、自愿传播的价值群落意义重大。遗憾的是，目前百货商场的会员体系仅限于发卡、积分、兑奖，鲜有足够忠诚的粉丝社群。

第三，基于大数据赋能的云端服务。目前绝大多数百货数据仅限于终端销售数据，甚至跟消费者缺乏信息的互动，商场搞促销活动只有当天去了商场的人才知道，如能以有效地方式将这些诱人活动推送给消费者，必然撩动部分人的心弦从而提升线下流量。要想真正了解消费者，则必须要将数据延伸到用户层面。通过收集消费者进店频次、停留时间、试穿规格等一系列多维度的数据，通过数据挖掘可以充分了解消费习惯和偏好，甚至深入判断消费心理。商场相当于充当了“余则成”，通过终端导入用户数据，获得了最重要的情报，进而发现商机。国际奢侈品品牌 Prada，会为每件衣服配 RFID 码，每一件衣服在哪个城市，哪个旗舰店，衣服被拿进多少次试衣间，每次停留多长时间，最终是否被购买等信息，都会通过 RFID 进行收集并传回，被存储起来加以分析和利用，无论是否成为最终的购买客户，每一位走进 Prada 门店的消费者，都将会参与到商业决策的过程之中。作为品牌商销售平台的百货商场，若建立这样的大数据平台，往前可以更好地服务用户，发现更多商机，往后可以为品牌商或代理商提供更多的价值增值，何乐而不为。

自营模式和平台模式孰优孰劣，或许未来也难有定论，然而，无论是哪种模式都只是一种运作方式，正如电子商务也只是一种交易方式一样，消费者才不关心你是自营还是联营，线上还是线下。如何运用好现有的互联网等技术手段，给用户提供物美价廉的产品，提供优质高效的服务，打造极致的升维体验，才是回归了商业的本质，才是百货业的自我救赎之路。

第5章

云零售：新零售的未来简史

翻云覆雨，未来可期。马化腾认为，“互联网+”基础设施的第一要素就是云，并提出“云+未来”的愿景。“云”是一种分享经济，把社会中的服务能力分享出去，把每个企业、每个人拥有的生产力放到云端，实现“生产力的云化”。新零售吹响了第四次零售革命的号角，伴随着零售渠道“云转型”，供应链“云化”，未来的终极演化形态也将是“云零售”。

5.1 吹响第四次零售革命的号角

5.1.1 历次零售革命

刘强东曾公开表示“零售不存在新与旧，零售的本质一直都是成本、效率和体验，这一点从来没有变过”。从四次零售革命的历程，可以见微知著，零售业公认的革命有三次：百货商店、连锁商店和超级市场。第四次零售革命建立在电子商务的基础上，由电子商务拉开了帷幕，由新零售吹响了冲锋的号角，其影响力必将超越之前的任何一次革命。

- 第一次零售革命是百货商店的诞生

世界上第一家百货商店出现在 1852 年，打破了“前店后厂”的小作坊运作模式。跟传统的“个体户商店”相比，百货商店带来两方面的变化：在生产端，支持大批量生产，降低了商品的价格；在消费端，百货商店像博物馆一样陈列商品，减少了顾客的奔波，使购物成为一种娱乐和享受。由于兼顾了成本和体验，百货店成为一种经典的零售业态，并一直延续到今天。

百货业态带来的最基本的改变是价格固定与薄利多销，是世界商业史上第一个实行新销售方法的现代大型销售组织，其新型销售方法体现在以下四个方面：一是顾客可以毫无顾忌地、自由自在地进出商店；二是商品销售实行“明码标价”，商品都有价格标签，对任何顾客都以相同的价格出售；三是陈列大量商品，以便于顾客任意挑选；四是顾客购买了商品，如果不满意时，可以退换。这些销售方式，在现在看来虽然是一件十分平常的事情，但它是由百货商店的诞生及其对零售销售的变革而来的。

当时出现的百货商店最大的一个特点是以生活用品为中心，实行综合经营、大量销售。按不同商品和不同销售部位来经营，虽然每个部位的经营规模不大，但它是汇聚在一个经营体之中的，因而这种综合经营的规模比起之前的杂货店和专门店来说就更为庞大。因此，百货商店实行综合经营也是其适应大量生产和大量消费的根本性变革内容之一。百货商店在我国犹如零售业的汪洋大海，是传统零售业的主导业态。秋林公司是我国第一家百货公司，于 1900 年由俄国人在哈尔滨开设，至今仍在营业中。上海南京路上的“西施公司”“永安百货”（如图 5.1-1 所示）“新新百货”“大新公司”是我国近代百货公司的典型代表。

图 5.1-1　创办于 1907 年的永安百货上海南京路店

- 第二次零售革命是连锁商店的兴起

美国人首先发明了一种可以快速复制零售店铺的经营模式，这就是“连锁商店”（Chain Store）。1859 年，美国大西洋和太平洋茶叶公司建立了世界上第一家连锁商店，那一年后开始走向高潮的连锁商店也是一种经典业态。连锁店建立了统一化管理和规模化运作的体系，提高了门店运营的效率，降低了成本。同时，连锁商店分布范围更广，选址贴近居民社区，使购物变得非常便捷。连锁商店的出现改变了商业组织的形式，即由单体店向组合店方向发展。连锁商店是现代大工业发展的产物，是与大工业规模化的生产要求相适应的。其实质就是通过社会化大生产的基本原理应用于流通领域，达到提高协调运作能力和规模化经营效益的目的。

连锁商店的基本特征表现在四个方面：一是标准化管理。在连锁商店中，各分店统一店名，使用统一的标识，进行统一的装修，在员工服饰、营业时间、广告宣传、商品价格方面均保持一致性，从而使连锁商店的整体形象标准化。二是专业化分工。连锁商店总部的职能是连锁，而店铺的职能是销售，从表面上看，这与单体店没有太大的区别，实际上却有质的不同；总部的作用就是研究企业的经营技巧，并直接指导分店的经营，这就使分店摆脱了过去靠经验管理的路子，大大提高了企业管理水平。三是集中化进货。连锁总部集中进货，商品批量大，从厂家可以得到较低的进货价格，从而降低进货成本，取得价格竞争优势。由于各店铺是有组织的，因此，在进货上克服了盲目性，不需要过大的商品库存，就能保证销售需要，库存成本又得到降低。各店铺专门负责销售，就有更多的时间和手段组织推销，从而加速了商品周转。四是简单化作业。连锁商店的作业流程、工作岗位上的商业活动尽可能简单，以减少经验因素对经营的影响，由于连锁体系庞大，在各个环节的控制上都有一套特定的运作规程，要求精简不必要的过程，达到事半功倍的效果。

- 第三次零售革命是超级市场

超级市场大约在 1930 年开始发展成形，开创了开架销售、自我服务的模式，创造了一种全新体验。此外，还引入了现代化 IT 系统，进一步提高了商品的流通速度和周转效率。超级市场标志着一场零售革命的爆发，其对零售业的革新和发展以及整个社会的变化带来了以下影响。

一是开架售货方式流行。开架售货尽管不是超级市场首创，但它却是因超级市场而发扬光大的，超级市场采用的自选购物方式，作为一个重要的竞争手段不仅冲击了原有的零售形态，而且影响了新型的零售业态，后来出现的折扣商店、货仓式商店、便利店等都采取了开架自选或完全的自我服务方式。

二是人们购物时间大大节省。随着女性工作时间增多，闲暇时间减少，人们已不把购物当作休闲方式，而要求购物更方便、更快捷，超级市场恰好满足了人们的这种新要求，将原本分散经营的各类商品集中到一起，大大节省了人们的购物时间，使人们能将有限的闲暇时间用于旅游、娱乐、健身等活动，创造了一种全新的现代生活方式。超级市场实施的统一结算和关联商品陈列，也大大节省了人们选购商品和结算的时间。

三是舒适的购物环境的普及。超级市场所营造的整齐、干净的舒适购物环境，取代了原先脏乱嘈杂的生鲜食品市场，使人们相信购买任何商品都能享受购物乐趣。

四是促进了商品包装的变革。开架自选迫使厂商进行全新的商品包装设计，展开包装、标识等方面的竞争，出现了大中小包装齐全、装潢美观、标识突出的众多品牌，这也使商场显得更整齐、更美观，造就了良好的购物环境。

- 第四次零售革命的序幕由电子商务拉开

互联网技术的发展以及电子商务的诞生让零售不受物理空间限制，商品的选择范围急剧扩大，使消费者拥有更多选择。电商颠覆了传统多级分销体系，降低了分销成本，使商品价格进一步下降。信息技术孵化零售业第四次变革，网络技术的发展对零售业的影响是巨大的，它的影响绝不亚于前三次生产方面的技术革新对零售业影响的深度和广度。这种影响具体表现在以下几方面。

一是网络技术打破了零售市场时空界限，店面选择不再重要。店面选择在传统零售商经营中，曾占据了极其重要的地位，有人甚至将传统零售企业经营成功的首要因素归结为："Place，Place，Place"（选址、选址、还是选址），因为没有客流就没有交易，客流量的大小，成了零售经营至关重要的因素。连锁商店之所以迅速崛起，正是因为打破了单体商店的空间限制，赢得了更大的商圈范围。而在信息时代，网络技术突破了这一地理限制，任何零售商只要通过一定的努力，都可以将目标市场扩展到全国乃至全世界，市场真正国际化了，零售竞争更趋激烈。

二是销售方式发生变化，新型业态崛起。信息时代，人们的购物方式将发生巨大变化，消费者将从过去的"进店购物"演变为"坐家购物"，足不出户，便能轻松在网上完成过去要花费大量时间和精力的购物过程。购物方式的变化必然导致商店销售方式的变化，一种崭新的零售组织形式——网络商店应运而生，其具有的无可比拟的优越性将成为全球商业的主流模式，并与传统有店铺商业展开全方位的竞争，而传统零售商为适应新的形势，也将引入新型经营模式和新型组织形式来改造传统经营模式，尝试在网上开展电子商务业务，结合网络商店的"商流"长处和传统商业的物流长处综合发挥最大的功效。零售业的变革不再是一种小打小闹的局部创新，而是一场真正意义上的革命。

三是零售商内部组织面临重组。无论是企业内的，还是企业与外界的，网络技术都将代替零售商原有的一部分渠道和信息源，并对零售商的企业组织造成重大影响。这些影响包括：业务人员与销售人员的减少、企业组织的层次减少、企业管理的幅度增大、零售门店的数量减少、虚拟部门等企业内外部虚拟组织盛行。这些影响与变化，促使零售商意识到组织再造工程的迫切需要。尤其是网络的兴起，改变了企业内部作业方式，以及员工学习成长的方式，个人工作者的独立性与专业性进一步提升，这些都迫使零售商进行组织的重整。

四是经营费用大大下降，零售利润进一步降低。信息时代，零售商的网络化经营，实际上是新的交易工具和新的交易方式形成的过程。零售商在网络化经营中，内外交易费用都会下降，就一家零售商而言，如果完全实现了网络化经营，可以节省的费用包括：企业内部的联系与沟通费用，企业人力成本费用，避免大量进货的资金占用成本、保管费用和场地费用，通过虚拟商店或虚拟商店街销售的店面租金费用，通过互联网进行宣传的营销费用和获取消费者信息的调查费用等。另外，由于网络技术大大克服了信息沟通的障碍，人们可以在网络上漫游、搜寻，直到最优价格显示出来，因而将使市场竞争更趋激烈，导致零售利润将进一步降低，却让消费者受益。

可以看到，从百货商店、连锁商店、超级市场，再到电子商务，零售历史的发展一直围绕着“成本、效率、体验”在做文章。每一次新业态的出现，都至少在某一方面有所创新，而经得起时间考验的业态往往能够同时满足成本、效率和体验升级的要求。零售未来可能会演化出更多新的业态，超越今天的想象，但是零售的本质是不变的。无论它怎么发展，一定还是会紧紧围绕“成本、效率、体验”。关注以上三方面“升维体验”的新零售则吹响了第四次革命的号角，将带来一次更全方位、更彻底的变革。100 多年来零售业的发展一直都相当平稳，接下来的第四次零售革命会打破这一惯性，把行业带入动荡期。这会是一个大浪潮，而不是小波浪，零售业的游戏规则需要被重新制定。

同时，互联网十几年的发展，以及数据、算法、技术的大幅提升，为第四次零售革命准备了所需要的必要条件。对于消费者来说，无论是线上还是线下，去中心化的态势越来越明显。交易的场景变得越来越多样，越来越无处不在；商品离交易场景越来越近，离消费者越来越近，交易可以即时完成，使用户体验最佳。消费核心元素的分布式变化，使得数据网络化、智能化应用成为必然，数据的协同日益重要，智能化成为推动零售行业走向第四次零售革命的决定性力量，消费互联网也由此走向产业互联网。

5.1.2 3I+3P=3S

刘强东提出了“3I+3P=3S”，具体来说，他认为第四次零售革命的驱动力有两个，一个是技术，一个是消费。在技术上，物联网、智能化等技术的变革将呈现出“3I”的趋势：感知（Instrumented），对场景的感知能力越来越强，而且场景能够数据化；互联（Interconnected），打通不同场景的数据，而且可以最大程度实现数据共享；智能（Intelligent），智能化水平不断提升，销售预测更精准，库存计划更符合需求等。在消费上，将呈现出“3P”的趋势：需求个性化（Personalized），从关注性价比、产品功能到美学设计、价值标签；场景多元化（Pluralistic），购物场景变得即时化、碎片化；价值参与化（Participative），从被动接受到主动影响和创造。因为技术和消费者的这些变革，所以第四次零售革命中，零售将变成“无界”和“精准”两个关键词，零售将变成“以客户为中心”和“人人市场”。零售基础设施在未来的“无界零售”图景里扮演非常重要的角色，它是串联起消费变化和技术更新的重要载体。在零售基础设施的变革上，呈现出“3S”的趋势：可塑化（Scalable），需要有很强的适配能力；智能化（Smart），需要依托数据、基于数据，输出智能化的解决方案；协同化（Synergetic），信息、商品和资金提供的组合可以互相强化、形成合力。

判断零售业变革的方向是否真正具有革命性，首先要看其出发点和站位。如果零售业发展的逻辑是站在现在看未来，只是根据现在存在的问题做渐进式的修修补补，那就只会带来表层的变化，无论线上还是线下，中心化的逻辑并没有被改变，流量只会越来越贵，生意机会越来越少。而零售革命的是站在未来审视现在，根据未来分布式、智能化的零售发展趋势来建设零售基础设施，才能到达变革的彼岸。

其次，从商业范式来看，只有勇于打破旧有范式，拥抱新的商业范式，零售业才能迎来战略拐点。大多数人往往习惯于跟随旧有商业逻辑前行，因为旧有商业模式的客户、产品、服务、竞争手段等都日趋成熟，很容易令人产生路径依赖。正如用旧地图发现不了新大陆，不用突破性思维，不勇于挑战拐点，就无法创造新的商业模式。在寻找适应新时代的商业模式时，就要有升维打击的思考模式，才能突破原有的零售体验，才能打造升维体验，对竞争对手、对原有的商业模式形成更高维度的碾压。

第三，要看变革如何改变零售效用曲线的取舍与融合关系。在传统零售体系下，成本降低往往带来体验的损失，企业必须要在成本与体验相对立的效用曲线上艰难抉择。而零售革命由于零售基础设施能力的提升，颠覆了以往的效用曲线，能够在成本与体验两方面均得到提升。以西装定制为例，在新兴的西装定制中，由于采用了互联网大数据的技术支持，定制与批量柔性生产可以同时实现，达成效用目标的融合式增长。判断零售模式好坏的重要标准是看其对生产关系的影响。零售业健康的生态应该是“盟国”式的，共生、互生、再生的关系，生态中的每一个成员都能获得良好的发展机会，并推动整体生态的健康可持续发展，而恶性的生态则是“帝国”式的垄断。

通过第四次零售革命能实现的新零售愿景是：供应端的效率极大提升，成本极大降低；消费端实现“比你懂你”“随处随想”“所见即得”的极致升维体验。

5.1.3 零售业数字化转型

第四次零售革命是传统的零售业在互联网时代的数字化转型（Digital Transformation）。什么是数字化转型？其核心就是通过数字化的手段，让行业的运营管理模式从以前的非信息化方式或信息化孤岛方式全面转向统一数字化融合的方式。有人说政府这两年在大力推动的“互联网+”，就是数字化转型的通俗叫法，笔者不以为然，推动了“互联网×”才能说是进入了数字化转型。

对于传统行业，当全面采用数字化方式管理和运营时，原有的行业规则往往面临着彻底颠覆。零售行业也不例外，当全面数字化转型时，将打碎行业以前构建的核心游戏规则。对于传统的零售行业，以前处于“知货不知人”的状态：商家非常了解所售货品和整体市场需求，但对于每一个来购物的顾客个体，商家无法准确识别，不知道这个刚刚结账的客户上次到店购物是什么时候，去年在店里消费了多少钱。从上世纪八十年代开始，随着提升顾客忠诚度的会员营销在零售行业的广泛应用，商家第一次能够识别客户，累计客户消费记录，乃至进一步进行客户消费行为分析。

但是，这还是远远不够的，因为商家能掌握的只是购物清单数据，客户在购物过程中产生的信息，商家无法获得：客户什么时候来的？从哪个入口进来？经过了哪些货架并停留了多长时间？试吃试用了哪些商品？哪些商品在放入购物篮后又被最终放弃？客户穿行在货架间，犹如一群在黑暗深海游动的鱼。商家大部分时间就像“瞎子”，只有在收银台结账的一刹那，才能够捕捉到客户准确的时空信息，除此以外，商家一无所知。如果客户只是进店没有购物，甚至购物时没有掏出常客卡，商家都无法准确识别客户。

相对于线下零售的窘境，电子商务则全然不同，无论在网站注册与否，客户的浏览器都会被放入跟踪识别 Cookie 以识别客户。客户是从搜索引擎链接进来的，还是从网站广告导流进入的，还是从营销电子邮件进入的，甚至直接输入网址进入的，商家能一一区别。客户是先访问主页还是产品目录，在产品描述页面停留了多长时间，有没有播放网页上的介绍视频，商家了如指掌。最终客户是否完成了购买行为，货品送到哪里，乃至客户最终放弃购买从哪个页面跳出中断访问，这些信息都会被采集分类统计。到了移动互联网时代，手机上的 APP 更是成为商家采集客户信息的利器。从位置信息到社交网络，从购物前的比价到购物后的买家秀，客户的一举一动都转化为数字信息成为商家挖掘商机的大数据宝库。

诞生于互联网的电子商务，生来就是数字化结构。相对于线下零售的盲人瞎马，线上电商就是明察秋毫。未来的零售行业革命，就是要把基于数字化明察秋毫的能力，从线上电商扩展到线下零售。而在线下构建数字化能力，就成为未来零售行业革命的首要步骤。想象一下，当客户刚刚踏进店门时，摄像头就捕捉并识别了客户的身份，开始跟踪客户在货架内的活动轨迹。当客户第三次进店试穿当季新款衣服并犹豫不决要不要购买时，交互试衣镜弹出 25%的折扣提示鼓励客户勇敢“剁手”。当某个货架的客户平均停留时间显著缩短时，系统提醒商家该货架货品被拿取试用的频率也显著降低并建议调整陈列。线下零售店就成为如同线上电商平台一样的数字化平台，源源不断地产生涵盖整个客户购买行为的数字化信息，支持商家把完整购买行为中各个环节的数据透明地进行分析，以深入了解客户并构建一致性的客户体验，并最终掌握了客户与商家的交互主动权。例如，阿迪达斯做的虚拟鞋墙，可以把它的品类全部放上，让消费者来选择，而不是在网上店铺不断翻页面来找它的产品，这就让消费者进入真实的销售场景当中，去进行一种沉浸式体验，从而扩大销量。

在第四次零售革命中，智能技术会驱动整个零售系统的资金、商品和信息流动的不断优化，未来零售基础设施会变得极其可塑化、智能化、协同化。零售是供应链的最后一个环节，零售革命的成功也严重依赖于供应链的转型，随着消费变革、渠道变革、技术变革，也推动着供应链持续变革，向云供应链进化！

5.2 供应链 4.0：云供应链

抛开零售是否有新旧之分的争议，笔者一直认为新消费时代要回归零售的本质：高效地为消费者提供超出预期的产品和服务。这与阿里研究院提出的“零售的本质是无时无刻不在为消费者提供超出期望的内容”的观点不谋而合。零售业发展至今，商品在不断丰富，渠道在不断推陈出新，消费需求在不断改变，但是零售的本质不会变。然而，零售只是将商品直接出售给消费者的最后环节，要高效、要超出预期，则必须依赖整个供应链的有效支持，在所谓的新零售时代，供应链又将如何转型呢？这才是我们真正应该思考的问题。

5.2.1 失控：供应链 4.0 时代到来

供应链（Supply Chain）是产品生产和流通过程中所涉及的原材料供应商、生产商、分销商、零售商等节点连接组成以满足最终用户的需求的网络结构。随着科学技术的发展，生产效率和交易效率不断提高，中国的供应链模式持续变迁，供应链的主导者从后端的生产制造商演变到前端的零售商，从 1.0 时代演化到 4.0 时代。

（1）供应链 1.0——以生产商主导的直线型供应链

供应链 1.0 是计划供应链，在产品稀缺的计划经济时代，需求远远大于社会的生产能力，供应链“以产定销”，由国家计委来统一调控所有的消费品和生产资料的供应、采购、结算、物流等。组织单位都是先确定生产指标，然后再根据生产指标编制销售计划。供应链的运作基于“指标”，生产出标准化的产品，并通过供销社的渠道送到消费者手中，基本没有中间商，商品流、信息流、物流和资金流都是低效单一。供应链结构是简单的直线式拓扑结构，呈单链状（如图 5.2-1 所示）。在那个时代，由国营天津无线电厂生产的风靡一时的“北京牌”黑白电视机，是典型的计划供应链的产物。

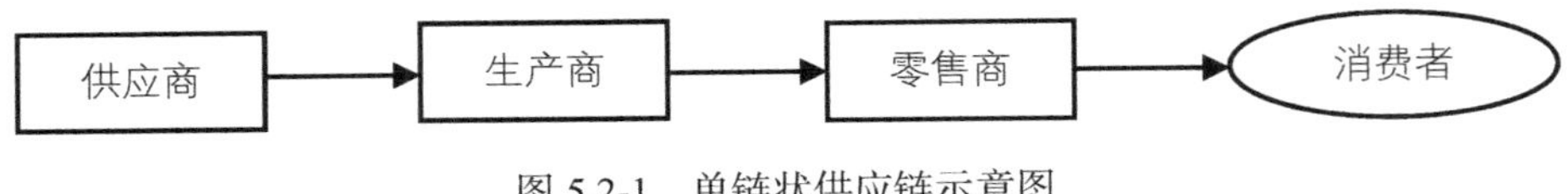

图 5.2-1　单链状供应链示意图

（2）供应链 2.0——以中间商为主导的网链型供应链

供应链 2.0 是产品供应链，随着经济体制的变革和社会生产力的提升等让企业产能持续提升，市场不断活跃，商品交易更加自由和频繁。在供应链中承上启下的中间商开始主导交易，通过有效匹配上游（生产商/制造商）和下游（零售商）的供需结合成相互协作、互补互惠、共享资源的集成体。供应链运作基于“产品”，供应链结构呈现网链状（如图 5.2-2 所示），其中物流、信息流和资金流呈多源单链状，具备了链状和网状的一些特点，典型的主导企业有中国烟草和香港利丰集团等。

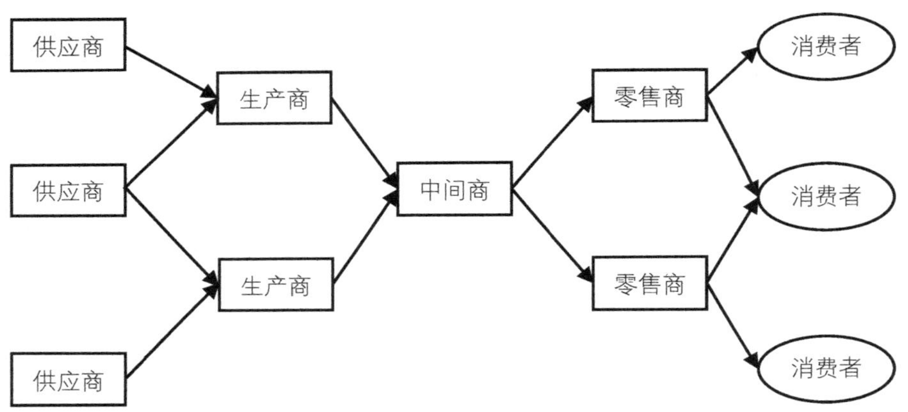

图 5.2-2　网链状供应链示意图

（3）供应链 3.0——以零售为主导的放射型供应链

供应链 3.0 是信息供应链，社会进入了丰饶经济时代，商品不断丰富，供给开始大于需求，消费由卖方市场向买方市场转变。物质文明生活的极大丰富，使人们消费观念发生改变，更加追求消费的品质，注重服务与体验。专卖店、会员店、购物中心等零售业态大量出现，以满足多样化的品质消费诉求。供应链运作基于“信息”，按照需求来“以销定产”，即从市场的需求出发组织生产，一方面对商品的数量、规格、质量、包装等要按照市场的需要来安排生产，另一方面单一品种大批量生产方式向多品种小批量的敏捷生产方式转变。同时，由于互联网技术以及物流的快速发展，大量中间商开始被取代。供应链结构呈现由需求驱动的放射状（如图 5.2-3 所示），典型的企业有沃尔玛、永辉超市等。

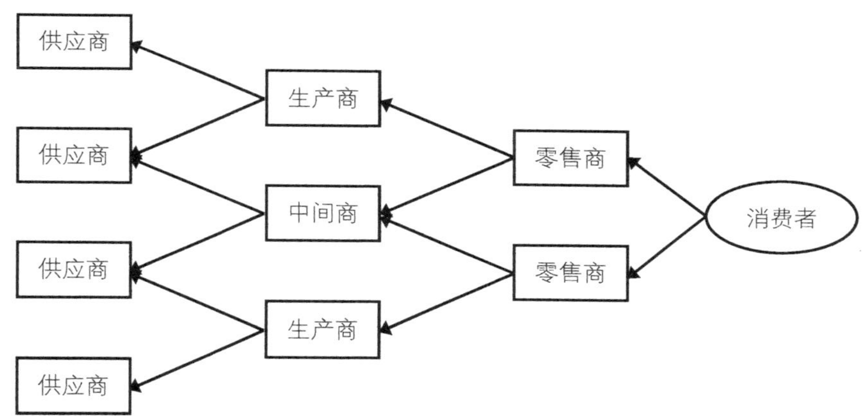

图 5.2-3　放射状供应链示意图

（4）供应链 4.0——以消费者为主导的平台型供应链

供应链 4.0 是价值供应链，以创造客户价值为核心，构建生产、零售、物流等高效协同、资源共享的互利共赢生态体系。消费升级让需求变得无限多元、快速迭代，个性化和定制化消费崛起，形成无数细分的利基市场组成的“新长尾模式”。供应链开始极度整合，其各个主体之间的相互协作、相互融合更加紧密，借助商业逻辑连接在一起，形成高频次交换数据的平台经济体。数据实现“热备份”，实时上传至云端，并通过云计算在供应商、生产商、零售商等主体之间准确发送“指令”，进行高效的资源分配，就好像每一个主体上面都有一朵“云”（如图 5.2-4 所示），消费按需生产，资源按需分配。供应链运作基于“大数据”，实现“以需定产”，供应链结构呈现由大数据驱动的平台型，目前拥有海量交易数据和强大云计算能力的亚马逊和阿里巴巴有打造平台型供应链的基础。供应链 4.0 时代即将来临！

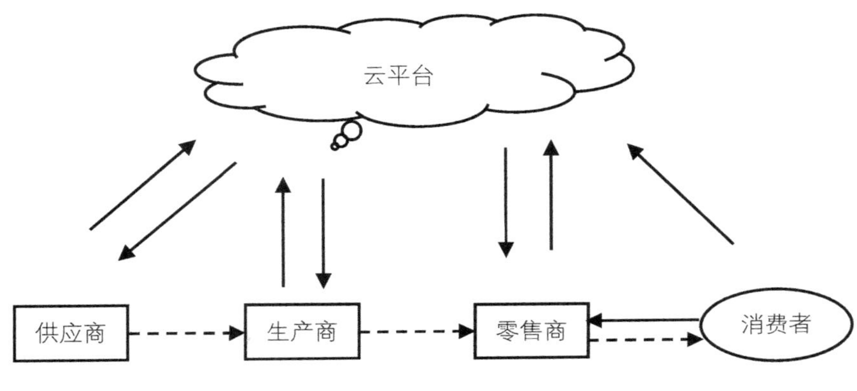

图 5.2-4　平台型供应链示意图

5.2.2　颠覆：新零售时代呼唤新型供应链

供应链的变革归根结底还得取决于商业的变化，消费、零售和技术的发展都是供应链转型的重要决定因素。

（1）生产的推动

每个人的个性需求被放大，人们越来越喜欢个性化的东西，但是个性化的东西需求量没有那么大，这就需要工业企业能够实现小批量的快速生产。此时，需求满足要求精准到每一小群用户，甚至每一个用户，实现充分个性化和定制化。为了满足消费，就要求设计、生产、制造、分销和物流等供应链的每一个环节更加“柔性”和灵活，传统的冗长、固定的供应链模式已经无法适应消费的变化，实现大规模定制才是未来的方向，转型势在必行。而以人工智能、大数据、物联网、云计算等为代表的技术革新，恰恰顺应了这种变化。它正在实现“制造业”和“信息化”的高度融合，诞生出 C2F（顾客对工厂）模式：工厂可以快速、小批量、定制化生产每一个消费者需要的东西！

同时，共享经济也让中国所有的商业逻辑都被推倒重建，现在一种以“分享产能”“共享工厂”的新型生产模式在全国各地兴起。共享工厂的本质就是定制和外包，比如一家位于浙江桐乡的羊绒制品工厂，是当地第一家接入互联网的工厂，在加入 1688 的淘工厂平台后，主要为小型网店加工毛衣，版型都是客户设计后拍照传过来的，虽然刚开始接入商家的订单都是小单，一批只有 20 件至 30 件。但是开机率从以前的 60%达到现在的 90%以上，并且一条生产线可以加工好多个品牌，淡季也能做到扭亏为盈！该工厂于是又在平台上和周边 9 家企业抱团发展，成立了“虚拟联合工厂”，统一接单，集中打样，再按照每家工厂的生产情况分配单量。接到无法消化的订单，就分享给其他订单匮乏的工厂。

（2）消费的拉动

在新消费时代，新型消费群体崛起，需求将会更加多元化和极致化，小众需求被进一步切割，市场细分越来越精细，“长尾”被无限拉长，从而形成“新长尾模型”。个性化需求的时代，消费者开始引导供应链。未来的消费关系是，消费者需要什么，生产者就得生产什么，这是一个逆向生产的过程：消费者的主动权变大了。整个社会的供应关系被摧毁重建，经济的任督二脉正被逆向打通。未来的每一件产品，在生产之前都知道它的消费者是谁，并且知道这件产品的标准是怎么样的。而生产商之间比拼的不再是价格，而是谁能最先对接到消费者的需求，并且完成消费者需求的精准程度。此时，不会有库存，也不会有恶性竞争，行业更进一步细分化，新的供应关系正在形成。也就是说，今后是“消费者”决定生产，而不是“生产者”（包括工厂老板、设计师等）决定生产。对于企业来说，以前思考的问题是“做我能做的”，今后思考的问题是“给他想要的”。在未来，一切“社会财富”都是消费所带动的，中国正在进入“按需生产”阶段。

（3）零售的倒逼——零售渠道云转型

在新零售时代，零售渠道将通过数据与商业逻辑的深度结合，为传统零售业态插上数据的翅膀，催生新型服务商并形成零售新生态。零售业最终会变成人人零售，就是在任何地方、任何场景、任何条件下，跟任何一个业态融合。“人—货—场”将会重构，零售渠道将发生云转型，由大数据驱动形成线上线下一体化 OAO（Online And Offline）模式，即线下（实体店）和线上（网店）有机融合的一体化“双店”经营模式，可将线上消费者引导至线下实体店消费，也可将线下实体店的消费者吸引至线上消费，从而实现线上线下资源互通、信息互联、相互增值。

在工业经济的商业体系里，实际上划分了两个市场，一个是流通、批发和零售市场，另一个是生产制造经营市场。但是，互联网平台出来以后，是全链打通的生产、销售和消费。零售已经不是只看销售，要看批发、要看制造、要看设计。供应链的前端零售成了消费数据的采集触点和用户体验中心后，需要向供应链的上游延伸，需要通过买手、产品设计、营销策划、创意，来完善面向消费者的服务能力。仅停留在零售端这个单点上已经无法找到出路，供应链的后端则需要转变为服务于终端的集成大平台。中间商、生产商和供应商将逐渐被整合，实现“产销一体化”，即以经营联营形式把生产企业和销售企业组成垂直型销售系统。如此一来，供应链不断变短，从而变轻，进而变快，才能充分响应消费的迭代。

（4）技术的推动——新工业革命

新技术为供应链赋能。移动互联网、二维码、人工智能、智慧物流等新型技术快速发展，让新的商业基础设施逐步产生和完善，推动信息革命的爆发，也推动着供应链的持续进步。一方面，射频识别（RFID）、大数据、云计算等数字化技术不断完善，对消费者的数据搜集和处理能力飞速提升，使准确地对消费者进行全息画像成为可能，可以无限逼近消费者内心需求，最终真正实现“以消费者体验为中心”，做到阿里巴巴所说的“以心为本”。可以说，如果没有数据化、云计算、人工智能等商业基础设施，新零售是不存在的。同时，消费者在数字化后，拿一部手机进入零售场景，由于被数字化，对于零售，对于设计和生产，对于制造和物流，都会发生重大影响。

另一方面，人工智能、3D/4D 打印、物联网等技术产生和日臻成熟，让 C2B 的定制化生产和运输成为可能，柔性生产、敏捷制造和大规模定制等制造模式变成现实。消费的拉动和零售的倒逼让供应链转型具有必要性，技术的进步则让供应链转型具有可行性，同时也主动地推动着它的持续变革。

5.2.3 重构：云供应链将主导未来

新零售时代，供应链 4.0 的转型方向将是云化，数据和资源集成在云端（如图 5.2-5 所示），由 HUB 通过云计算来控制整个供应链的运作。供应链结构的终极演化形态将主要由零售端、生产端和云端三部分构成，链接的媒介是数据，核心的驱动就是云计算，“三位一体”服务于消费，打造超预期的体验，用户为体验买单。供应链将进化为云供应链（Cloud Supply Chain，CSC），零售端和生产端实时数据上传至云端，云端下发指令至生产端，生产端按需定产并交付产品。

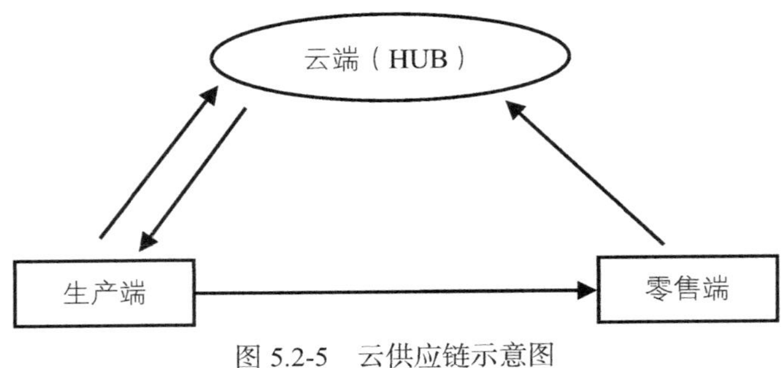

图 5.2-5　云供应链示意图

在新零售时代，云供应链的三个主体都会有新的内涵：零售端——场景革命；生产端——私人定制；云端——数据控制中心（Data Control Center，DCC）。

（1）零售端：数字化革命

云供应链的零售端将带来无处不在的消费场景，无论是百货公司、购物中心、大卖场、便利店，还是线上的网店、各种文娱活动、网络直播，以及各种移动设备、智能终端、VR 设备等，都将成为消费的绝佳场景。消费者数据实时上传至云端，数字化技术打通线上与线下，虚拟与现实的各个碎片化场景和各个消费环节，实现深度融合。消费者将不受区域、时段、店面的限制，商品不受内容形式、种类和数量的限制，消费者体验和商品交付形式不受物理形态制约，真正做到无孔不入无所不能。

场景主要有两大作用，一是数据收集的超链接，消费者每一个行为数据和消费数据都会被记录下来并实时上传，让消费者可以几乎随时"在线"；二是与消费者嬉戏的体验终端，能够有效地吸引消费者驻足、入店、体验以及购买。数据的本质，在于还原用户的真实需求；场景运营，则能让数据的本质体现得更加淋漓尽致。国美推进的"场景革命"和"全零售生态圈"将以国美电器作为核心和入口，通过各种渠道，为消费者营造不同的消费场景，再以不同的渠道、场景、服务、体验等因素与消费者建立强链接。未来的门店，将混合融入电竞、网咖、影院等跨界业态，构建多业态结合的休闲娱乐场景，以适应客群年轻化趋势。比如通过构建生活美食相结合的餐饮场景，如烘焙课堂、餐厅等形式，能吸引更广泛的消费群体。

（2）生产端：私人定制

在过去传统零售条件下，对消费者画像是一件非常困难的事情，各种调研只能完成模糊的画像。而基于大数据云平台可以对消费者的诉求进行深入挖掘，消费者实时“在线”，包括其性别、年龄、收入、特征等都可以进行素描，直至完成全息清晰度画像，消费者的形象跃然纸上，商品生产可以完全定制化。新技术的全面进步以及工业 4.0 时代的到来，也使生产商从“批量生产”到“私人定制”成为可能。

红领集团旗下的酷特智能开始尝试在服装领域做私人定制，经过 13 年的时间，以 3000 人的工厂为实验，建立了大量的数据库，可以满足 99%的人的体型，真正实现个性化定制，做到“一人一款、一人一版”。

（3）云端：数据控制中心（DCC）

新消费时代，原材料、劳动力等都不再是稀缺资源，数据将是最稀缺的资源，成为最重要的资产。对商家而言，数据是最重要的生产和设计的素材，用户不再是活生生的肉体，而是一个个碎片化数据的集合体，基于这些数据可以为消费者提供内心最渴望的产品和服务，打造超出预期的体验。数据控制中心基于上传至云端的海量数据，不仅可以还原场景内用户线下真实生活、线上数字生活行为轨迹，还能达成对用户数字化、智能化、精准化的需求理解和行为预测，实现真正围绕用户产生内容。更重要的是，通过云计算将资源和需求最高效、最精准地匹配，形成定制化生产的指令给生产端。如此一来，供应链的核心竞争力就是算法，即云计算的能力，市场将是基于数字经济的统一市场，基于地域和营业时间的传统商业逻辑被打破。对消费者而言，通过主动或被动提供个人方方面面的数据，即可在不同的消费场景进行体验，为体验评分，同时为体验买单。谁最懂我，谁最能给我惊喜，我就是谁的粉丝。数据，既为生产赋能，也为零售赋能，更为消费赋能。

综上所述，云供应链就是以用户为中心，数据赋能下打造实时在线消费场景和提供定制化体验的高效流通链。无论是打造消费场景，还是数据挖掘和云计算，都是在新消费需求的背景下，为用户高效地提供优质的商品和服务（定制化体验）。未来，云供应链能实现的消费愿景就是“所想即所得，所得即所爱”，当然，反过来念也成立。

5.3 云零售：新零售的终极进化形态

供应链进化的方向是“云化”，作为供应链最后一公里的零售转型方向会是怎样呢？万变不离其宗，无论商业如何发展和进化，零售的本质不会变，阿里研究院提到零售的本质是无时无刻不为消费者提供超出预期的“内容”。“超出预期”就需要充分了解消费者，即“以心为本”，通过掌握大数据描绘全息消费者画像。“无时无刻”则要求消费的“超链接”无处不在，以用户为中心，在人、商品、服务、供应链等各个环节数字化的基础上，通过数据流动进行串联，提供覆盖全渠道的无缝消费体验。零售的逻辑是“你懂我—你爱我—我买单”，用户为体验买单。

会变的是零售的三要素“人—货—场”如何重构，任何商品、任何渠道、任何价值都如同“光的波粒二象性”一样具有“二象性”，既是物理的，也是数字化的。大数据则扮演着串联的角色，而真正让三要素有机融合并实现“化学反应”的则是数据的计算方式——云计算。新零售的“新”其实是一个很不明确的形容词，并没有描绘出是什么具体形态，笔者认为新零售未来的形态就是云零售。未来，零售的主体、载体、客体都将数字化并在云端进行整合，形成三位一体的云平台。零售资源都将“云化”，经过云端的计算让消费可以按需分配，这就是新零售的终极演化形态：云零售！

5.3.1 新零售的云转型

商业出发点从以“货”为本到以“人”为本，进而实现以“心”为本。新零售是利用互联网和大数据，将“人—货—场”等传统商业要素进行重构的过程，包括重构生产流程、重构商家与消费者的关系、重构消费体验等。物竞天择，适者生存，在消费不断变化和升级的背景下，零售为了适应消费的改变，也在持续地进化。零售是将商品及相关服务提供给消费者的交易活动，它不是一个独立的存在，而是一个有机的系统。整个零售的系统有三个要素：主体、载体和客体，三位一体服务于消费者。主体是交易的用户，主要是指消费者，即“人”；客体是交易的内容，通常指商品及服务，即“货”；载体是交易的场所，也就是渠道，即“场”。这与阿里研究院提出的零售三要素“人—货—场”一一对应，在新零售时代零售三要素都将被重构，实现新零售的云转型。

（1）零售的主体：消费者的在线化、数字化

阿里研究院报告指出，中国消费者数字化程度高，消费品部分品类达到 50%以上的线上渗透率。中国消费者与互联网已经形成的紧密联系导致线上零售进一步发展的想象空间不大，这种紧密联系也为新零售的供销方式提供基础环境。CNNIC 报告指出，2016 年中国网民的人均每天上网时间超过 3.7 小时，居世界前列；同时，中国消费者购物时使用网络的频度高，在消费者最终决定购买某一产品前，平均每个购买行为有 3 个激发点及 4 次搜索比较行为。更重要的是，消费行为数字化程度高，消费者通过在平

台上比价，对商品和购物进行评价，在购物社区交流分享等，实现了上亿消费者之间的连接，让消费者从被动接受到“积极主动”，从“孤陋寡闻”到“见多识广”。

对商家而言，用户不再是活生生的肉体，而是一个个数字化的集合体，数据是最重要的生产和设计的“基因”，对消费者描绘全息画像，几乎可以无限逼近最真实的形象，甚至挖掘出更多内心隐藏的信息。产销将实现一体化，基于数据可以为用户提供内心最渴望的定制化体验，商品都是数据赋能的超级 IP，在生产的同时就已经创造了消费者，并通过价值传递的零售渠道，持续激发新的消费欲望，相当于克隆出了一个个真实的消费者。新零售不再是满足消费，而是从 0 到 1 创造消费和从 1 到 N 复制消费的过程。

（2）零售的客体：产品 IP 化

打造以“用户”为中心的商业逻辑，形成“IP+用户+商品”的社会化链接，实现产品 IP 化。丰饶经济的年代用户消费的逻辑已经不是“使用价值”的满足，而是“情感体验”的满足。用户在寻找“情感体验”带来的快感，来满足用户内心的“欲望”。消费的链条将由“人找商品”变为“商品找人”，因为 IP 会赋予商品更多的价值内涵，聚集在这个 IP 背后的用户是一群具有共同认知的价值群落，而用户在没有接触这个 IP 之前不存在购买需求，这种“激发”会促使用户在“转化率、购买频次、客单价”上得到提升。

如此一来，零售的逻辑将发生变化，传统的“产品—终端—消费者”的流程将彻底颠覆，变成“认知—定制—产品”，产品甚至可以后产生，无需产品实物来激发人的购买欲望。这种“人和 IP 的链接”产生的数据可以挖掘出一种新的数据——“情感数据”。情感数据会在促销、定价、选品、服务等领域得到广泛的应用，让企业知道用户“想要的到底是什么”，并为企业创造消费者。

褚橙在销售上十分火热，但用户的热爱真的是因为关注健康？水果这么多，为何偏偏吃橙子？又不是包治百病的“板蓝根”。橙子就是橙子，纯天然、没有污染的橙子多了去了，甜的更多，不同之处在于，这是褚时健的橙子。“品褚橙，任平生”，当你拿起一个褚橙时，你都能够想象那位八旬老人身居哀牢山，俯首果园，挥汗如雨，从头再来的感人画面。所以，你消费的不是褚橙，而是褚时健在跌宕的人生中那种坚忍不拔的精神。那么，褚橙就已经 IP 化了，它给了你一个理由去联想，让你能够沉浸于与那种精神境界的联系中。哪怕是以前不爱吃橙子的人，内心消费需求也被创造了出来，产品也就有了附加价值。未来，基于消费者的情感数据，所有产品都将会 IP 化。消费倡导追求体验，“要把时间浪费在美好的事物上”，正如吴伯凡老师所说，“同样是茶，用户不再为柴米油盐酱醋茶的茶付钱，他会为了琴棋书画诗酒茶的茶而付钱。”

（3）零售的载体：OAO 超链接

在产品 IP 化的背景下，终端不再是商品的销售渠道，而是消费体验和数据上传的端口。云零售将遍布传感器与交互设施的端口，端口都是线上线下一体化的 OAO（Online And Offline）模式，即线下端和线上端有机融合的一体化“双端”经营模式，可将线上消费者引导至线下消费，也可将线下的消费者吸引至线上消费，从而实现线上线下资源互通、信息互联、相互增值。在形态上，无论是百货公司、购物中心、大卖场、便利店，还是线上的网店、各种文娱活动、网络直播，以及各种移动设备、智能终端、VR 设备等都是数据导入的链接。

之前的 O2O 或是从线上到线下，或是从线下到线上，而没有考虑到线上和线下的融合叠加，以及物流的资源配合。红杉资本中国基金合伙人刘星对于这种融合的定义是“O+O”，做得更好可以是 “O×O”，一种叠加的，甚至是倍数放大的效应。在超链接下，消费者实时“在线”，端口将消费者全方位的数据上传至云端，通过数字化技术打通线上与线下，虚拟与现实的各个碎片化端口和各个消费环节，实现深度融合。消费者将不受区域、时段、店面的限制，商品不受内容形式、种类和数量的限制，消费者体验和商品交付形式不受物理形态制约，零售渠道真正变得无孔不入和无所不能。

未来，零售企业核心竞争力就是算法，即基于数据基因的编程和云计算能力。对消费者而言，通过主动或被动提供个人全方位的数据信息，即可在不同的超链接端口进行体验，为体验评分，同时为体验买单：谁最懂我，谁最能给我惊喜，我就认同谁，我就是谁的粉丝。那么，云零售是什么样的形态呢？它的商业模式又是怎样的呢？

5.3.2 S2b 是云零售的商业模式

阿里巴巴总参谋长曾鸣在天猫智慧供应链开放日的论坛上，总结了他对新零售、新商业的思考，并首次提出新概念 S2b（Supplychain platform To business）。S 指大的供应链平台，会大幅度提升供应端效率。b 是生长在供应平台上的物种，主要是小型终端店如“夫妻店”等。一个大平台对应数万级、百万级的小 b，让他们完成针对客户的低成本实时服务，理解客户的需求，寻找客户的痛点，再利用供应链平台对设计、生产和运输等的协同能力，完成对客户的定制化服务。曾鸣说：“未来的一切都是服务，产品只是服务实现的一个中间环节，S 和小 b 之间既不是买卖的关系，也不是传统的加盟关系，而应该是赋能关系，这个模式将是未来五年最值得大家努力的战略方向。”

（1）S2b 是“云零售”的商业模式

云零售是一种新商业生态：平台经济体，它典型的商业模式就是 S2b。后端就是云平台，是提供各种产品和资源的商业生态系统，包括商品、软件、服务、资讯等关联资源，让用户去筛选、整合、利用，侧重给用户赋能，提供更专业的服务和优质的资源给用户，让用户具有更强大的服务能力去为他的客户服务。首先，它是数据的云端，所有前端采集的数据都实时存储在云端，动态地进行运算，并整理计算结果（例如消费者画像）传送至前端用户，按需索取。其次，它是资源调配的云端，通过高效的供需匹配，云平台扮演着一个“调度”的角色，在合适的时间，将合适的资源高效且低损耗地分配给需要的用户。第三，它是资源整合的云端，通过搭建平台，打造一个完整的生态体系，将优质的资源整合在一起，形成规模效应，同时也丰富平台的内容。商业生态的本质是一种平台上资源的高效组合方式。但商业生态并不是参与者和资源的简单拼聚，我们在觊觎生态红利时，更需要对于平台各种参与者的角色进行合理的安排，实现资源的高效组合。

S 与 b 之间是赋能关系，不是传统的加盟店关系，传统的加盟店是工业时代的产物，核心是标准化流程和严格的质量管控。这些小 b 是生长在供应平台上的物种，这个平台要保证质量，要保证流程的高效，但是最重要的是要充分发挥 b 自主去触达客户的能力。b 是前端的零售终端，一方面它是数据采集的触点，所有消费和销售数据，通过这些碎片化的消费场景来采集，并实时上传至云端。另一方面，它是触达消费者的神经末梢，在这里完成流量的引入以及服务，消费者也在这里完成体验和交易。当然，无论是数据采集还是触达消费者，都通过云端数据赋能完成，实现所有活动的精准化和精细化。

零售端 b 需要向云端 S 索取资源，需要通过买手、产品设计、营销策划、创意，来完善他们面向消费者的服务能力，仅仅停留在零售端这个单点上已经无法找到出路。在新技术的驱动下，未来的商业生态会发生重大的改变，平台经济体将重新定义商业的未来，新零售正在成为线下实体店零售、网上纯电商的共同出路。例如，红领集团作为一个制造平台，将工业化与信息化高度融合，利用大数据来驱动流水线，通过自己的管理软件系统，和几万家小 b 形成一个很好的个性化西装定制平台。运用互联网技术，构建顾客直接面对制造商的个性化定制平台，在快速收集顾客分散的个性化需求数据的同时，消除了传统中间流通环节导致的信息不对称和种种代理成本，极大降低了交易成本。

（2）S2b 共同服务消费者

曾鸣在演讲中提到，S2b 的创新模式更完整的表述应该是 S2b2c，S 与小 b 共同服务 c，c 即消费者。而在传统的 B2B 或者 B2c 模式中，这两个环节是割裂的。在互联网时代，“共同服务”有两层含义：一是小 b 服务 c 时，必须调用 S 提供的某种服务：基于对上游供应链的整合，提供增值服务，才能帮助 b 更好地服务 c。典型的 b，例如小型零售店，由于规模和品牌的限制基本上都得不到好的供应链支持，所以如果有整合了前端供应链的大 S，它就能对 b 形成很大的支持，这个支持的核心其实就是云供应链管理能力的输出。同时。对于 S 来说，b 服务 c 的过程对它必须是透明的，并且会给实时反馈，来提升 S 对 b 的服务。b 服务 c 的过程要实现在线化，S 和 b 要通过在线化，实现自动协同，更好地服务 c。如图 5.3-1 所示，消费端 c 在线化，一部分数据直接被云端搜取，零售端在线化，数据实时上传至云端；云端 S 对数据处理后，将运算结果下传至 b，为 b 赋能，让 b 更好地服务于 c，从而形成一个闭环；核心则隐藏在各个环节的数据流中，数据越大，赋能越强大，整个过程的“损耗”就越少，效率就越高，效果就越好。

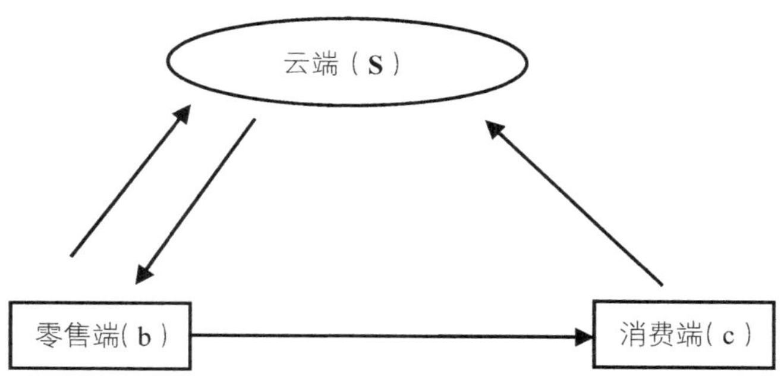

图 5.3-1　S2b 模式的流程示意图

S2b2c 必须比 B2c 在效率和效果上有很大的提升。例如，如果你给微商供货，但微商服务 c 的过程，S 完全没有参与，就不能提供更大的价值，这就谈不上 S2b2c。b 的天然能力在于与 c 的关系，因为标准化的能力不足（包括供应链和营销、品牌等），无法期待大规模获取客户，只能深耕与用户的关系，手段无非是差异化、个性化的产品，和与用户的深度互动，所以很多小 b 与用户有情感连接，有类似社群的关系。比如，淘宝上的小而美卖家会不厌其烦地在旺旺上回答用户各类“奇葩”问题，让你感觉他像朋友一样替你着想，而品牌店的客服再用心，也是某种套路式的礼貌。在当下，小 b 在竞争中基本处于劣势，原因主要在供应链能力不足，而 S 的赋能就帮助他们完成升级。S 只能为 b 赋能 b，而不能控制它，两者关系的核心是协同，不是管理与被管理。

那么，“云零售”的 S2b 商业模式有谁做到了，又是如何实现的？阿里巴巴零售通和京东新通路已经有了 S2b 的雏形了，并且在持续壮大中。

5.3.3　阿里巴巴零售通：赋能百万商店

S2b 领域的玩家们主要分为两大“阵营”，一种是以阿里零售通等为代表的撮合模式，一种是京东新通路等为代表的自营模式。阿里零售通是一个为城市社区零售店提供订货、物流、营销、增值服务等的互联网服务平台。通过搭建以城市 HUB 仓为核心的零售物流体系，利用互联网技术改造甚至重塑传统线下零售分销渠道，与源头供应商合作，将全球的品质好货高效分销至城市社区甚至城乡结合部的线下零售业态，造福亿万消费者。同时，通过城市拍档及各类服务商，帮助平台开拓、维护、服务线下零售店，共建阿里零售通大生态。云零售的逻辑，就是打造强大的云端平台，运用大数据，用数据驱动的方式重构人、货、场，人顾名思义是指目标消费者群体，货是商品所带来的产品的质量、服务和最终所得到的体验；场则是场景，天猫淘宝是“场”，线下零售小店也是“场”。零售通一种典型的 S2b 商业模式，也是云零售的一种形态，实现对终端零售，尤其是小型零售终端的赋能。

（1）全面升级“夫妻店”

我们不难发现，在一二线城市“杂货铺”“夫妻店”等小店铺已经逐渐被“7-11”“全家”等便利店巨头逐步取代。然而，在中国的三四线城市里，由于大品牌便利店集团对单店利润要求较高，其渠道下沉战略显得十分谨慎。数百万计的“杂货铺”“夫妻店”或者“小卖部”仍然活跃在三四线城市的街头巷尾。但是，全国的夫妻店都长着一张差不多的脸：店铺开在街头巷尾社区门口，店面从几平方米到几十平方米，老板坐在没有 POS 机的收银台，收钱找零只需要低头拉开抽屉；店里都装上了电视机，从《三生三世十里桃花》到《我的前半生》，晚上七点准时播出《新闻联播》。有的店会在门口放一两台游戏机，或者是给小孩子坐的玩具车，造型大多是灰太狼、熊大熊二等。这样的夫妻店，中国居然有大约 680 万家，一年的销售额高达 10 万亿元左右。

阿里巴巴零售通为城市零售店提供货源、配送等一系列服务，将阿里巴巴精选的进口商品以及农村淘宝提供的源头土货送到社区零售店的货架上，目的是让这些杂货铺也可以提供大品牌便利店的货品和服务，解决品类单一、进货效率低下、货源质量不可靠等痛点。零售通的出现，为百万零售店提供了一个解决方案，升级传统的“夫妻店”，以适应消费升级的需要，以让这些小型零售店更加具有生命力。在模式上，阿里巴巴其实并不希望把数百万的邻家小店改造成跟品牌连锁便利店一样，而是建立一个高于传统连锁便利店的“小店生态体系”，让杂货店、夫妻店能够成为每一个城市社区的生活服务中心。通过阿里巴巴零售通接入货源和服务，以更加丰富的形态服务周边社区，打造新型零售生态体系，赋能“夫妻店”。

（2）三位一体的赋能体系

阿里巴巴零售通通过经营赋能、供应链赋能、管理赋能的三位一体终端升级策略，让百万小型零售店具有了更强的生命力和持续的发展力。

- 经营赋能

经营赋能体现在产品赋能、增值服务、金融服务等方面，首先，零售通丰富的商品品类让零售店在货源上有了更多选择，从而完善自身商品供应。零售通根据小零售店的需求不断在扩充品类，从几十样到几百样再到现在的上千样，慢慢地充实起来，特别是有很多进口的食品可以供应，这是之前小零售店很难通过普通经销商进到货的。包括不凡帝范梅勒、强生、雀巢、中粮、玛氏、联合利华、百事食品、拜尔斯道夫、费列罗、可口可乐、APP 金红叶等在内的一干知名快消品牌，都已经与零售通建立了战略合作关系。随着消费的升级，消费者对这些进口食品等高端商品的需求越来越大，需求也不断多元化，零售通的商品赋能让小零售店更有竞争力。同时，零售通以阿里巴巴为背书，对于货源品质严格把控，而传统批发市场的货源难以管控。零售通是厂商源头供货，或者优质经销商供货，更加有保障一些。

在增值服务上，目前零售通为零售小店提供品类改造、店面改造、增值服务等多种服务，目前仅通过增加充值、加油卡这类增值服务，小店的生意就增长了 70%~100%。还有其他的一些增值服务让人颇为惊喜。比如代收煤气水电费、代买飞机票，可能买的人不多，但提供这样的服务就能让店铺可以充分发挥终端的流量价值。零售通正在酝酿向社区零售店植入更多增值服务，还成立了一个专业团队，测试这些服务业务。除了销售实体商品，诸如家政、出行、缴费、快递等服务类商品将为零售店带来更多的客源和利润来源。更进一步，借助阿里巴巴提供的资源，小店老板可以将像 20 平方米这样不大的空间做成复合业态，既保持邻里亲情，又有升级转型，可以是便利店，也是旅行社、票务公司、邮局或银行，连接线上线下，让新零售进入每一个社区。

在金融服务上，阿里巴巴通过蚂蚁金服提供贷款信用服务等，以帮助小店老板盘活现金流的赊销业务为例，目前已经接入 700 多家店。到年底时候，夫妻店进货量大，零售通可以提供赊销，帮助进货，这些服务的目的就是保证夫妻店的在线，让供应链始终畅通、高效。到今天也没有看到能给小店放账期的，因为零售小店非常不稳定，不了解征信情况，银行不可能给授信。零售通可以通过阿里巴巴的数据去帮助做征信，推广的金融服务是银行等金融企业不可能做的。

- 供应链赋能

供应链赋能主要体现在品牌商、经销商和物流配送等方面，对于品牌商，特别是拥有成熟覆盖网络的品牌商来说，在面对互联网和 B2B 时态度是十分谨慎的，怕互联网扰乱甚至伤害到他们这么多年经销商体系的利益格局，对于这种情况，最简单的解决方式就是让经销商接入零售通，零售通用自身能力赋能品牌商与经销商。除了拥有相对完善的分销渠道的传统品牌商来说，许多新兴的线上“淘品牌”也成为零售通赋能的重点，通过阿里巴巴大数据，零售通能够分析出一个小店附近一千到两千个消费者的消费趋势，进而分析出小店真正需要的货源。品牌商参与合作之后，可以得到全渠道、全方位的服务。以前数据到经销商就断掉了，未来每一个商店的数据都可以获得，实现“夫妻店”的数字化。

对品牌商而言，更大的意义或许在于，借助零售通的网络，可以直接触达和服务零售末梢的小店店主和消费者。强生零售通业务项目负责人李恒东表示，不少五六线城市的线下小店店主，甚至不知道自己拿到的强生产品是从哪里来的。全球著名糖果企业不凡帝范梅勒与零售通做过这样的营销尝试，消费者在支付宝口令红包输入“清凉一夏”，可以领到 5 元红包并在零售通服务的小店内使用。这个小小的尝试，给小店带来了不少人气，也让品牌商看到了更多可能性。零售通也在为品牌商提供更多的增值服务，包括新品推广、助销工具、促销直通车、供应链金融等，都已经在测试中，

在物流方面，零售通直接接入菜鸟的物流体系，支线仓储、物流都由菜鸟来完成，在零售通上流动的是一条条信息，而非产品。运营信息，比运营实体商品更加高效。为什么传统通路提速很难，因为经销商没有平台、没有技术把产品在线化，在供应体系中流转的不是信息，而是产品的实体。从品牌商一直到夫妻店，产品需要层层流转，成本越来越高，速度越来越慢，效率也就越来越低。当提升线上效率的边际成本越来越高，技术推动着互联网人走向线下，与其推倒线下重建，不如升级改造。重构供应链中信息流、物流、资金流流动的方式。

- 管理赋能

由于零售通服务的绝大部分零售店主文化程度不高，互联网意识较为薄弱，零售通引入了城市合伙人，作为第三方合作伙伴，连接社区零售店和零售通平台。城市合伙人负责开拓当地线下实体零售店，使其通过零售通平台进货，并服务和运营签约的实体小店，策划并实施运营活动，促进实体小店的销售。目前零售通共有 2000 余位城市合伙人，其中在杭州约有

70 位，服务超过 1 万家社区零售店，最多的要服务近 400 家小店。为了服务这些夫妻店，零售通对城市合伙人有三个定位：动销的专家、服务的客服、经营的顾问，不仅要帮助夫妻店管理门店，优化产品结构，还要帮助小店承载平台上更多服务，包括更多的商品以及各类业务形态，比如话费充值、火车票代售、早餐、鲜食等，协助小店做业务转型，以此更好地服务各个小店所覆盖的社区。服务上被要求要做到"管理在线"，即随叫随到。

有城市合伙人甚至说"夫妻店"可以说是"世界上最复杂的工作"，虽然有点危言耸听，却也是道出了艰辛：这些小店往往只有夫妻两人经营，其中许多人年纪也大了，却要解决选址装修、采购定价、销售收银、售后服务、客户管理等一系列问题。如此辛苦，却只能赚到微薄的收入，零售通的使命便是帮助他们自信地走进新零售时代。

（3）转型云零售：S2b 的商业模式

阿里巴巴零售通的使命是让百万商店拥抱 DT 时代，服务每家店，只为每个家。每家店就是零售小店，每个家就是零售小店所服务的亿万名消费者。其本质是做赋能，是一种互联网环境下新的零售渠道模式。从模式上分析，赋能模式是一种平台模式，赋能平台本身重点放在提高效率上，深入洞察渠道在效率、成本中存在的问题，利用互联网的技术手段，改善厂家、渠道商、终端商的交易效率和营销效率。在赋能上，目前阿里零售通能够给予的支持包含五个方面，一是平台搭建，包括网站建设、招商、商家管理；二是物流支持，提供仓储、快递等供应链渠道；三是培训支持，提供系统化的培训体系，定期开展培训；四是人员支持，派遣员工驻地，支持项目运营；五是线上线下运营支持，开展线上、线下宣传推广和业务拓展等。通过打造数据驱动的供应链兼容和赋能平台（S），提供丰富的商品，提供专业的服务，真正让这批企业智能化。而每一家零售小店（b），面对的是一个强大的几乎无所不能后台，比如如果我想投一些小店，没有那么多钱去加入，又需要自己设计水电装修，保证提供各种各样的服务等，要找几十家不同的供应商、批发商等，这不是一件简单的事情。这时候，我们就希望能够把这件事情简单化，最好可以通过“大后台”知道消费者是谁，商品怎么储货，最近哪种方便面好卖，这个店能不能卖生鲜，能不能卖咖啡等。此时，只要链接到这个大平台，就可以让以上问题得到解决，自身被“赋能”，从而让自己充满能量。

在阿里巴巴零售通赋能下诞生的“天猫小店”，就是典型的这种产物。简单地说，天猫小店就是用零售通武装起来的街坊小超市。怎么武装一家天猫小店？阿里巴巴会选择一些合适的独立小超市，根据老板的需要来做改善，包括门头、装修、陈列，当然还有特殊的进货渠道、专享的货物以及方便的管理系统和无处不在的大数据服务。至于改装到什么程度，丰俭由人。2016 年 8 月，“维军超市”入驻了零售通平台，这是阿里巴巴零售通事业部针对像维军超市这样的社区零售小店（如图 5.3-2 所示），推出的一站式进货平台，依托阿里巴巴的业务资源，店主可以在零售通完成订货、物流、数据查询方面的操作，而且平台还能根据超市周边的人群、店主画像计算出最适合店铺的货品。改造后的小店（如图 5.3-3 所示），在店面形象上有了跨越式的升级，与印象中社区超市货品杂乱不同，维军超市的货品陈列、店内装修等与连锁便利店 7-11、全家相似，140 平方米的空间里食品、酒水、日用品等被规整地码放在不同的货柜上，收营台是一台智能设备，提供支付宝扫码付，旁边则是关东煮、烤肠、包子等在售鲜食。

图 5.3-2　S2b 改造前的店面形象

图 5.3-3　S2b 改造后的店面形象

不只在外部的店面形象上，在经营上也有了很大的提升。维军超市超过三分之一的商品已经采购自零售通平台，超市里“天猫货架”上百草味等品牌产品就是通过这个渠道进货。天猫货架背靠阿里巴巴的庞大商业生态，国际大牌、村淘农产品等特色货源也将进入小店，丰富小店的货源。零售通也会根据社区超市周边消费人群构成、小店老板个人画像，计算出什么样的商品最适合这家店。零售通给予的不仅仅是高效的供应链支持，还有对店铺的数据化管理，对在售商品的结构化升级。就像全家这类连锁超市一样，升级后的维军超市现在也能实时查看店铺每日销售额、库存等数据，甚至，通过后台数据，还能查看店铺的商品销售排行，哪种商品更畅销就可以多补一些货。在销售管理上更精准了，就维军超市来看，对店铺经营数据的拉升较为明显，销售额环比提升了 45%，客流量环比提升了 26%，预计全年毛利将增收超过 40 万元。阿里巴巴零售 S2b 的商业模式真正地实现了对小店的赋能，据统计，全国共有 660 万家社区超市小店，入住零售通平台的共有 50 万家，而维军超市是其中被挑选出的第一家进一步升级改造成的“天猫小店”。2017 年 8 月 28 日，阿里巴巴零售通事业部宣布要在 2018 财年打造这样的天猫小店 1 万家。

阿里巴巴集团副总裁、零售通事业部总经理林小海表示，这是阿里巴巴新零售的布局，银泰、盒马鲜生布的是一些点，零售通布的是一个面。阿里巴巴零售通 S2b 的商业模式可以用这样一个公式表示：S2b=生态化+B2b2c。生态化是利用自己的数据和交易平台整合品牌商、经销商和零售终端，形成一个互利共赢相互依存的生态圈。S2b 是打造一个平台型供应链，从货源供应、物流配送、链接消费者等环节形成数据闭环。赋能百万家商店，也正印证了阿里巴巴的愿景“让天下没有难做的生意”！

5.3.4 京东新通路：打造 B2B 领域新渠道

京东新通路依托京东集团丰富的商品和强大供应链，将中小门店纳入品牌商的销售终端体系，为品牌商提供高品质仓储配送支持、地勤服务、门店营销、数据分享等“一站式”解决方案。京东新通路做的事情简单来说可以概括为，让大型品牌商有能力把产品下沉到 3—6 线城市，甚至在更远的农村地区，让那些小卖部和商超的货柜上能够陈列有品质、有品牌的商品，所有的消费者都能够买到北上广深地区居民用的高品质商品。

（1）重塑零售体系

由于成本上升、竞争过度、消费饱和等问题，中国整个零售业的利润处于较低的水平。相关的数据显示，中国零售行业平均利润率为 1.6%，毛利率平均为 9%，而发达国家的零售企业平均利润率为 2.3%，平均毛利率则达到 24%。过去的几年中，京东商城通过强大的物流能力，去中间化，使得商品直接由品牌商到消费者，大大节约了商品在流通环节中的消耗，消费者买到了靠谱优质的商品，品牌方也提高了利润率。

传统的乡镇和农村市场，电商渗透有限，消费者的消费观念依然以传统线下为主。在传统销售渠道中存在层层盘剥、虚报费用等不透明问题，造成渠道成本浪费，同时大型品牌商难以判断市场情况，导致品牌方不愿意直接接触这些市场的中小商户，给那些不法的分子留下了可乘之机。于是在乡镇和农村，经常有一些令人哭笑不得的“山寨”品牌出现，比如农村小卖部里的“康帅傅”品牌的泡面，“金龙油”品牌的食用油，“脉劲”品牌的功能饮料，“白事”可乐，“治治”香瓜子和“阿耳飞斯”奶糖（如图 5.3-4 所示），以及大量仿冒的海飞丝、立白、伊利等品牌的商品，成了中国农村零售特色的一条“靓丽”风景线。

治治香瓜子　阿耳飞斯

红牛维生素咖啡饮料　白事可乐

图 5.3-4　农村山寨品牌

“京东新通路”作为一种全新的媒介，把曾经由厂商到消费者的模式，变成了厂商直接到中小门店，消费者就可以在村里或镇上的小卖部里买到货真价实的商品。聚焦三四线城市的小业态市场，既能迅速覆盖主要售点，又能真正满足社区的品类精准需求。新通路借力京东已有的强大供应链资源为线下中小门店供货，有效帮助品牌商渠道下沉，直供终端，顺势推动中小门店商品品质的升级。无论对于品牌商，还是对于中小门店、消费者来说，都是价值。京东新通路模式，颠覆的是本不再需要的从品牌商到中小门店的层层环节，而合作的是中小门店，这一变化，带来的是传统零售渠道的变革，释放了它们的活力和价值。京东新通路就曾携手统一在河北邢台、衡水下属 11 个县推行饮料铺市活动，统一利用京东渠道、物流、服务等优势，快速占领空白市场。新通路为其提供高品质仓储配送支持、地勤服务、门店营销、数据分享等“一站式”服务，让商品直达零售终端。

（2）京东掌柜宝：重塑“渠道通路”

京东掌柜宝由京东新通路研发，是京东集团旗下一站式 B2B 订货平台，现已登陆安卓和 iOS 各大应用市场。以京东掌柜宝为平台，整合强大的渠道扩展能力，及物流、服务等优势资源，京东新通路将为品牌商提供仓储配送、地勤服务、门店营销、数据分享等“一站式”服务。主要有四大优势，一是产品给力：品类丰富、正品保证；二是价格实在：京东直供、竞争力足；三是服务上门：专属客服、当面指导；四是订货快捷：起订量低、送货神速。这款 APP 又是如何重塑渠道通路呢？

在传统 B2B 领域，品牌商与终端零售商的连接往往采用分级代理模式，即品牌商通过各级代理商分层向下铺货，最终到达零售端。但由于国内地域辽阔，市场复杂，几乎每个品牌商都需要大量代理商。凯度零售咨询统计数据显示，有近 55%的品牌商使用了至少 200 个经销商经营传统通路。这种代理模式过去可以使品牌商以较低的代价把货铺到全国各类市场，但现在弊端已经比较明显：由于代理商层级太多，且为第三方经营，品牌商几乎不可能快速从销售终端拿到核心销售数据及市场反馈。渠道的不透明、不扁平、不可监控、不能互动已成为整个行业面临的四大痛点。品牌商将商品卖到三到六线地区，需要经过四到五个层级的经销、分销商，才能到达终端的中小门店那里。

这样的模式造成的问题，一是历经重重渠道之后，商品的流通成本高昂，最终导致中小门店赚不到钱，消费者买到的商品价格也非常高。二是渠道环节多带来的是效率低下，商品周转速度慢。三是渠道的复杂性会导致假货、山寨货横行，最终受害的是品牌商和消费者。四是由于终端促销活动操作不透明，企业原本为终端促销提供的促销资源可能会被中途经销商截留。所有品牌商对业务员基本上都以业绩考核为导向，这导致业务员只顾眼前利益，对终端陈列、宣传等不重视。京东掌中宝解决的就是这样的问题，品牌商的商品要铺到三到六线地区，不用再历经四到五个层级渠道了，只要品牌商直接和京东合作，商品就能到达终端的中小门店那里。这首先带来的是流通环节被砍掉了，大幅降低了中间流通成本，让中小门店可以赚到钱，消费者可以享受到实惠，品牌商也节省了成本；其次是提升了效率，让品牌商的商品周转速度加快；还有就是京东的品牌直供模式，能够保障商品的品质，杜绝假货、山寨商品等问题。

（3）价值链式赋能

从商业模式的角度，京东新通路也是一种类“S2b 的模式”，对每个小商户而言，也相当于在云端有一个无所不能的“后台”，通过算法链接门店资源与云端数据资源，高效地匹配供需，不断实现门店的升级。在组织形式上，阿里零售通是平台模式，是平台式赋能，京东新通路则是渠道模式，是价值链式赋能，商业模式的差异或许源于各自母公司的模式和资源禀赋。为做好价值链赋能，京东新通路发布了慧眼系统，以全价值链多元数据为基础，为品牌商量身打造经营投资优化一站式大数据平台。服务内容涵盖进销存管理、终端门店洞察、资源投放评估、品类行情监测四大方面。

在供应链管理方面，品牌商可以通过慧眼看到产品到底覆盖多少家门店，能够及时知晓产品的售卖情况以及库存周转等情况。京东选择将有关数据开放给品牌商，希望能为品牌商提供一个透明、健康、可控的平台，让其不必在多个环节之间周转耗费不必要的成本，并通过这些透明的数据去及时获取市场动态，快速响应整个市场的变化。

在终端门店洞察方面，品牌商可获悉门店的画像，通过对门店情况的了解以及数据的追踪，得知销售上升下降背后真正的原因。当品牌商对散布在全国各地不同的小店都有了明确的洞悉时，将这些大数据整合起来，更可以去建立整个门店关系管理，真正找到整盘生意的增量部分。

资源投放评估是品牌商尤为关心的，通过新通路，品牌商可以参与平台活动促销，线下的门店活动以及由地勤人员拜访门店，这些营销活动都可由慧眼系统查看执行进展情况，进而对比效果，帮助其优化整个渠道的资源投入。

在品类行情监测方面，京东通过大数据的方式让品类覆盖门店、销售趋势、整体下单行为等数据都提供给品牌商作为参考。除此之外，京东商超的消费者大数据系统已经拥有深入到乡镇级别的消费者画像，未来会将该系统与慧眼系统融合，以此将品牌洞察的信息建设得更丰满、更细、更深。

渠道下沉是京东成立新通路事业部的根本目的，通过与品牌商的合作，在帮助终端门店提高效率，解决品牌渠道末端不透明等问题的同时，扩大京东在下沉市场中的影响力。除此之外，京东新通路还能为百万便利店计划推波助澜。2017 年京东新通路目标覆盖全国超过 50 万家中小门店，而刘强东的野心更大，他 2017 年说到“三年结束商超战，线上线下做第一”。

这个目标的实现，离不开京东新通路打造的“新通路”。

5.4 新零售的新未来

5.4.1 新零售对整个零售行业的影响

新零售带来的改变是巨大的，从用户层面来看，将重塑用户的消费者习惯，深深影响原有的消费行为；从商业层面来看，将重构商业形态，再造商业逻辑；从零售生态来看，将重建一个生态体系和一套新的自然法则。

（1）重塑消费习惯

新零售对消费习惯的重塑是全面的，体现在三个方面。首先，全渠道消费场景。过去的消费场景比较单一，只能在商店内看着产品或者样品进行选购，而现在随着新零售的发展，消费场景更加多元化、碎片化。消费者在阅读、看视频、听歌时，通过点击链接就能购买书籍、视频中涉及的产品。消费者还可以体验 OAO 模式消费场景，在线下体验线上订单或者线上下单线下提货等。现在的消费模式更多的是碎片化的，随时随地，只要有信号、有智能设备就能进行购物。并且，以消费者为中心的会员、支付、库存、服务等方面数据的全面打通，大数据云平台与线上线下商店的联合将为顾客带来跨渠道消费的无缝式对接。

其次，全新消费体验。随着互联网科技的发展，现在对产品的体验了解已经不必再经过亲身体验，只需要通过图片浏览、人机互动体验，就可以很好地了解一件商品。举个例子，在天猫在城西银泰开设的“新零售体验馆”，顾客不需要亲自使用商品，只需要通过虚拟试衣机以及化妆间等科技产品，就可以感受到产品用在自己身上的效果。过去消费者了解产品的渠道比较单一，一是通过身边亲戚朋友的口碑宣传，二是通过商家的宣传广告。现在的消费者不再局限于身边小范围、片面的信息，而是通过参考“大数据”来进行消费决策。

第三，便捷高效的支付。随着支付宝、财付通等金融支付平台的出现，消费者的支付手段更加多样，不再局限于现金、银行卡。现在消费者出门购物只需要一个智能手机就能轻易地支付，随着新零售的发展，支付手段会更加多样，指纹识别、面目识别、文身识别等识别技术都可能成为未来的支付手段之一。

（2）重构商业形态

除了对消费习惯重塑外，对整个商业形态也进行了全面的重构。首先，是商品主动呈现，过去商品的呈现方式为产品展示，甚至样品展示，而现在通过各种“黑科技”的应用，商品的呈现形式变得更加多样化。图片加文字、网红加直播视频、虚拟现实技术加人工直播技术、线上加线下融合宣传，能够让消费者更好地了解商品。例如，苏宁云商线下门店的每一个电器上都有一个二维码，消费者扫描二维码之后，电器会自动进行“自我介绍”，让消费者更好地了解产品的功能特点。

其次，高效的商业流通。以前产品从厂家发出，经由省代理、市代理，再到县代理，最后到门店，流通渠道繁琐，运转消费周期较长。新零售有了云平台的辅助，商品可以直接从厂家运送到消费者手中，大大缩短了渠道，商品流通效率变得越来越高。过去都是厂家根据自己往年的经验制订生产以及消费的计划。但由于市场需求的变化，时常会发生产品囤积或者供不应求的情况。随着“大数据”的引进，厂家通过对往年数据的分析可以很好地预测市场的变化，更准确地制订全年的生产销售计划。利用大数据，生产商也可以对用户需求的改变进行预测，开发出能满足消费者的产品。同时，商场超市等线下卖场也能利用“大数据”，更好地采购、备货，减少成本。

第三，改变商业模式。网络零售在中国发展了将近20年，发展到现在网络零售交易额在整个社会零售总额中的占比也不是特别高。就算是去年，整体占比也没有超过整个社会零售总额的 15%。随着新零售的推广，线下实体开展线上业务，线上平台也逐渐延伸到线下，这个商业格局肯定会随之发生一定的变化，电商将慢慢成为配角。与此同时，流量入口也发生了变化。之前消费者购买实物只能在商场百货店，实物需求是商业流量入口之一，但是随着实物消费往线上进行转移，更多的人在线下从事餐饮、影视、娱乐、教育、体育等生活服务项目。线下商场通过租金，在地产上赚取利润，还要少部分商品收取佣金。而电商的盈利模式则截然不同，主要靠精细化的运营赚取差价，致使整个项目盈利。随着新零售进入，商业模式得到了一定程度的升级。像现在常见的打造自有品牌、线上线下渠道融合、打造 OAO 模式，以及最近流行的跨境购物，都是商业模式升级的几大表现。

（3）重建生态体系

为了顺应高端化、个性化、注重体验的消费需求，碎片化、追求便利性、社交化的消费方式，新零售的生态体系主要有三方面的改变。首先，产品内容生态化。为应对消费者从单一商品需求到高品质生活方式需求的转变，近年来，一些零售商积极调整自己的经营策略，以呈现独特生活方式为思路，精心组织商品服务，并得到消费者的认可。其次，零售业态生态化。为应对消费需求从物质需求向精神需求的转变，零售商近年来减少服装、百货等商品零售比例，拓展餐饮、书店、室内滑冰场、儿童游乐场等多种功能业态和体验业态，利用场景占领消费者心智。最后，商业环境生态化。为提高用户在每一个消费环节的体验质量、提升消费者对品牌的黏性，大型零售商正在改变过去类似农田经济的单一经营策略，通过并购、外包或合作等形式，聚合物流、金融、信息、咨询、品牌孵化等众多生产型服务企业，形成了类似热带雨林的商业生态系统，增强企业对外部环境快速变化的适应能力。

5.4.2 新零售未来事件的 6 大预测

未来的商业会形成一个无边界的商业场景：线上和线下打通、商品和商家打通、跨境和国内零售打通、数据经济和线下实体店打通，这些不断打通的过程产生新的商业模式，对零售的未来产生深远的影响。在未来，新零售领域将发生 6 件大概率的事件。

（1）零售新物种大爆发：商业业态“big bang”

物种大爆发指某一个地质时期中，大量生物类群集中于短时间内出现，著名的生物大爆发是寒武纪物种大爆发。在新零售的催生下，会导致零售新物种的大爆发，极大地丰富原有的商业业态。比如上文多次提到的盒马鲜生、超级物种就是典型的“餐饮+零售”，除此之外，基于消费者对多种消费场景的青睐以及技术变革的支持，会产生更多多样化的业态，如文创业态、运动业态、设计互动业态、真人游戏业态、医疗业态、幼儿园业态等。

- 文创展览业态

在国外，文创业态是许多大型购物中心的生命线，如今文艺类业态如各类展览、剧院等开始越来越多地受到购物中心的青睐。此类业态大多为购物中心自持，属公益性质，因而租金较低或无租金。在带动人流方面，文艺类业态尤其是各类展览却能带来 20%以上的人流量增长。数据统计显示，40.47%的消费者表示在购物中心看完展览会继续进行其他消费；52.56%的消费者表示看完展览偶尔会继续逛商场，展览在吸引消费者的同时也催生了消费者的消费需求。

例如，上海 K11 购物艺术中心莫奈特展期间日常营业额增长了 20%，在上海 K11 购物中心里，消费者能参与 365 天不间断的互动活动，既可以看到知名艺术家的免费画展，也可以观赏亚洲最大的室内瀑布。这是一个集艺术欣赏、人文体验和自然绿化以及购物消费为一体的经营模式，也因此在其正式开业前一年就完成了 97%的招商。

- 真人游戏业态

以 20~35 岁白领阶层为目标客户群的密室和鬼屋正在更多地走进购物中心，多种不同规模主题房间的设置和灵活的票价组合模式吸引了更多潜在消费者。由于消费群体固定，市场容量有限，密室和鬼屋往往被打上“短命”的烙印。如今，各个密室和鬼屋积极引进各类“声光电”、VR 高科技设备以增加用户体验。为了保持参与者的新鲜感，密室逃脱和鬼屋内的各类“机关”还会定时更换。密室逃脱平均逃脱率在 18%，巧妙地利用消费者不服输的心理，吸引消费者进行多次消费。另外，由于这类游戏需要参与者分工和协作，所以受到了各大企业团体的青睐。购物中心内规模较大的密室年平均盈利能达到 200 万~500 万元，鬼屋年盈利也能达到 300 万元左右，密室和鬼屋成为购物中心内最赚钱的业态之一。

- 幼儿园业态

过去 5 年间儿童业态快速增长，在购物中心占比由 5%上升至 15%。除了零售、娱乐、教育等，属于生活服务类的幼儿园、托儿所也成了购物中心新兴业态。在发达国家，购物中心引进幼儿园、托儿所并不少见。2014 年年底日本永旺在旗下购物中心开设首家保育所，不仅面向社内员工，同时也开放给大众，并计划在 2018 年之前让全国 48 都道府县的购物中心均引入该措施。将孩子托管在购物中心的保育园，不仅为职业女性解决了育儿难题，同时也可以引导“孩子玩耍、父母逛街”的新消费模式，父母在购物中心轻松地购物吃饭看电影，而孩子也能在安全的环境下尽情玩耍。

新兴业态的入驻，让购物中心摆脱了单一化、同质化的购物体验，大大增加消费者的消费体验和消费黏性，增加了购物中心的营收。更重要的是，购物中心中的这些“新基因”，把许多原来专业人士的“小众游戏”，变成了人人都可以体验的大众消费产品，从这一点来说，其价值已经远远超出了购物中心自身，具备了更广泛的社会意义。

超市里做餐饮、便利店内卖净菜，商业业态的突破性发展不断涌现。值得高兴的是，柴米油盐的超市也开进了邮局里，“国家队”中国邮政也开始玩起花样了，用自己的门店做起了便利店。不少中国邮政的营业厅门口挂上“邮 zhi 生活”的标牌，营业厅内业务柜台还在正常工作，不过约有三分之一的面积已放置了五组货架，配有粮油调料、日用小商品、零食饮料、鸡蛋蔬果等产品。同时提供 24 小时邮储 ATM、邮政快递、电商、便利店四大业务，显然是想借助发送快递或前来使用 ATM 的客流，带动便利店商品销售及其他业务的推广。零售新物种爆发，“超市+邮局”的混搭业态都能横空出世，未来还有什么是不可能的呢，我看，只有我们想不到，没有企业办不到的。

（2）千店千面：消费场景个性化

不论是百货、超市、卖场、便利店，甚至各类专业店，都存在着“格式化”的现象，表现在门店的布局设计、商品组合、门店运营等方面“千店一面”。目前，这样的零售店会失去对消费者的吸引力，变成一种低效率的零售店。在新零售环境下，打破“千店一面”，走向“千店千面”，是零售店变革的重要方向之一。“千店千面”就是彻底打破目前的格式化零售，从店铺规划、商品组合、零售促销、门店运营等各个方面，实现真正的个性化零售、差异化经营，满足消费者的个性化消费需求，进一步增强零售店的吸客能力和经营活力。在目前的环境下，实现“千店千面”，主要基于商家对消费者需求变化的准确把握，和对商品市场的全面掌控，通过相关大数据支持，模拟搭建不同的消费场景；借助不同的门店消费场景商品表现，实现全面、精准的商品推送，以此挖掘顾客消费潜力，提升经营空间。

针对不同的目标消费者圈层，店面需要在场景打造上极致个性化，已经有大量企业开始尝试这样的改变。例如，中国牛仔品牌 JASONWOOD 在杭州庆春路旗舰店内推出“牛仔厨房”概念店。在这里，顾客可以亲自参与牛仔服饰的定制、改款、DIY 服务，拥有属于自己的“孤品牛仔”。旗舰店里还开设了咖啡快餐区，为顾客提供休闲社交空间，延长消费者的店内滞留时间，以期提高店铺的销量。很多零售企业也已经意识到“千店一面”对消费者体验带来的“视觉疲劳”，开始尝试针对商圈特点，个性化地打造门店，改变原来标准化的布局。从美特斯邦威试水 O2O 门店，打造“一城一文化，一店一故事”开始，国内服装企业的变革之路便越来越多样。当然，品牌跨界并非简单的复制、组合、嫁接，而是彼此找到共同的品牌价值语言、共性和包容力，这样的跨界才能拥有一切同心合作的可能性。虽然各个城市概念店的店铺风格不一，但其传递的生活态度和品牌精神不会变，是借城市文化演绎产品、品牌精神。正如周成建所说：“技术、硬件是统一的，只是软文化有创新。”

最值得振奋的是，连一向走冷淡风格的无印良品也开始卖青菜水果了。无印良品的最大特点之一是极简。它的产品拿掉了商标，省去了不必要的设计，去除了一切不必要的加工和颜色，简单到只剩下素材和功能本身。因此，它也被消费者认为是冷淡风格的代表，可是，最近连它也开始了几乎“毫无底线”的跨界转型。东京千代田区的无印良品于 2017 年 7 月 28 日重新开放营业，一楼新增蔬果卖场，整齐划一地将食物摆放在宽敞的空间里，搭配旁边精致漂亮的平面宣传单及纸本书籍，真的非常刺激购买欲。无印良品的生鲜食品业务被命名为“MUJI marche”，注重西红柿、葱头、土豆等应季蔬菜的供应，将采用产地直送的方式采购标准规格的蔬菜，以降低价格；同时，在店铺以及网上销售，从产地直接购买大小不一或形状“不规整”的蔬菜，放在门店或线上出售。在消费者印象中根深蒂固的无印良品都令人大跌眼镜地开始跨界转型，改变原来“千店一面”的格局，打造更丰富的个性化消费，其他零售企业纷纷跟进打造“千店千面”也只是时间问题。

（3）“夫妻店”的春天：零售终端全面升级

在很多人的眼里，提起夫妻店，脑海中会浮现出一间店面狭窄、装修简单的街头小铺。在消费的倒逼和技术的赋能下，百万夫妻店既有升级的动力，也有升级的能力，假以时日，必定会实现终端形象升级、经营升级和管理升级。夫妻店的升级会有两种主要方式，一是并入京东系的零售网络，二是在阿里零售通的 S2b 赋能生态平台上独立成长。

京东启动了百万便利店计划，刘强东在微博上贴出了多张合作照片，可以看到，这些“便利店”门店 LOGO 呈现双品牌形式，显然是以收编为主，其背景多为三四线城市。夫妻店为什么要选择与京东合作，从已知的信息看，京东方面确实可以给予以前他们享受不到的支持。首先，夫妻店从传统经销商拿货的成本，通常说来一定高于从京东经过统一采购后分配的货源。相当于京东让这些以前要自己跑批发市场的小老板们共享了自己的海量采购。其次，相当于京东的品牌在为小店做品牌和产品品质背书，顾客问这货是从哪里进的，回答就是“京东”。第三，京东所能提供的庞大 SKU 实际上放大了小店的虚拟库存。一般夫妻店的 SKU，不会超过 600 个。考虑自己的资金和库存压力，小店一般不会过度备货，但是由此小店的灵活性的优势也难以发挥，难以像品牌便利店那样更加频繁地动态调整货架，但京东相当于给他们提供了可延展的虚拟货架，增加了库存深度。

不可否认，随着新零售越来越受到重视，遍布大街小巷的夫妻店正在成为价值洼地，看上这块价值洼地的不止京东，巨头们纷纷翻“夫妻店”的牌。国美零售也表示，国美电器的渠道准备对社会开放，打造一个全生态供应链体系，以杭州为例，富阳等地试点夫妻店纳入，国美提供装修、供货、配送和售后服务，加入国美电器，工资由国美付，一个月保底 20 万元，完成了 20 万元再加提成。所有渠道开放，你愿意跟国美做，国美就给你平台，在供应链后端包括资源、信息系统、售后、物流全部开放。

阿里巴巴的优势在于平台运营，因此在整合“夫妻店”上，也是采用平台模式，用 S2b 的商业模式实现赋能。国内至少有 600 万家“夫妻店”，体量远超连锁便利店。借助数据和服务，零售通希望能帮这些小店做消费升级，选择更加有优势的商品。他们有一个共同的痛点：尽管羡慕连锁便利店的模式，却无力去搭上互联网的顺风车，来改造自己的店铺。零售通就是从单纯的“供货”进化到改变小店的商品结构，小店需要拓展品类，有更多创新的商品，还需要便利性的消费，薯片或可乐哪里都买得到，但关东煮的鱼蛋、烤肠和包子就要在店里加热，阿里巴巴希望帮助小店为邻居提供更多服务，并且从人脑经营升级至电脑经营，进入数字时代。

总体来说，无论是阿里零售通式的赋能，还是京东收编式的改造，都会让我们印象中“脏、乱、差”的小型“夫妻店”，升级为形象靓丽、管理规范、体验舒适的数字化现代零售终端。

（4）经销商的冬天：to be or not to be

受上下游的气、干搬运工的活、赚薄如纸的利，这正是传统经销商目前的境遇。靠着差价盈利的美好时代一去不返，电商的冲击、厂商的矛盾、渠道的冲突、供应链的整合等问题都让经销商们产生了被边缘化的焦虑感。目前国内大多数经销商都在经历这样的困境，许多大中小城市经销商的利润空间被不断挤压，利润越来越薄，传统的经销商正在经历一场大劫。可以预见的是，未来的日子将会更加难过，原因有三。

一是上游的厂商会不断推动自身的零售渠道下沉。新零售时代消费者被“赋权”，近水楼台先得月，谁离消费者越近，谁就能与他们持续“嬉戏”，不断获取数据，谁就能在竞争中掌握主导权。一直以来离消费者远的厂商，发现自己话语权越来越弱，例如大量电器的厂商的议价能力远不如苏宁、国美等零售商。更重要的是，厂商发现自己越来越不懂消费者了，在消费呈现新长尾模型，个性化定制崛起的“人人时代”，这是达摩克利斯之剑。于是，他们选择往前走，不断靠近消费者，大量厂商就要踢掉经销商，自建渠道。近年来兴起的 F2C（Factory To Consumer）的商业模式就是一种颠覆传统商品供应链格局的新模式，传统的商品流通路径是：工厂—代理商—批发商—零售商—消费者，由于中间环节太多，层层加价，产品到达消费者手里往往价格居高不下。通常中间环节的销售成本占到 60%~80%。比如一个工厂出厂价为 10 元的产品，经过中间层层加价后，到消费者手中就可能变成 50 元。而 F2C 模式就是产品从工厂直接到消费者手中，消费者可以用出厂价格买到商品。这样消费者不但能享受到最实惠的价格，同时还不用担心假冒伪劣产品。所以，F2C 为消费者提供了能够购买最具性价比产品的新模式，为消费者带来了价值最大化！

二是电子商务平台高效地连接了厂商与零售商（B2B），连接了厂商与消费者（B2C）。“不让中间商赚差价”，这是互联网时代最火的商业模式，也是消费者爱听的广告词。电商砍掉供应链的中间环节，省下来的成本返利给消费者，消费者可以用更低的价格得到同样的商品，这也让传统经销商望尘莫及。并且，基于互联网的双边平台效应，电子商务平台获得更大的规模优势，进一步扩大了竞争优势。

三是巨头们的新零售布局进一步压榨了空间。无论是阿里的零售通，还是京东的新通路，以及中华全国供销合作总社的“掌合天下”，都实现了零售商直接网上订货、网上营销、网上配货、网上结算的“四网合一”。

大量“夫妻店”也不需要借助传统的电话订货了，面对这些大平台，再也不用面对多个经销商软磨硬泡谈价格，更重要的是，掌握了主动权，不再担心经销商年底、年初、过节等时期压货了，存库保持多少都是自己说了算。此外，还可以有更丰富、更优质、更便宜的货源选择。

对经销商来说，生存或是死亡，的确成了一个每天不得不思考的问题。在“去中间化”的背景之下，经销商只有进行积极变革，强化自身的存在价值，那么存在的意义便不会遭受挑战。它的转型，可以有两条路，一是自建电商平台。流量、网点、资金、数据等都是分销商安身立命之本，因为经销商只有把平台控制在自己手里，才能把生产资料控制住，才能把未来的命运掌握在自己手中。有人说自建电商最大的难点是技术问题，事实上技术本身不是难题，市场上有大量成熟的解决方案，找到合适的第三方服务商外包就可以搞定。相反，我认为经销商们自建电商遇到的最大挑战是缺少套路，即便有 ERP、CRM 等电商化系统，但东一榔头，西一棒槌，结果导致了各种不通，用起来非常麻烦，做了无用功。

二是打造区域联盟。单打独斗不如抱团取暖，在外遇强敌的危急之际，区域内的经销商们不能再和从前一样争斗不休，抢占资源，窝里斗往往只会让“渔翁”得利。因此，经销商成立联盟是避免内耗的最佳选择，通过构建联盟、通力合作能够实现资源互补，有效完成区域内的高效货源整合与共享。试图以某个分销商的一己之力去对抗壁垒夯实的电商平台往往不够，但倘若区域内的多家经销商一起合作，联合对抗平台竞争，胜算会大很多。从更长远的发展环境来看，现今面临的经销商危机只是一个挤干水分的过程，而不是推翻与覆灭的过程。市场要做的，是让经销商挤出泡沫，甩干水分，拿出干货。经销商要面对的，不再只是以往的上下游博弈，更要面对多种模式的多态竞争，经销商的升级、转型、谋变，已是势在必行。

三是纵向一体化。一方面对自有品牌发力，借助下游的分销体系和上游的工厂资源，成为一家“没有工厂的制造商”；另一方面，开起自己的品类专卖店，向下游延伸产业链。东莞汇基商贸是一家很难确切定义其身份的企业，按照传统视角，它是一家经销商，代理厨具、洗护用品、小家电等家居用品，向零售企业和其他下游渠道供货，家乐福、大润发、沃尔玛、步步高、东莞嘉荣等知名零售企业都是它的客户。但同时它还拥有自己的品牌，开发的“致家”等系列自有品牌年销售额超过 1 亿元，占到了总体销售额的 20%。此外，它还有自己的零售专卖店。它开了名为“百纳德”的品类专业店，号称要做中国的“小宜家+小无印+小名创”。从这个角度，它又可以说是一家零售企业。这种集合了品牌运营、商品经销、零售业务于一身的“四不像”企业，正是眼下经销商转型的写照。

新零售时代，经销商迎来寒冬已经是不可逆转的趋势，“Winter is coming!”但同时，危机也孕育着转机，若能抓住机遇提前转型，冰雪融化之后就是春天！

（5）零售黑洞：零售业规模迎来爆发式增长

新零售没有了空间限制，没有了时间限制，也几乎没有了资金限制（可透支），消费者可以随时、随地、随心进行购物。这是一个“碎片化”的时代：时间碎片化、信息碎片化、人群碎片化、社会碎片化，微博、微视频、微电影、微小说、新闻导读、文摘等应运而生，深受现代人的热捧。然而，对零售来说，每一个碎片化的场景或媒介，都可能成为交易的入口。根据 MasterCard 的调查，在过去 3 个月曾使用手机购物的中国手机网民中近 3/4 表示这么做是因为便利，而这也是亚太地区受访者选择手机购物的最主要原因。调查还发现超过半数受访者使用手机购物是因为移动应用购物更容易，40.2%的受访者喜欢手机购物是因为可以在路上购物。移动购物在 2016 年的“双 11”购物节呈井喷态势，开场仅 1 分钟，就有超过 200 万名用户涌入手机淘宝，1 小时中有超过 1400 万名用户通过手机完成购买。

而且，中国网民规模达 7.31 亿人，相当于欧洲人口总量，互联网普及率达到 53.2%，手机网民规模达 6.95 亿人。2016 年，我国手机网上支付用户规模增长迅速，达到 4.69 亿人，年增长率为 31.2%，手机网上支付的使用比例由 57.7%提升至 67.5%。用户的注意力正变得不断分散，消费行为也愈发个性化，移动互联网和智能终端的发展，也极大丰富了消费场景。

可以说，有屏幕的地方就有场景，就会产生交易，就好比一个黑洞，把消费者吸引进去，“扒光”了衣服，才能出来，而且是消费者主动被“扒光”。对消费者而言，交易的“黑洞”无处不在，看视频、听音乐、乘车，甚至上厕所的时候，随时都有商品信息推送到眼前，促成交易。更何况，在大数据的赋能下，个人信息被全方位收集至云端，通过全息消费者画像，无穷逼近最真实的自我，甚至以心为本挖掘出自己内心深处的欲望，激发个人购买的冲动。在数据赋能下，商品信息是以最精准、最贴心、最恰当的方式推送，不再会引起消费者反感，反而会让人觉得恰到好处、正有所需，自然也更容易被接受。

在如此的情况下，消费者的购物时间被极度拉长，购物场景被极大丰富，基于数据的精准营销和精细服务也极大提升了捕获率（转化成消费者的概率），消费潜力将会被充分挖掘，消费者被“挤压”，增量市场被进一步激发，零售规模将引来下一次爆发式增长！据国家统计局数据显示，2016 年社会消费品零售总额为 332316 亿元，同比增长 10.4%，呈现逐年趋缓的趋势，正如电子商务在遇到增长瓶颈时被移动互联网的发展进一步激活，社会零售总额也会被新零售充分激活，迎来爆发式增长！

（6）虚拟商圈：从大众消费到圈层消费

当前一个最重大的趋势就是传统零售和纯电商正在升级到新零售，从而进化到云零售，云零售呈现出的最大特征是分享模式，共享经济，利他原则，消费的碎片化、社交化以及线上和线下的统一，这样的特征必然会超越零售边界，导致大量虚拟商圈的出现。与传统实体商圈相类似，虚拟商圈是零售店或商业中心利用电子商务这一虚拟交易手段进行交易时所能覆盖的空间范围，日趋成熟的电子商务交易方式，催生了虚拟商圈这一新型零售业商圈形式。虚拟商圈集合了商业活动主体和平台服务商，通过互联网形式建立联系，有的直接形成商业伙伴和商业联盟，各类网络营销工具成为链接及活动手段，加上社区论坛工具等内容，形成网上特有的虚拟商业社区。这种商圈类型在互联网空间中变得十分宽泛，它可以是商家联盟，也可以是共同消费指向由消费者为主体的松散联合体，甚至可以是一种产品或产品系列，或者某种支付方式。

以商成圈，虚拟商圈的形成原因是圈层消费，圈层是指有共同兴趣、态度、爱好、价值观的人，通过持续引导，在一定时间内形成稳定的群体。因为移动互联网的快速发展，移动终端的便利性，带来了整个社会的信息大爆炸，现在一天所产生的信息量，是 2000 年以前所有人类信息量的总和。信息的大爆炸反而促使我们只愿意接收跟我们的兴趣、态度、爱好、价值观相符的信息，这就导致了在全球范围内或者在全中国范围内，找到跟自己“相似”的人变得越来越容易。当我们只愿意跟兴趣、态度、爱好、价值观相同的人接触的时候，社会开始圈层化，人开始圈层化。互联网的历史就是一部圈层演进变迁史，从最早的 BBS、QQ 群到贴吧、豆瓣、SNS、微博，以及现在的微信、QQ 兴趣部落等。

社会和人都圈层化了，商业也就开始圈层化，品牌、管理、组织、营销等随之也要开始从圈层化这个维度来考虑，从而形成圈层经济。圈层经济时代会产生四个新现象：一是圈层去中心化，用健康的圈层生态，精准标签重构用户画像，圈层分裂的“蒲公英效应”；二是移动场景带来新规则，有限屏幕和时间下的内容运营，“自拍”圈层的高热效应，从满足需求到发掘需求。三是从“群社交”到“群平台”，不同类型群需要个性化功能，汇聚开发者力量打造群生态，让“每一个群”都不同；四是圈层关系链“从生到熟”，“网友”被重新定义，逐渐进化的交友需求。

以圈促商，数据显示，近 1/5 的用户在网络圈层中有过消费行为。此外，圈层的消费需求会反过来刺激圈层经济的发展。人的圈层化导致商业的圈层化，商业的圈层化导致营销也要圈层化。事实上，在移动社群的生态中，商业的种子已经发芽，炒股群、车友会群、教育群、业主群等都找到了与商业碰撞的发力点。商业生态圈利益相关者，基于一个共同目标，在同一个有价值平台上为客户提供统一解决方案的商业圈层。从本地化商圈利益共同体，到共享商圈，进而打通消费链接，实现用户商户双边体验共享平台，一步一步地进化。就在逐步优化营销资源的配置中，使共享经济得以在本地化商圈逐渐普及。共享经济本质是供需极其高效地匹配。跨界整合、生态协同、O2O 联盟本质上都是共享经济的形态。

商品生态圈搭建了一个平台，让大家在上面分享，能够让每个人成为内容的创造者和内容的获取者，是同时把商家和顾客放在一个平台上，让他们分享。每一个人拿出自己的资源，会获得好多好多别人的资源，所以可以试想在一个商圈平台上，不认识的企业，可能没有交集的产业放在一起的时候，会迸发出远远超过 1+1>2 很多倍的产能。为什么雅虎这样一个门户网站，以前值 1000 亿美元，现在当垃圾一样地贱卖出去？新浪门户网站以前很火，现在大家多久才打开一次新浪？而“今日头条”是基于你的兴趣、态度、爱好、价值观来推送的，短短 3 年多时间，最新市值已经达到了 80 亿美元。再看视频网站哔哩哔哩，这个公司在短短的 3 年多的时间之内，员工从 40 多人增加到现的 1800 多人，它卖一场演唱会门票，分分钟全部卖光。而用传统的商业模式卖一场演唱会的门票，需要印票、发行等，即使是王菲的演唱会门票，用传统的运作方式，也要有 3 个月才能卖光。

未来会有更多样化的圈层，从而产生更多的虚拟商圈。圈层可能基于爱好，比如 COS 动漫圈、海贼王铁粉圈；可能基于身份，如准妈妈圈；可能基于共同的诉求，如拼团群；也可能基于共同的“爱豆”，如“玉米”圈（李宇春的粉丝）、“明教”圈（黄晓明的粉丝）等；更可能基于位置或社区，如万科华府小区圈、恒大江湾小区圈、彰泰春天小区圈等。未来新零售的一个方向就是对这些基于圈层的虚拟商圈进行充分的市场资源挖掘，通过圈层营销形成圈层消费，从而打造完整的圈层商业的生态体系，对圈层市场充分地挖掘存量和激活增量，为未来创造一个圈层经济时代。

莱昂纳多·科恩有一句很有名的歌词，“万物皆有裂痕，那是光照进来的地方”。对很多零售企业来说，面对新零售，可能世界混沌一片，但是没关系，在技术创新起舞的所有存在裂痕的地方，都是光照进来的地方。无可否认，新零售是下一代的零售，是创新的零售，是变革的零售，更是成千上万企业家们无畏探索的零售。马云说：“连西湖边的乞丐都用扫码乞讨收钱了，都在与时俱进，你想想你还在抵制新零售有什么用？”未来已来，我们翘首以待。

后记

2017年是新零售的元年，也是零售业变革如火如荼的一年。

一方面，对于新零售的概念和解读层出不穷，就像之前的“互联网思维”一词。马云、张勇、曾鸣、雷军、刘强东等关于新零售的演讲、内部讲话等开始在网站、微博、微信上病毒式地快速传播。关于新零售的概念股也受到了资本市场疯狂地追捧，新零售领域的创业融资，也成为继共享单车之后最受关注的投资热点。

另一方面，新零售催生下的商业新物种，也如同雨后春笋般爆发式地生长，Amazon Go无人门店、无人咖啡店“淘咖啡”、超级物种、盒马鲜生等新型零售业态，让人眼花缭乱，更让人感叹不已，感叹技术的进步之快、商业变革之迅。

我作为一个实践与研究的“跨界者”，也在尝试着做一些更加深入的分析。一方面，作为实践者，近年来致力于零售行业的管理咨询和信息化转型服务，跟踪、参与并见证了大量传统零售企业的转型升级，有着丰富的经验，也清楚他们的“玩法”。另一方面，作为零售领域商业媒体的专栏作者，也一直以专业的精神关注着零售行业的发展和变革，可以用学术研究赋予的理论体系和商业研究的规范方法，从复杂的商业现象中，梳理出一条清晰的逻辑线，不至于被表象迷失了本质。

事实上，马云在2016年云栖大会上首次提出新零售的概念不久，我就撰文《风口上的新零售面目渐清》发表在被业内誉为“中国营销第一刊”的《销售与市场》杂志上，深入剖析了新零售产生的背景及内涵。随后，持续跟进新零售的进展，陆续在《今日零售》杂志上发表《新零售的名义》《新零售的三生三世》《云零售》等文章，对其进行进一步的解读和诠释，也厘清楚了新零售的定义，分析了未来的发展格局。期间，也接受了微博粉丝达3018万个的“每日经济新闻”的记者采访，对新零售面临的三大新挑战，以及未来将由线上电商还是线下零售企业主导等问题进行了深入的探讨，同访者有京东商城副总裁于永利、京东集团CTO张晨、阿里巴巴商家事业部负责人张阔等人。

在网络上流传最为广泛的，则是《新零售的女性主义特征》这篇文章，从独特的视角分析了新零售的特征，指出新零售具有追求体验式消费、强调高性价比、注重社交情感交流等“女性主义”特征，并回溯零售发展的历程，发现零售确有“女性化”的趋势，而互联网等新技术就是驱动这种改变的底层力量。

在梳理完理论体系的基础上，我进一步研究和思考实践层面的传统零售企业转型。现实是，大量企业面对电子商务的冲击，开始恐慌和迷茫，不断探索转型升级之路。同样，随着电子商务增长速度呈现出减缓的趋势，线上巨头也开始尝试与线下零售企业走融合之路。受到穆胜《叠加体验》一书的启发，笔者发现，新零售是一场围绕着用户体验的革命，在互联网时代，要有一种升维思考的方式和升维打击的玩法，从终端、算法和社群三个维度叠加发力，打造一种三位一体的极致体验，并基于此，提出了“新零售之锥”模型。将模型联系案例，我惊奇地发现，成功转型的零售企业很多都是这种升维体验商业模式：打造消费场景、实现数据赋能、进行会员营销，二维组合发力或者三维发力，探索出新零售的成功“玩法”。

综合前面对新零售的解读和诠释，加上升维体验商业模式的分析框架，结合大量的零售企业转型案例，促成了《新零售：吹响第四次零售革命的号角》这本书。

感谢先后与我合作的国内顶级商业媒体《销售与市场》《今日零售》《超市周刊》《营销界》等杂志，以及知乎、搜狐财经、今日头条、龙商网、第一营销网等网站，编辑朋友们用他们敏锐的洞察时刻提醒我关注零售新动态，也让我的文字能保持相对轻松易懂。

感谢在实践中摸爬滚打的朋友们和前辈们带给我的启发和帮助，感谢上哲咨询的周浩总监，我的文章启蒙导师穆胜，步步高集团董事长王填，果多美董事总经理张云根，科地资本集团董事长陈刚，中国资深策划人张一夫，《超市周刊》主编高建成，原《销售与市场》杂志社副总编刘春雄，以及经常一起交流和碰撞的“笔友”：鲍跃忠、张明军、廖军雄、吴明毅、老笑等。

感谢电子工业出版社的陈林先生，他作为策划和编辑，对本书的贡献难以用三言两语说清楚。

范鹏

邮箱：18577379178@163.com

微信：18659282098